동대문 패션,
그곳에 꿈이 있다

동대문 패션,
그곳에 꿈이 있다

설봉식 지음

이담
Books

프롤로그

뉴 밀레니엄에 대한 기대와 열기로 가득 찼던 2000년대 초에 저자는 뉴욕행 비행기에 탑승했다. 그때 비행기 안 옆자리에는 미국 출장을 가던 어느 회사원 한 분이 앉아 있었다. 서로 인사를 나누고 이런저런 이야기를 나눴다.

우리가 동대문 패션, 그 시장에 관한 이야기로 대화를 이어가면서부터 이내 대륙 간 긴 여행도 짧게만 느껴졌다. 그리고 우리는 뉴욕 존 F케네디 국제공항에서 헤어졌다. 그 후 세월은 흘러 10여 년이 훌쩍 지나갔다. 2017년 초여름 더위가 기승을 부리던 어느 날 한 통의 전화를 받았다.

두루 알려진 유통전문가 재일교포 임영웅 이사의 전화였다. 얼마 전에 점심을 같이 했는데 그가 파트너로 일하고 있는 동대문 패션의 한 무역회사 서울클릭의 이용우 대표와 저녁을 함께하자는 것이었다. 마다할 일이 아니었다.

이용우 대표는 10여 년 전에 비행기 안에서 만났던 그분이었다. 그분은 그때 비행기 안에서 저자와 나눈 대화로 뭔가 자극을 받아 그동안 다니던 회사를 그만 두고 동대문시장에 뛰어들어 사업을 시작했다고 한다. 그 후 저자는 이용우 대표의 안내로 한밤중에 대학원 제자들과 동대문 도매상가를 두루 견학을 하고 새벽에 함께 국밥을 먹고 헤어지기까지 했다. 그 후 우리는 자주 만나지 못했다. 솔직하게 말해 오랜만에 만났을 때 저자는 처음엔 그분의 얼굴도 못 알아볼 정도로 그리 끈끈한 교분을 이어오지 않았다.

다시 가본 동대문시장은 10년이면 강산도 변한다고 했듯이, 경천동지(驚天動地)의 변화가 일어나 그저 놀랍기만 했다. 물론 몇 해 전 DDP 개관 이후 한국유통학회 회원들과 서울의 새 랜드마크인 그곳을 잠시 둘러보았다.

우리가 다시 만난 그날, 오후 5시 반쯤으로 기억된다. 동대문시장 주변 어느 맛집에서 함께 저녁을 먹고 또 막걸리 한 두어 잔을 마신 후 저자는 오랜만에 다시 동대문시장을 둘러보게 되었다. 맨 처음 도매상가 apM Place에 발을 디뎠다.

"와! 백화점 같은 도매상가, 이런 데가 있었나?"

apM Place는 "우리는 오전(am)부터 오후(pm)까지 멈추지 않는다."라는 CI 그대로 온 종일 영업을 하는 장터라는 경영특성을 띤 도매상가의 하나다. 에이피엠 코리아는 기존의 도·소매상가 apM럭스와 헬로apM 이외에 새로운 개념의 도매상가 apM Place를 오픈해 성업 중이라고 이용우 대표가 귀띔해 주었다.

그날 이후 저자는 자주 동대문시장에 갔다. 그리고 저자는 집에 돌아와 몇 밤을 보내면서 생각을 거듭한 후 어느 날 이용우 사장을 다시 만났다. 그때 저자는 그에게 "동대문 패션, 그 시장에 관한 논문이든 책이든 쓰고 싶다."고 했다.

"그러시면 좋죠."

이 책은 이렇게 이용우 대표의 격려 속에 마침내 저술작업을 시작한 후 세상에 나온 것이다. 저자로선 대학교수로 한 세대를 보내고 정년퇴직을 한 이후 그저 운동하며 글 쓰는 게 좋았다. 저자는 마약중독자처럼 또 책 쓰기를 시작한 셈이다. 종이 없는 새 세상이 왔는 데도 말이다.

"책은 무슨?"

이런 아내의 핀잔도 받았다. 반면에 이용우 사장은 저자에게 자신의 회사에도 자주 나와 그 저술작업을 하면 좋겠다고 했다. 테이블도 내

주면서 노트북도 사주고 또 고문의 직함까지 주었다. 저자는 자의반 타의반으로 동대문 패션에 관한 저술작업을 시작했다. 새삼 동대문시장 곳곳을 두루 둘러보았다. 그리고 그곳에 있을 듯한 정보의 바다를 찾아 헤엄치듯 무언가 메모하고 또 정리했다.

그 어느 때보다 더웠던 지난해 여름 저자의 노트북엔 동대문 패션, 그 시장에 관한 콘텐츠가 날로 늘어나기 시작했다. 그러나 무덥고 짜증나는 여름은 유난히도 길기만 했다. "이건 부질없는 일 아닌가?" 문득 그런 생각까지 들었다.

무엇보다도 관련 문헌과 그 자료의 태부족 상태는 큰 문제였다. 우리가 백두대간 깊은 산골에 가면, 심마니처럼 산삼을 캘 수도 있을 것이다. 그러나 그건 "아 옛날이여!"라고 반문할 법도 하다. 환경파괴로 몸살을 앓는 그곳에서 산삼을 찾는다는 건 우매한 짓이다. 말이 안 된다. 마찬가지로 동대문 패션, 그 시장에 관한 문헌과 자료를 얻는다는 건 마치 백두대간에서 산삼을 찾는 것과 하등 다르지 않았다.

왜 그리 어려운 일을 시작했는지 거듭 후회도 했다. 그렇지만 모든 게 현장에 있다는 생각에 미치자 이내 동대문 도매상가 곳곳을 또다시 둘러 봤다. 시장사람들과 만나 대화를 시도해 보기도 했다. 그러나 바쁜 시장사람들과 만나 대화하기란 그리 쉽지 않았다. 그래도 그들 어깨 넘어 뭔가 얻을 수 있었다.

궁여지책으로 사이버 공간 위에 쏟아져 나온 흩어진 시장정보를 두루 검색하고 또 인용하거나 정제 또는 가공했다. 그렇게 긴 여름을 보내고 추석이 가까워질 무렵 저자는 이용우 대표를 만나 이런 말을 건넸다.

"시장터, 그곳에 무언가 있는 것 같다. 그곳에서 발견된 콘텐츠를 드러내 놓고 함께 논의하고 싶다."

지금 동대문 패션, 그 도매시장은 좋은 상품을 저가격으로 판매하는 특유의 장터임에 틀림이 없다. 가슴이 뛰는 일이다. 그러니까 그곳 도매상가에서는 상품(good), 속도(fast), 가격(cheap) 등 3박자 경영 덕분에 이른바 동대문 신화를 만들었다. 그리고 지금도 그 신화가 계속 쓰여지고 있다.

이런 3박자 경영은 꽤나 어려운 일이다. 좋은 상품을 싸게 판다는 게 거짓말처럼 들리기 때문이다. 그곳 시장사람들은 그토록 어려운 그 일을 해내고 있었다. 저자는 그들이 새 길 큰 걸음을 뚜벅뚜벅 걷고 있다고 보았다. 시장의 혁신은 현재진행형이다. 놀라운 일이 일어나고 있었다. 저자는 뭔가 하려는 힘이 생겼다. 책 쓰는 일을 멈추지 않고 이어갔다. 그리고 이렇게 외친 것이다.

"동대문 패션, 그곳엔 꿈이 있다."

이 책은 패션 및 유통학 이론의 서적이 아니다. 그곳 시장터에서 그들의 경제행위와 그 귀결로 설명되는 시장의 움직임을 이론적으로 풀이하려고 노력했을 따름이다.

이 책은 공저라고 붙이고 싶을 정도로 함께 저술했다. 동대문 패션, 그 장터에서 일어나고 있는 현상을 드러낸 뉴스나 광고 및 PR, 그리고 그곳 사람들의 목소리를 노트북에 담아 앞뒤로 정리하려고 했다. 어쩌면 저자는 동대문시장 사람들의 대변자, 그들의 아바타 노릇을 마다하지 않았다.

원고를 마무리할 무렵 그때에 맞춰 희소식이 들렸다. 서울클릭 이용우 대표는 2017년 12월 5일 무역의 날을 맞아 백만 달러 수출의 탑을 수상했다고 한다. 그 후 그에게 수상소감을 물었다.

"2,000명 남짓의 많은 동급 수상자 중에서 10여 명과 함께 단상에 올라가 대통령으로부터 상을 받은 건 꽤나 기쁜 일이었습니다. 모두가 다 우리 회사 임직원들 덕분이죠. 우리 회사는 경영규모가 그리 크지 않으나 동대문 패션의 갖가지 제품을 도쿄, 뉴욕, 런던, 파리, 모스크바 등지로 수출하고 있습니다. 앞으로 세계 각국, 방방곡곡에 산재한 크고 작은 도시마다 동대문 패션의 제품을 더 많이 수출하고 싶습니다."

앞으로 더 큰 액면의 수출의 탑을 수상하고 싶다는 그의 다짐을 듣고 원고의 수정과 그 보완에 더 많은 시간을 쏟고 집중할 수 있었다. 그 후 2017년 제야의 종소리가 들리는 심야에 원고 작성을 일단 마무리 했다. 노트북의 전원을 끄고 큰 짐을 내려놓듯 홀가분하게 벅찬 새해 아침을 맞이했다. 물론 저자는 원고를 출판사에 넘기기 전까지 수정보완 작업을 그치지 않았다.

이 책은 부분이다. 어느 세미나의 토론장에 내놓을 짧은 주제발표문으로 봐도 좋다. 그저 긴 콘텐츠의 첫 마디에 불과하다. "시작이 반이다."라는 말이 있지만 반쪽도 못 된다.

앞으로 많은 분들이 읽고, 수정보완해 주길 바라는 데서 남겨두고 싶은 그런 공란이 더 많다.

이제 독자 여러분에게 이 책의 첫 페이지를 열어 보이는 때가 오고 있다. 출판과 인쇄를 하는 동안 내내 온 몸이 떨리는 순간이 이어질 것이다. 그저 독자 여러분의 큰 관심과 따스한 사랑을 받고 싶다. 차디 찬 꾸중까지도 따스한 사랑의 채찍으로 받아들여 함께하려는 마음의 준비도 마다하지 않을 것이다.

이 순간 이 책의 출판을 맡아준 명문 출판사 한국학술정보 이담북스 채종준 대표이사님과 임직원 여러분께 맨 먼저 뜨거운 감사의 말씀을 드리고 싶다.

그리고 많은 분들께 감사의 말씀을 드려야 하는데 어찌 그 고마움의 뜻을 다 표현할지 몰라 단지 이렇게 써 본다. 그저 송구스러울 따름이다.

"거듭 감사드립니다!"

2018년 이른 봄, 한강변 우거에서
저자 설 봉 식 드림

CONTENTS

Ⅰ. 다시 가본 동대문시장

상품과 속도 및 가격의 3박자

"Good, fast, cheap, and pick two." 대학 교과서에 쓰인 말이다. 이
는 좋은 품질, 빠른 속도감, 그리고 저가격 등 세 가지의 유통 전략적
도구가 매우 중요하지만 이를 다 함께 쓰는 게 쉽지 않다는 의미다.

그러나 글로벌 패션의 메카로 불리는 동대문시장에서는 상품과
속도 및 가격 등이 3박자를 맞추는 특유의 도매유통이 이루어지고
있다. '좋은 패션상품을 저가격으로 판매하는' 놀라운 일이 마치 마
법과 같은 전략을 펴면서 그들의 상거래 규모를 늘려 왔다.

과연 이런 일이 시장에서 잘 작동될 수 있을 것인가? 아니면 흔히
누구나 말하듯 "상인들은 거짓말을 밥 먹듯 한다."라는 말로 흘려
넘겨버릴 수도 있을 것이다. 그저 거짓말하는 게 인간의 본성이며,
이기심을 갖는 것이 인간 그 자체라고 한다면 더 이상 할 말이 없다.

그렇지만 동대문 패션, 그 도매시장은 좋은 상품을 저가격으로 판
매하는 특유의 장터임에 틀림이 없다. 믿어도 된다.

동대문 패션, 그 시장은 상품(good), 속도(fast), 가격(cheap) 등 3
박자 경영 덕분에 수많은 국내외 바이어들로 문전성시를 이루고 있
다. 이런 3박자 경영은 지금도 그렇지만 앞으로도 각광을 받을 수
있을 것이다. 과연 그럴 만한 이유가 있을까?

다 아는 바와 같이, 지난 1990년대 초 신세계백화점은 자사 스스로의 자본과 기술 및 경영노하우를 가지고 이마트와 프라이스 클럽 등 미국이나 서유럽형 대형마트를 창업해 투자를 늘렸다. 그 회사는 그때로선 조용하기만 했던 창고형 할인점의 개장, 아니 그 이후 거센 가격파괴 혁명을 일으키고 세상을 깜짝 놀라게 했다.

이들 대형마트에서는 단순한 세일(sale)이 아니라 매일 낮은 가격 (ELP : everyday low price)으로 일상적인 판매를 하는 경영전략을 세우고 그동안의 유통시장 전통과 고착된 상거래 질서를 뒤흔들어 놓았다. 단순히 박리다매가 아니고 저비용-이윤보장-매출증대로 이어지는 판매방식이 널리 받아들여지고 또 이런 변화 속에서 미증유의 가격파괴 혁명이 일어났다.

그 후 국내외 많은 유통기업은 저마다 '크게, 그리고 더욱더 크게 (Big, and getting bigger)'라는 기치 아래 규모의 경제실현을 위한 대장정을 벌이고 마치 전쟁과 같은 거센 시장경쟁을 이어오고 있다.

오늘날에 와서는 비록 많은 대형마트가 성업 중에 있다고 해도 이런 ELP의 가격전략만으로는 대형마트의 지속가능한 경영이 어렵게 되었다. 그것은 대형마트가 너무 많아 경쟁이 치열한 데도 그 원인이 있지만 소비자들의 선호와 필요 및 욕구가 예전같지 않은 것도 사실이다.

이제 소비자들은 저가격을 추구하는 쇼핑행위만을 추구하지는 않는다. 어느 정도 가격이 높아 부담이 된다고 해도 품질이 더 좋다면 그런 상품을 선호하고 또 소비하기 시작했다.

지금은 기계로 생산하는 봉제의류와 같이 대량생산을 해 그저 시장에 쏟아버리는 듯한 낡은 시대가 아니다. 오히려 소비자들에게는 스타일이나 색상 등 유행에 따라 가늠되는 감성적 가치를 더 중시하는 소비행위가 이루어지고 있다. 그들은 멋있고 톡톡 튀는, 자신의 개성을 돋보이려는 패션의류를 선호하기 시작한 것이다.

과거와 같이 소품종 대량생산의 시대에서는 이웃이나 벗은 물론 세상 사람들이 입는 그런 옷을 뒤따라 함께 입었다. 어떤 옷이든 똑같은 스타일 또는 그 색상이면 무조건 좋아하던 모방적 소비가 그 대세를 이루었던 것이다. 사람들은 옷을 사 입을 때 자신을 돋보이려 하거나 남에게 뒤떨어지지 않으려는 소비 광풍에 휩쓸렸다.

그러나 이젠 다품종 소량생산의 시대를 맞아 이 세상에 하나밖에 없는 디자인으로 색상도 다르고 같은 듯 다른 스타일의 옷을 보다 더 선호하는 새로운 소비행위가 등장하고 있다. 세상이 변한 것이다.

이와 같은 소비자 행위의 급격한 변화 속에서 동대문 패션, 그 시장은 품질과 속도 및 가격 등 3박자 경영으로 글로벌 시장상황의 변화에 맞는 아니, 꽤나 빠른 시대를 한 발 앞서 더 빠르게 변신해 왔다고 하겠다. 때를 만난 것이다.

그저 놀라울 따름이다.

동대문 패션, 그 시장은 상품(good), 속도(fast), 가격(cheap) 등 3박자의 경영 도구 덕분에 많은 소비자와 국내외 바이어로 문전성시를 이룬다. 그리 쉽지 않은 이런 3박자 경영은 지금도 그렇지만 앞으로도 더 각광을 받을 수 있을 것이다. 글로벌 경제의 지속적인 성장추세 속에서, 착한 가격의 패션의류에 대한 소비수요는 더욱더 증폭될 것이기 때문이다.

"근면을 대신할 다른 방도는 없다."

— Thomas Edison, 세계의 발명왕

도깨비 시장의 훤한 불빛

"밝은 대낮에는 빛의 고마움을 모르지. 그러나 어둠 속에서는 한 조각의 실낱같은 빛도 금방 보이게 되는 거야. 그것이 어둠을 활용하는 방법이지."[1]

구글에서 동대문의 도깨비 시장을 검색해 봤다. 이내 눈에 띈 차승현의 저술 '아들아 아빠는 꿈을 꾼단다'라는 e-Book의 표지 위에 본문의 한 부분을 이렇게 옮겨 놓았다. 물론 그 책에서 저자는 자식들에 대한 염려가 아니라 올바른 처신과 바른 몸가짐 등에 대한 잠언이요 길잡이를 담았다고 한다.

그렇다. 해가 서산 아래로 저야 비로소 영롱한 별빛이 밤하늘을 수놓는다. 동대문의 도깨비 시장(Phantom market) 또한 밤이 되어야 가로등과 네온사인 등 그 불빛이 훤하게 보인다. 누구든 밤늦게 동대문 북쪽으로 이어지는 옛 성곽에 오르면 동대문과 DDP를 중심으로 하여 널리 펼쳐진 도깨비 시장의 영롱한 불빛을 내려다볼 수 있을 것이다. 훤한 그 불빛 덕분에 사람들은 "동대문시장은 낮에 가는 것보다 밤에 가면 보다 활기차고 생기 있는 장터의 참모습을 볼 수 있다."라고 말하고 있는지도 모른다.

물론 전설과 같은 도깨비 불빛은 너무 순간적이라 그리 훤하지는 않다. 마찬가지로 동대문의 도깨비 시장도 건물 밖에서 보면 그 불빛이 대낮처럼 밝지 않다. 그러나 밤이 되어 도매시장이 문을 열기 시작한 후 누구든 상가마다 안으로 들어가 보면, LED및 형광등으로 밝힌 훤한 실내등은 희미한 불빛의 상가 밖과는 달리 눈이 부실 정도로 꽤나 밝다.

더욱이 무지개와 같은 화려한 색상의 패션의류로 매장을 잔뜩 메운 상가 내 점포와 통로 곳곳을 걷다 보면 대낮보다 더 밝고 나아가서 휘황찬란하기까지 하다. 또한 그 밝음 위에 뜨거운 열기까지 감지하게 되곤 한다.

이렇게 밝은 불빛 아래 성업 중인 도깨비 시장은 매일매일 그 24시가 반복되어 이어진다는 것이다. 밤 8시 30분경 대부분의 도매상가가 개장하면, 서둘러 출근한 도매상가임직원들이 새로 들여온 옷가지의 실밥을 떼거나 옷걸이에 걸고 또 상품구성에 맞게끔 잘 정리 정돈해 두는 일을 맡는다고 한다.

그들은 그 후 자정이 지나 1-2시경까지 국내외의 많은 바이어와 분주한 상담과 신바람 나는 거래 및 그 결재, 그리고 반품처리 등으로 눈코 뜰 새가 없는 숨 가쁜 밤을 보낸다는 것이다. 그리고 그들 상인은 새벽 3-4시가 될 때 이미 판매한 제품을 잘 포장해 지방이나 해외로 운송하고, 잠시나마 홀가분하게 한 두어 시간 휴식을 즐기는 둥 마는 둥 한다고 전한다.

이어서 점포에 돌아온 그들 상인은 장부를 정리하고 상점 안 곳곳을 체크하며 재고파악과 그 처리를 서두르고 8시가 되면 새 아침 새 일을 시작하게 된다. 그들은 디자이너를 만나 신제품 생산계획을 세우고, 원단시장으로 급하게 발길을 돌려 필요한 생산계획량만큼 원단을 구매하는 일 등을 이어간다. 그리고 인접한 패션 원·부자재 시장으로 자리를 옮겨 단추와 지퍼 등 갖가지 부품을 구입한 채 11시를 전후해 서둘러 봉제공장으로 가곤 하는 게 그들의 바쁜 일상이다.

패션제품의 주문을 마친 도매상가임직원들은 곧 퇴근해 집에서 오후 2시부터 저녁 7시까지 낮잠, 아니 그들에겐 밤잠과 같은 깊은 꿀잠을 자고 늘 부족하기만 한 짧은 수면시간이지만 비몽사몽 속 피로감을 뒤로 하고 또다시 도깨비 시장의 24시 그 일상으로 뛰어들곤 한다는 후문이다.

생각해 보면, 한국경제는 1990년대를 전후하여 공업화시대를 지나 유통 및 서비스산업이 급속하게 발전해 이른바 탈공업화(脫工業化)시대의 대전환기를 맞았다. 그때 사람들은 한국경제는 제조업의 GNP에 대한 비중이 줄어드는 이른바 '공장 공동화'로 개발후기에 이어지곤 하는 경제위기가 시작되고 또 저성장 시대가 가속화될 것이라고 저마다 우려했다.

그러나 우리는 이런 탈공업화 과정에서 위기를 기회로 삼아 더 많은 고용기회와 투자 및 소득의 증가로 경제규모가 놀라울 만큼 커지는 혁신의 새 시대를 활짝 열었다. 다만 많은 사람들이 '힘들고 위험하며 더러운' 이른바 3D 업종을 기피하는 현상을 질타하고 또 모두가 이런 게으른 현상을 우려하는 사회적 분위기가 조성되었다.

반면에 이런 탈공업화 과정에서 유통업 근로자들은 '남들이 쉬는 주말에 일하는' 등 어쩌면 신3D 업종과 같은 힘든 일 아니 제조업보다 더 고된 일을 해 온 것도 사실이다.

특히 그동안 동대문 도깨비 시장에서 일하고 있는 많은 시장사람들은 잠이 없는 밤, 생체리듬이 뒤틀린 그 일터에 남아 있었다. 그들은 어쩌면 공업화시대에 겪었던 3D 업종에서의 아픔보다 더 고된 일을 맡아 지금까지 땀과 눈물이 범벅이 된 힘든 그 삶의 현장에 서 있다.

"동대문 상인들은 서로 자기들을 시장사람들이라고 부른다. 다른 사람들보다 밤에 눈뜨고 있는 시간이 훨씬 많다. 그래서 그들은 연애도 사랑도 시장사람들끼리 하는 경우가 많다고 한다. 밤에 일하는 게 무척 힘든 것을 잘 알기 때문에 '일반인' 여자 친구를 만나기조차 겁이 난다는 것이다."

네이버 블로그(Lobber duck) 박윤조 기자와 그 일행이 함께 밤 나들이를 다녀온 후 동대문시장 그곳 사람들의 진솔한 이야기를 이렇게 적나라하게 전했다.[2] 가슴이 뭉클해지는 대목이다.

지금도 동대문 패션, 그 시장사람들은 "보다 더 잘 살아보자."라는 개발의지를 갖추고 비록 위기의 시장경제 상황이라고 해도 새 아침을 열기 위해 낮보다 밝은 상가 안팎의 불빛 아래서 동분서주하고 있는 생생한 모습이 보이는 듯 했다.

"새로운 날이 동쪽 아차산 넘어 밝아오고 있다."

한겨울 어느 날 아침신문에 게재된 오프라 윈프리 버전의 말이다.[3] 때 맞춰 그녀의 덕담이 우리에게 희망의 메시지로 들려 왔다.

"도깨비 전설 그대로 사람들에게 흥과 복을 준다."고 할 때 그 덕담은 오히려 더 맞다.

동대문시장은 밤이 더 훤하다. 어둠이 짙어야 별이 더 반짝이듯 시장 안에서는 밤이 되어야 전기불이 더 밝다. 실제로 동대문시장은 도매상가 대부분이 밤부터 새벽까지 영업을 하고 있기 때문이다. 그래서 우리는 그곳을 '도깨비 시장'이라고 부른다. 물론 도매상가에 따라 영업시간을 오후 늦게까지 연장하기도 했다. 이에 대하여 대부분의 소매상가는 낮에만 문을 연다. 그렇게 동대문시장은 그 24시로 이어진다. 어떻든 그곳 도깨비 시장(Phantom market)은 영문 표기 그대로 '환상적인 꿈의 시장'임에 틀림이 없다.

"혼돈 속 그 한복판에 늘 기회가 있기 마련이다."

- Sun Tzu, 손자병법 중에서

디자인 우주선 DDP의 안착

2014년 3월로 거슬러 올라가 동대문시장 큰 장터 한복판에 마치 불시착한 UFO 아니, 디자인이 잘 된 우주선처럼 낯설고 특이한 건축물 하나가 생겨났다. 세계 최대규모를 자랑하는 3차원 비정형의 건축물이라고 하니 이런 형용도 해볼 만하다.

이 건축물 DDP는 보통의 건축물처럼 서로 다투지 않고 물이 흘러가듯 이어져 있으며, 이곳과 저곳이 따로 나누어지지 않고 지붕은 벽이 되고 벽은 지붕이 되어 열린 공간들이 주고받는다고 한다. 그리고 여러 공간 또한 이내 이어져 동선을 따라 오고 가며, 어깨가 맞닿을 듯 상생하는 환유(換喩)의 풍경을 그대로 담았다는 설명이다.[4]

동대문 디자인 플라자(Dongdaemun Design Plaza)로 명명된 이 건물은 DDP란 약칭 그대로 아시아로 세계로 향하는 디자인과 패션산업의 발신지가 된다는 당찬 기치를 내걸고 그 웅장한 자태를 뽐내고 있다. 그저 경이롭기만 한 큰 건축물이다.

세계적인 건축가 자하 하디드(Zaha Hadid)는 이 건축물의 설계를 맡아 자신의 마지막 작품을 서울의 랜드마크로 만들어 놓고, 그만 2년여 후에 서거했다는 후문이다.

"낯선 공간이 주는 설렘, 난 그것을 경험하게 해주고 싶다."

그분이 남긴 이 말을 듣고 난 후 누구든 다시 본 DDP의 외양과 그 안으로 이어지는 투어의 발걸음 한복판에서 더욱 영롱하고 신비스러운 기운을 감지하기까지 했을 법하다.

"하나의 조형물이지만 규칙성이 없고 어느 각도에서 보든 새로운 이미지, 새로운 모양이 계속해서 펼쳐지고 어쩌면 낯선 땅을 밟으면서 긴장감 속에 받는 그런 느낌이다."[5]

어느 외국인 건축가의 이런 찬사와 같이, 새 랜드마크 DDP는 서울의 자랑거리가 되었으며 동대문시장을 초현대화된 쇼핑 및 관광 명소로 확 바꿔버린 영롱한 그 무엇이 있는 듯하다. 이 세상 어디에도 없는 멋진 그 건축물 DDP는 밤이 되어 문을 여는 동대문 도깨비 시장을 더욱 훤하게 밝히고 있다.

이런 특유의 건축물 DDP는 세상에 그 모습을 막 드러낸 이후 전시를 통해 지식을 공유하며 '다양한 디자인 체험이 가능한 콘텐츠 공급 및 그 서비스'로 동대문 패션, 그 시장경영의 합리화를 돕고 있다고 한다.

DDP 개관 직후로 기억된다. 우리 한국유통학회 회원들은 신비로운 이 건축물을 찾아가 곳곳을 관람했다. 아니 우리는 거대한 예술 작품 안으로 빨려 들어갔다. 유선형의 조형물 속 계단 없는 그 길을 따라 2층으로 올라가 디자인박물관에 들어섰을 때 우리는 모두가 놀라워했다. 평소 쉽게 관람하기 어려웠던 간송미술관에서 소장한 문화재 명품을 손에 닿을 듯 가깝게 감상할 수 있었기 때문이다. 행운이 아닐 수 없었다.

일제 강점기였던 1938년 그 해는 우리 선조들이 재산과 심지어는 목숨까지도 송두리째 빼앗긴 아사직전의 상태였다. 그런 암흑기에 간송 전형필 선생은 선친으로부터 물려받은 꽤나 많은 재산을 모두 팔아 우리 문화재를 수집하여 조상들이 남긴 빛나는 보배와 같은 많은 문화재를 모으고, 그가 세운 사립미술관에 문화재를 수장해 왔다고 한다.

우리 일행은 한국전쟁 때 간송 스스로가 피난가면서 몸속에 품고 갈 정도로 귀중하게 여겨 목숨을 걸고 보관했던 훈민정음을 비롯하여, 고려청자의 명품으로 알려진 청자상감운학매병, 신윤복의 주옥 같은 서화 등 국보급 문화재를 관람했다. 초현대적 디자인 공간 DDP에서 이런 국보급 문화재를 관람한 우리는 큰 감동을 얻었다.

아, DDP여! 2015년에 뉴욕 타임즈는 꼭 가봐야 할 세계적인 명소 52곳으로 DDP를 꼽았다고 한다. 컨벤션 회의, 전시, 공연, 패션 쇼 등이 정기적으로 이뤄지는 그곳은 간송미술관에서 소장해 온 국보급 명품 문화재를 전시하는 공간이 된 후 마치 화룡점정과 같이 DDP의 이미지를 한층 업그레이드시킨 셈이다.

루이비통은 지난 2017년 여름에 석 달 동안 "비행하라, 항해하라, 여행하라"는 기치 아래 자사가 창업된 1854년 이후 CEO의 말 그대로 과거로부터 얻은 끊임없는 영감과 미래로 한발 앞서 예측하는 긴 여정을 전시하기까지 했다.

이와 같이 큰 장터 한복판에 세워진 DDP에서는 디자인 트렌드가 시작되고 문화가 교류하는 장소, 세계 최초의 신상품과 패션 트렌드를 알리고 그 전시를 통해 지식을 공유하며 다양한 디자인 체험이 가능한 콘텐츠 공급 및 그 서비스로 동대문 패션, 그 시장의 합리화를 돕고 있다.

2017년 2월 이후 조각가 김영원에 의해 기증된 그의 작품, '그림자의 그림자 길'은 8미터 높이의 거인 형상으로 우리에게 손을 내밀어 DDP의 통로로 안내하고, 나아가서 미래로 가는 입구를 열어 영롱한 디자이너 정신을 표출하여 다시 가본 동대문시장 방문객마저 잔뜩 들뜨게 하고 있다.

오늘날 많은 소비자들은 열심히 일하면서도 쇼핑과 여가 및 스포츠 등으로부터 삶의 편익을 더 많이 얻으려 하곤 한다. 그래서 누군가는 이렇게 말하고 있다.[6]

"우리는 늘 그곳에 가 있다(We are almost there)."

그곳이 바로 소비자가 즐겨 찾는 쇼핑몰이다. 쇼핑몰은 쇼핑만이 아니고 관광 및 여가, 그리고 스포츠를 즐길 수 있는 또 다른 삶의 터전이다. 그렇다면 DDP는 신개념의 새로운 삶의 터전, 동대문시장으로 더 많은 고객이 찾아가 보다 집객력이 더해지는 쇼핑몰의 명가로 거듭나게 하는 데 크게 이바지할 것이다.

DDP는 그 이름 건축물의 이미지와 같이 디자인 바탕의 패션가로 가는 동대문시장의 위상이 더욱 향상되고 그 경영성과 또한 증폭되는 새 시장터로 다시 탄생하는 데 크게 도움이 될 것이다.

동대문 디자인 플라자(DDP: Dongdaemun Design Plaza)로 명명된 이 건물은 DDP란 약칭 그대로 '아시아로 세계로 향하는 디자인과 패션산업의 발신지'가 된다는 당찬 기치를 내걸고 있다. 그 웅장한 자태는 그저 경이롭기만 하다. 우리가 만들고 남겨줄 소중한 문화유산. 역사에 남을 건축이다. 이런 우주선과 같은 디자인의 DDP. 그 안착은 동대문 패션 그곳 환상적인 시장을 더욱 밝게 해주는 듯하다.

"밤이 내놓는 말을 들으려 풀과 나무가 귀를 열고 떠돌이들의 사연을 모은 구름이 자리를 잡았다. 하나 늘 아침이 오고 하늘에 찬란한 빛 물드는 사이 밤의 벗들은 다시 침묵의 미덕을 일깨운다."

– 이상은 글(밤과 아침의 일) 중에서, Morning Calm,
Korean Air, October 2017

장터의 혁신은 현재진행형

다시 가본 동대문시장은 과거와는 달리 더욱 넓어져 그 장터 규모를 가늠하기 어려웠다. 고색창연한 동대문의 자태와 주변 성곽, 그리고 신개념의 건축물 DDP 등과 같은 랜드마크가 한데 어우러진 동대문시장은 예전에 보았던 전통시장의 모습과는 사뭇 다른 거대한 초현대적 쇼핑몰로 변신했다.

"밤 8시가 넘으면 동대문시장 사람들은 자정이 넘을 때까지 점포마다 뮤자크(Muzak)를 내보내 굉음의 홍보전을 편다. 배경음악처럼 녹음된 음악으로 다투어 소란스럽게 하지만 어느 누구도 항의하거나 민원을 내지 않는다. 오히려 지방 소매상은 흥이 나고 처음 와본 해외 바이어들은 그 시장터 활기에 탄성을 지르기까지 한다. 세계 어디에도 없는 시장의 움직임이다."[7]

그곳이 동대문 패션몰 군집 새 장터다. 1960년대에 동대문시장은 청계천을 사이에 두고 광장시장과 평화시장이 마주 보고 청계천 고가도로 양 편에 노점상이 즐비했으며, 그 후 1970년에 동대문종합시장이 생기면서부터 장터의 규모가 더욱더 커졌다고 한다.

그러나 지금은 1990년대 전후의 일이지만 DDP의 서쪽 큰 길 건너에 밀리오레와 두타, 그리고 헬로apM 등 동대문시장의 대형 소매점포가 진을 치면서 빌딩 숲을 이루고 있는 게 눈에 띈다. 한편 DDP의 동쪽은 누죤, 유어스, 디자이너클럽 등 우리가 도깨비 시장이라고 일컫는 도매상가가 즐비하게 들어서고 복원된 청계천 변을 따라 동쪽으로 길게 펼쳐진 크고 작은 도·소매상가는 그 끝을 알 수 없을 정도로 이어졌다.

어떻든 이처럼 드넓은 동대문시장은 21세기를 전후하여 국내외 보따리 장사들이 몰려들어 장사진을 이룬 덕분에 미증유의 호황을 누렸다. 그때 동대문시장의 상황은 누군가가 '동대문 신화'라고 부를 정도로 소문 그대로 호황의 국면이 지속되었으며, 그 여파로 오늘날에 와서도 동대문 패션, 그곳 장터의 새 길 큰 걸음이 바쁘기만 하다.

누구든 이런 동대문시장에 다시 가보기 전에도 사이버 공간 위에서 보면 동팡(dongpang)의 안내판이 눈에 띌 것이다.[8]

"동대문 패션은 한류의 거센 바람과 그 파고에 영향을 받았지만 무엇보다도 동대문시장 옷이 예쁘고, 재질이 좋아 더 많은 사랑을 받고 또한 시장성이 뛰어난 데서 그 평판이 좋다. 이처럼 동대문시장의 패션제품이 해외에서 각광을 받는 것은 무엇보다도 4계절이 뚜렷한 생산지의 이점과 함께 가격대가 적정수준을 유지하면서도 품질이 꽤나 좋다는 데 시장경쟁의 우위가 있다."

이와 같은 동대문 패션, 그 시장의 경쟁력 및 성장의 지속과 호황의 유지는 어디선가 그저 굴러들어온 떡이 아닌 듯하다. 그것은 지난 1960년대를 전후하여 오늘날에 이르기까지 이어온 동대문시장의 역사, 그 속에서의 변화와 혁신 그리고 그곳 장터의 새 길 큰 걸음을 걸어오면서 흘린 많은 사람들의 땀과 눈물로 범벅이 된 희생적 노고와 많은 경험의 축적 덕분에 이루어진 것으로 보인다.

"예전 평화시장 1층은 가게, 2-3층은 다락방 공장이었어요. 점심 때나 화장실 갈 때만 함께 일하는 동료들의 얼굴을 잠깐 볼 수 있을 정도로 바빴죠."[9]

평화시장은 6.25전쟁을 전후하여 북한에서 피난 온 실향민들이 노점상을 차리고 살던 청계천 변 판자촌이 그만 대화재로 소실된 이후 생겨났다고 한다. 1962년으로 기록된 3년전 대화재로 전화위복의 계기를 맞은 평화시장은 현대식 건물의 새 상가로 우뚝 섰다는 것이다.

이렇게 탄생된 평화시장은 청계천 건너 더 긴 역사를 가진 광장시장과 쌍벽을 이루고 선의의 경쟁을 지속하면서 동대문시장의 현대화로 가는 시금석이 되었으며 그 유통 시스템의 혁신을 낳은 요람으로 남아 있다.

그 후 1970년 12월에 동대문종합시장이 생겨 보다 큰 새 장터에서 원단 및 부자재 유통이 이루어지면서부터 시장의 대변혁이 일어났다. 새 장터 동대문종합시장은 역사적인 오픈 이후 오늘날과 같은 패션 클러스터(의류생산 집적지)의 탄생과 그 유아기의 성장을 돕는 기름진 토양 노릇을 해 왔던 것이다.

그렇게 10여 년의 세월이 지난 1980년대 이후에 동대문시장은 드디어 전국적 규모의 도매유통이 이루어지는 큰 시장으로 거듭나면서부터 오늘날과 같은 패션 클러스터로 가는 청년기와 같이 벅찬 새 지평을 활짝 열기 시작했다는 기록이다.

이어서 88 올림픽 이후 소비 및 유통환경의 급격한 변화 속에서 1990년으로 기록된 어느 때인가 아트프라자는 역사적인 오픈을 해 성업하는 첫 발을 딛기 시작했다고 한다. 역사적이라는 찬사를 보낼 만한 데는 그럴 만한 이유가 있다고 본다.

그 이유는 새 도매상가 아트프라자 스스로가 지방 소매상의 거래 편의를 위해 대절버스 유치 등 새로운 마케팅 및 판촉전략을 펴고 그 여파로 도매상가의 영업시간을 자정으로까지 앞당기고, 이어서 오늘날과 같이 자정 이전으로까지 영업시간을 더욱 확대하게 되는 새 길 큰 걸음을 걷게 된 데서 비롯되었다.

아마 이런 마케팅 전략을 편 덕분에, 오늘날 동대문의 도깨비 시장은 드디어 성년기를 맞듯 보다 일반화되고 그 경영성과가 예상 밖으로 커지자 그 후 디자이너클럽과 우노꼬레, 팀204, 혜양엘리시움 등이 우후죽순으로 연이어 오픈했다고 전한다.

1997년 11월 초로 기억되는 IMF 외환금융위기를 전후로 하여, 마치 위기가 기회이듯 동대문시장은 신개념의 대형 소매상가는 물론 그 여파로 많은 도매상가의 창업 붐과 같은 새 불씨가 더욱더 커지면서, 오늘날과 같이 글로벌 규모의 동대문 패션의 클러스터가 그 완성기를 맞는 계기가 되었다.

이렇게 볼 때 지금 동대문 패션, 그 시장의 혁신은 멈추지 않고 있다. 아니, 그 혁신의 소용돌이는 현재진행형임에 틀림이 없다.

바쁜 시장터에서의 상황 그대로 "근면을 대신할 다른 방도가 없다."는 발명왕의 지혜가 옳다.

평화시장은 의류의 생산과 판매가 함께 이루어지는 동대문 패션, 그 시장의 주춧돌을 쌓았다. 그 시장터는 지금도 한 세기로 숨 바쁘게 걸어가는 역사의 살아 숨 쉬는 현장이다. 그 후 동대문시장, 그곳 장터의 혁신은 현재진행형이다. 그중 한 도매상가 아트프라자는 스스로 지방 소매상의 거래편의를 위해 '대절버스 유치 등 새로운 마케팅 및 판촉전략'을 폈다. 그 여파로 도매상가의 영업시간을 자정으로까지 앞당기고, 이어서 오늘날과 같이 자정 이전으로 영업시간을 더욱 확대하게 되는 새 길 큰 걸음을 걷게 된 것이다.

"누구든 혁신을 원한다면 우선 낡은 관행부터 고치고 또 그만 두어야 한다."

－ Peter K. Drucker, 세계적인 경영학자

도매유통은 시장을 이끌고

최근에 동대문시장에서 3.3평방미터의 성공신화를 꿈꾸면서 현장에서 땀을 흘리고 있는 박수영 씨는 2000년대 초 헬로apM 점원으로 일할 때를 회고했다.[10]

"그때는 돈을 못 버는 사람이 없을 정도였다. 하루하루 매출이 오르는 게 눈에 띄었다."

생각해 보면, 그땐 한국경제가 미증유의 경제위기를 겪고 그 후유증이 남아 있을 무렵으로 여겨진다. 한국경제는 1997년 11월 3일 IMF의 경제신탁통치가 시작되던 날, 부끄럽기 짝이 없는 제2의 국치일(1910년 강제 한일합방 이후)을 맞아 하늘도 울고 땅도 울었던 슬픈 역사의 흔적을 남겼다. 그날 국민들 사이에는 "어찌하다가 이 나라 이 경제가 이 모양 이 꼴이 됐을까?"라는 통탄의 외침이 메아리쳤음은 우리가 다 아는 일이다.

풍전등화와 같은 국난을 맞은 그 당시의 경제위기는 국민들의 금모으기 운동이나 동대문 패션, 그 시장의 혁신과 호황 덕분에 다행히도 세계 어느 역사에서도 보기 드물게 빠른 경제위기 극복 및 그 주권의 회복이 가능했는지도 모를 일이다.

미증유의 환란 후 10여 년의 세월이 훌쩍 지나갔다. 최근에는 DDP 남쪽 큰 길 건너에 그 위용을 자랑할 만한 새 도매상가 apM Place가 들어섰다. 신개념의 그 상가는 apM 코리아의 자회사로서 오픈하자마자 널리 주목을 받았으며 성업 속에 동대문시장의 밤을 보다 더 훤하게 밝혀주고 있다.

아! 동대문 도깨비 시장의 불빛, 한밤을 더욱 훤하게 밝힌 곳이 바로 도매상가들이 입지한 DDP의 동쪽 상권이다. 누군가 "역사는 밤에 이루어진다."라고 했듯이, 그곳 DDP의 동쪽 상권 속에서는 많은 도매상가가 글로벌 패션의 장터를 이끄는 견인차 역할을 다하고 있다. 실제로 동대문시장의 총매출 중 도매상가 매출의 크기가 90%를 넘는다고 하지 않던가!

원래 시장(Market)은 어떤 상품이든 생산자의 손으로부터 소비자의 손에 이르기까지 유통되는 단계와 과정에 따라 도매시장(Wholesale)이나 혹은 소매시장(Retail)으로 구분된다. 문제는 생산자와 소매상 사이에 놓인 도매상이 어느 정도의 몫을 벌어들이고, 또는 그 매개 역할을 얼마나 담당하느냐 등에 따라 그 시장의 힘이 어디에 더 있는가를 가늠하게 된다.

W/R은 도매상과 소매상이 갖는 역할, 그 배분의 정도를 말해준다. 대체로 이 비율 W/R이 2나 그 이상이면 도매상을 두 단계 세 단계 등으로 여러 단계를 거쳐 거래되는 시장구조다. 그러나 동대문시장은 그 비율이 1에 가까워 선진국형 시장과 같이 단순한 단계 및 채널 아래 도매시장의 경쟁력이 꽤나 높다.[11]

동대문 패션, 그 시장의 힘은 바로 이와 같이 장터를 이끄는 도매상가의 경쟁력과 그 비교우위 및 그들의 혁신적 유통행위의 진전에 따른 것으로 보인다. 좀 더 시장터 안을 엿보자.

일반적으로 도매상가는 유통채널로 보아 생산자(제조업자)와 소매상 사이에서 상품을 대량으로 구매한 뒤 소량으로 쪼개어 판매하도록 소매상에게 건네는 일을 한다. 이러한 도매상은 상거래 과정에서 상품의 소유권을 일시적으로 이전받으며, 그때 어느 정도의 위험 부담을 떠맡기도 한다. 그 위험성에 대한 보상이 바로 도매상이 얻는 꽤나 큰 몫의 이윤 아니, 큰 폭의 유통마진이다.

생각에 따라서, 도매상은 생산자의 판매행위를 대행해 주기 때문에 그 시장에서의 힘이 강하고 나아가서 시장의 흐름을 주도적으로 이끄는 힘을 갖곤 한다. 그 밖에도 도매상의 기능은 대학교재 그대로 몇 가지가 있다.[12]

보관의 기능이다. 도매상은 저장과 보관 활동으로 생산자 행위를 도와주며, 많은 소매상에게 필요한 수량만큼의 구매를 가능케 하여 그들의 보관 부담을 덜어준다.

물류행위의 기능이다. 보관이나 포장, 운송 등 물적 유통의 경제행위를 대행함으로써 생산자와 소매상이 부담해야 할 비용을 덜어준다.

유통비용의 절감 기능이다. 광고와 판촉은 물론 그 밖에 생산자나 소매상이 부담해야 할 갖가지 유통비용을 경감시켜 준다.

수급조절의 기능이다. 도매상은 생산자에게 생산계획을 그리고 소매상에게는 구매계획을 세울 수 있도록 갖가지 시장정보를 제공하면서 그 상품의 공급과 수요를 조절해 준다.

위험부담의 기능이다. 도매상은 생산자와 소매상들이 부담할 수밖에 없는 갖가지 위험성을 다소나마 분산 또는 경감시켜준다.

흔히 있는 일이지만, 누구든 미처 생각하지 못한 게 있다. 그것은 시장을 단순히 상품을 교환하는 장터로만 생각하기 쉽다는 것이다. 그러나 시장이란 생산자의 상품공급에 관한 정보와 소비자의 욕구(wants)와 필요(needs)에 관한 정보를 서로 교환하는 장터이기도 하다. 그런데 이런 시장정보를 누가 더 많이 가지고 있느냐 하는 것 등에 따라 시장에서의 힘, 그 크기를 결정하곤 한다.

두말할 필요도 없이 도매상은 매개자로서 소매상이나 생산자 혹은 소비자 등에 비하여 보다 더 많은 시장정보를 갖곤 한다. 그러므로 도매상은 시장터에서 강한 힘을 갖고 그 바탕 위에서 위세를 떨친다.

어떻든 동대문 패션, 그 시장은 도매상이 보다 더 큰 힘을 가지고 있으며, 도매유통이 그 시장을 이끌고 있다. 그 힘은 바로 동대문시장이 갖는 상권의 강점이기도 하다.

동대문시장 그곳 도매상가에 출하된 많은 패션제품은 마치 치열한 예선전을 치른 월드컵 축구 국가대표팀 32강과 같다. 우선 품질은 OK. 그 다음은 착한 가격. 실제로 밤이면 수많은 지방 소매상과 국내외 바이어가 그곳에 모여 북적거리는 이유도 바로 거기에 있다. 동대문 패션 그 시장의 힘은 이와 같이 장터를 이끄는 도매상가의 경쟁력과 그 비교 우위 및 그들의 혁신적 유통행위의 진전에 따른 값진 수확이다.

"사업은 돈벌이 그 자체가 아니고, 상품을 사고파는 유통이다. 그러니까 사업은 사람들이 기꺼이 돈을 지불하고 사고 싶어할 만큼 '좋은 상품과 서비스를 창출하는' 일이다."

– Anita Roddick, Body Shop 창업자

주

1) 차승현, 아들아 아빠는 꿈을 꾼단다, 라떼북(구글 eBook), 2012.

2) http://blog.naver.com/hyenin

3) 조선일보, 2018년 1월 11일자.

4) www.seouldesign.or.kr

5) 건축가 Patrik Schomacher의 찬사다, www.naver.com

6) 유통 컨설턴트 언더힐(Paco Underhill)의 논의다. 그는 미국인 중 성인의 30% 정도가 매 3개월에 한 번꼴로 쇼핑몰에 가고 있다는 조사결과를 내놓았다. 동대문 패션, 그곳은 소매상 및 국내외 바이어 외에도 많은 소비자들이 자주 찾는 곳이다. 누구나 가 볼 만하다.

7) 바쁜 시장사람들이 건넨 말이다. 현장감 있는 목소리의 하나다. 왜냐하면 그들은 동대문시장 24시, 힘들고 어려운 일을 해내고 있는 산 증인들이기 때문이다.

8) http://dongpang.co.kr/shop.

9) 김영문, 패션TV고문, www.google.co.kr

10) www.naver.com

11) 설봉식, 유통학 코드, CAU, 2009, pp. 31-33.

12) 상게서, pp. 36-37.

Ⅱ. 이런 시장, 세계 어디에도 없다

우리 것 세계 으뜸

동대문시장 사람들은 바쁜 밤을 새워 상거래를 마친 후 새벽바람을 가르며 샤워로 땀에 젖은 몸을 씻고 해장국 한 그릇으로 아침식사를 때우곤 한다. 그들에겐 커피믹스 한 잔을 마시는 여유와 그 희열의 만끽은 그 어느 것에 비견해도 바꿀 수 없는 달콤한 시간일 것이다. 그때 누군가는 문득 "우리 것, 세계 으뜸이 될 만한 게 있을까? 다행히도 있다면, 과연 뭔가?"를 생각해 볼 수 있음직도 하다.

우리가 일상의 삶 아니, 미래로 향한 기대와 긴 역사 속에서 널리 자랑할 만한 것은 분명 있다. 어쩌면 생각보다 많다. 그것은 (1) 한글과 세종대왕, (2) 이순신 장군, (3) 제주도, (4) 박정희와 한강의 기적, (5) 삼성, (6) 퇴계와 조선 선비들, (7) 고구려와 광개토대왕, (8) 원효사상, (9) 정조와 실학혁명, (10) K-Pop과 한류 등으로 꼽힌다.

한글은 유네스코와 해외학자들이 칭송한 세계 최고의 과학적인 글자, 아무런 글자도 없는 나라와 민족에게 수출되기까지 한 문자다. 아마 그들 외국인에겐 생명과 같은 소중한 문자가 되었을 것이다. 백성을 위해 한글을 창제하고 바르고 어진 정치를 편 세종대왕, 그는 어쩌면 요순보다 나은 성군으로서 우리 민족의 혼이요 심장이며, 온 세계에 널리 자랑할 만한 탁월한 리더십을 가진 임금님이었다.

이순신 장군은 풍전등화와 같은 나라의 위기, 온 백성의 목숨이 경각에 달렸던 임진왜란의 공포, 왕마저 서울을 버리고 도망간 그 전쟁의 피비린내 나는 화염 속에서도 23전 23승이라는 전쟁의 승리로 악귀와 같았던 잔학한 왜군의 침략을 막아내고 또 쫓아낸 세계 역사에 드문 영웅, 충무공 바로 그분이다.

제주도는 세계 7대 관광명소로 널리 알려져 있으며 해외 관광객들이 극찬한 아름다운 섬이다. 우리가 그곳을 자주 가 봐도 신(神)이 머물다 간 곳이라는 형용 그대로 늘 새롭고 신비스러운, 아니 불가사의한 섬이다. 우리 것 세계 으뜸 제3위에 오를 만큼 이 세상 어디에 가 봐도 그만한 관광지가 없을 정도로 값진 보물의 섬, 아니 낙원의 땅이다.

어느 때인가 한 외국인 신문기자는 "한국에는 공산당보다 더 무서운 것이 있다. 그것은 가난이다. 그때 박정희 대통령은 무서운 적, 가난과의 전쟁을 선포하고 경제개발의 추진을 서두르고 또 성공했다."고 보도했다. 그 후 박정희 대통령은 우리들보다 온 세계인들에게 더 많은 호평을 받아 왔다.

삼성은 이병철 회장 스스로가 사업보국(事業報國, "기업은 나라에 이바지한다."는 의미)이라는 기치 아래 한국 제1위의 기업으로 만든 회사다. 그 후 후계자 이건희 회장은 "변화는 자유다!"라는 기치 아래 바꾸자 경영으로 삼성의 브랜드 가치를 더욱 높여 글로벌 초우량 기업으로 등극시켰다. 오늘날 세계인들은 삼성과 그 회사의 제품에 매료되어 세계 최고의 우수기업으로 인식되고 또 널리 알려져 있다. 삼성은 우리 것 세계 으뜸, 그 자랑거리의 하나다.

퇴계 이황은 공자와 맹자 등이 낳은 유교, 그 동양철학의 교과서를 업그레이드시켜 위대한 학문적 업적을 남겼다. 오늘날 중국인들은 물론 세계인들이 퇴계학에 매료되고 지금도 큰 관심을 가지고 있는 데서 우리의 자긍심이 생길 법도 하다. 우리는 그분 외에도 조선시대에 많은 선비들이 갖춘 규범과 그 행위를 이어 왔음을 잘 알고 있다. 특히 그들의 숭고한 선비정신은 우리에겐 또 다른 자랑거리다.

광개토대왕은 동북아의 알렉산더 대왕으로 불릴 만큼 드넓은 영토 위에서 큰 나라 고구려, 그 국가 이미지를 남기고 정치적 안정 위에서 국리민복을 추구하는 가운데 명품 나라를 경영해온 탁월한 정치 지도자였다. 그분은 세종대왕과 함께 위대함(The Great)의 칭호가 붙은 임금님으로 우리 역사에 기록되고 있다.

원효의 대승기신론은 "우리의 삶 속에서 부처님의 뜻을 믿고 따르며 부처의 힘으로 고통스러운 삶에서 구원을 받는다."는 데 있다. 원효는 나 자신이 아니라 인류 전체의 구제를 위한 이론을 펴 불교의 종교개혁을 이룬 위대한 사상가로 역사 속 지식인과 세계 불교인들의 사랑을 듬뿍 받고 있다고 한다.

정조는 1700년대 후반기 영국의 산업혁명이 한창이던 그때에 실학혁명을 일으켜 봉건주의적 피폐를 타파하고 나아가서 민족주의 구현과 근대화의 여명을 열었다. 그러나 19세기 첫 해에 정조가 서거한 후 우리 역사는 세도정치에 함몰되어 암흑과 같은 슬픈 역사로 이어져 끝내 외세의 침탈까지 받고 말았다.

K-Pop과 한류 또한 우리 것 세계 으뜸의 하나다. 1990년대 이후 K-Pop, TV드라마, 영화 등 한국의 대중문화 콘텐츠에 대한 인기가 중국, 일본, 동남아 등지로 확산되면서부터 한류의 열풍이 지속되어 왔다. 오늘날 한류는 K-Pop에 그치지 않고 K상품이나 한식, 우리나라 병원의 의료서비스 등 그 유명세의 파고가 높다.

물론 그 밖에도 세계에서 가장 아름다운 음악 곡 1위에 오른 아리랑을 비롯하여 판소리, 금강산, 김치 등 우리 것 세계 으뜸은 많다. 아니 다 열거하기도 어려울 정도로 많다.

그렇다면, 동대문 패션, 그 도매시장의 바쁜 일상과 함께하는 특유의 비즈니스 모델과 그 호황의 지속 또한 능히 10위 내외의 지위를 가질 만큼 우리 것 세계 으뜸의 큰 자랑거리로 삼을 수 있다고 본다. 과연 그 가능성은 있는지?

분명 그 가능성은 있다. 눈여겨보자.

우리 것 세계 으뜸은 많다. (1) 한글과 세종대왕, (2) 이순신 장군, (3) 제주도, (4) 박정희와 한강의 기적, (5) 삼성, (6) 퇴계와 조선 선비들, (7) 고구려와 광개토대왕, (8) 원효사상, (9) 정조와 실학혁명, (10) K–Pop과 한류 등이 그 예다. 이제 동대문 패션 또한 우리의 새로운 큰 자랑거리가 아닌가! 우리는 우리가 아는 그 이상으로 자랑스럽다.

"우리는 늘 많은 계획을 세운다. 그러나 생각은 하는 둥 마는 둥 한다."

-Joseph Schumpeter, 경제학자

동대문 패션, 그 비교우위

"패션은 짧고 스타일은 길다."

누군가가 한 말이다. 그러나 여기에서 짧다고 본 바로 그 패션 (fashion)은 반짝 인기를 끄는 유행(fad)에 비해서는 꽤나 길다. 물론 정형화된 스타일(style)보다 짧은 건 엄연한 사실이다.[1]

이와 같이 패션은 수명이 짧은 유행과는 유사한 키워드이지만 서로 다르다. 어느 기업 어느 브랜드의 신상품은 시장에 출하된 후 매출규모가 급증하다가 이내 감소되어 경영난을 겪고 끝내 시장에서 퇴출되기도 한다. 그런 상품은 매출액 변동 그래프로 보아 뾰쪽한 봉우리의 삼각산과 같이 그 생명력이 매우 짧은 반짝 유행의 상품에 불과하다.

실제로 패션이란 키워드는 어느 브랜드의 신상품이 나오면 많은 소비자들로부터 사랑을 받고 또 소비가 확산되며 나아가서 그 소비 및 수요가 유발되곤 한다. 그런 상품은 그 생명력이 길어 마치 긴 능선으로 이어지는 지리산과 같이 상품의 라이프 사이클이 길다. 그게 바로 진정한 패션상품이라고 볼 수 있다.

물론 이런 패션상품 중에는 유독 상품의 라이프 사이클이 더욱더 길어져 정형화된 스타일로 승화되고 궁극적으로는 그 생명력이 마치 태백산맥이나 백두대간처럼 더욱 길게 이어지는 스타일 상품이 되기도 한다.

어떻든 패션상품은 시장출하 후 곧 그 시장으로부터 퇴출되는 그런 유행성 상품과는 달리, 한동안 소비자의 사랑을 듬뿍 받는 가치 있는 그 무엇이다. 그것은 우리 삶 속에서 소중한 한 부분을 차지하곤 한다.

동대문 패션, 그 시장은 '패션'이란 키워드 그대로 국내외 많은 고객으로부터 변함없는 사랑을 받고 있으며, 그 덕분에 시장의 양적 성장과 질적 발전이 이어지고 있는 곳이다. 그 세월이 짧지 않다. 이와 같이 동대문 패션은 100년의 역사로 가는 긴 여정 속에서 경험과 힘을 쌓아 국내외 시장 어디에서나 통하는 비교우위의 경쟁력을 갖추어 왔다. 그 비교우위는 과연 무엇일까?

첫째, 동대문 패션, 그 시장은 긴 역사적 배경을 가지고 있다. 물론 150년에서 200년에 이르는 샤넬이나 루이비통, 아르마니, 버버리 등 명품 패션의 역사에는 미치지 못하지만 6.25전쟁 이후 100년으로 향한 긴 역사를 가지고 있다.

동대문시장은 시대를 거슬러 올라가 18세기 전반 조선시대에 그곳에 큰 전통적인 장터가 있었다고 할 때 그 역사는 더욱 길어진다. 그 후 1905년에 두산그룹의 창업자 박승직 주도 아래 광장시장이 문을 열었으며, 1919년 3월 이후 우리 민족 스스로가 세운 주식회사 경성과 같은 방직회사가 창업되면서부터 동대문 패션, 그 시장의 새 길로 가는 첫걸음, 그 숨 가쁜 개발의 역사가 펼쳐졌다.

둘째, 동대문 패션, 그 시장은 한곳에서 생산해 곧 판매하는 특유의 생산 및 유통 시스템을 갖춰왔다. 어디에서나 공장 따로 농장 따로 그리고 시장 따로 일터가 떨어져 있기 마련이다. 생산지인 공장과 소비지인 시장은 공간적 조건이 달라 그 거리가 떨어져 있는 게 일반적이다.

이에 비하여 동대문 패션은 긴 역사를 가진 평화시장처럼, 상가건물 위층에서 생산하고 그 아래층에서 판매해 왔다. 보기 드문 생산 및 판매 시스템이다. 그 후 동대문 패션, 그 시장은 비록 한 건물 내에서 생산하는 물량은 줄어들었으나 가까운 건물이나 인근 지역의 공장에서 생산해 빠른 배송으로 즉시 출하할 수 있었다. 그만큼 동대문 패션은 시간과 비용을 절감할 수 있는 경쟁의 비교우위를 유지해 왔다.

셋째, 동대문 패션, 그 시장은 원단과 같은 원료와 재료 및 액세서리와 같은 부품 등 생산에 필요한 갖가지 자원의 조달이 꽤나 용이하다. 한때 평화시장과 같이 한 건물 내에 봉제공장, 원·부자재 시장, 그리고 도·소매상가가 어울려 있기도 했다. 그러나 1970년에 동대문종합시장이 웅장한 규모의 상가건물로 등장하자 그 후부터 동대문시장은 오늘날과 같이 의류 등 패션제품의 원단에서부터 단추에 이르기까지 없는 게 없을 정도로 그 유통이 쉬워져 원스톱 공급사슬의 경영이 가능해졌다.

넷째, 동대문 패션, 그 시장은 우수한 인적자원 바탕의 경영이 가능한 데 있다. 동대문 패션산업은 1960년대 이래 경제성장과 도시화의 큰 물결 속에서, 무작정 상경(上京)의 붐에 따른 파급효과로 서울 도심 속에서도 우수한 인적자원을 쉽게 공급받을 수 있었다. 유난히도 교육열이 높았던 그때 그 시절, 많은 고급인력은 어쩌면 낡은 사농공상 사상에 영향을 받아 기피할 법도 했지만, 돈 버는 동대문 패션 그 시장은 그들 덕분에 지금도 비교우위의 시장강세를 유지하고 있다.

다섯째, 앞에서 우리는 동대문 패션, 그 시장은 상품, 속도, 가격 등 3박자에 의해 그 시장 경쟁의 우위를 갖추고 있다고 했다. 그중에서도 빠름의 강점은 이 세상 다른 어느 시장에서도 찾아보기 어렵다. Zara, H&M 그리고 유니클로 등 글로벌 SPA(Special store retailer of Private label Apparel) 브랜드 상품을 두고 속도 빠른 패션(Fast fashion)이라고 부르는데 동대문 패션의 초고속 빠름에는 따르지 못한다.

마지막으로 이런 동대문 패션, 그 시장의 비교우위는 다른 어느 것보다도 한국이 떠오르는 패션강국이라는 국가 이미지가 형성되면서부터 그 시장강세는 거침없이 펼쳐졌다. 2000년대 초에 영국에서 열린 한 국제회의에서 글로벌 10대 뉴스가 발표되었는데 그 빅 뉴스 중 하나가 바로 떠오르는 패션의 신흥강국 코리아로 칭송되어 그 상위에 뽑혔다고 한다.

1980년대 그 어느 때인가 영국의 마거릿 대처 총리는 각료회의에서 "디자인을 모르면 사표를 써라(Design or resign)"라고 으름장을 놓았다고 한다. 그 후 토니 블레어 총리도 창조적 영국, 멋진 영국(Cool Britain) 등을 슬로건으로 내걸고 "영국을 세계의 디자인 공장으로 만들자!"라고 역설했다는 후문이다.[2]

이런 글로벌 시장의 정책환경 속에서 우리도 언제부터 "디자인이 곧 국력이다."라는 국민적 공감대가 생겼으며, 그 여파로 동대문 패션, 그 시장 또한 '그치지 않는 혁신의 장터'로 남아 오늘날 그 비교우위의 글로벌 시장지위를 유지하고 있다.

"해외에서 오래 살다 보니, 이상하게도 남다른 애국심이 생겼다. 우리나라를 들여다보면 해외 선진국들보다 훨씬 훌륭한 인재와 자원을 많이 가지고 있다. 제대로 소화되지 못해 아쉬운 점도 많다. 그중 하나가 동대문 패션, 그 클러스터다."[3]

이런 외침 그대로, 남다른 조국애를 가진 패브릭타임 오민지 대표는 동대문 패션 클러스터를 통째로 해외에 수출하고 싶다고 했다. 당찬 외침, 그녀의 목소리가 크다.

동대문 패션 그 비교우위는 더 많은 논의의 여지가 없지 않다. 예컨대 동대문 패션은 도매상가의 공급 측과 파트너십 발휘 덕분에 미래로 가는 스마트 공장의 경영과 그 비교우위가 있는 것 등이다. 이에 대한 논의는 이어지는 장에서 그 논리 및 타당성 등과 함께 그치지 않을 것이다.

동대문 패션, 그 시장의 비교우위는 다른 어느 것보다도 K 패션의 한류 덕분에 그 강세의 지속이 거침없다. 2000년대 초에 영국에서 열린 한 국제회의에서 글로벌 패션 10대 뉴스가 발표되었는데 그 빅 뉴스 중 하나가 바로 '떠오르는 패션의 신흥강국 코리아'가 그 상위에 뽑혔다고 하지 않은가!

"광고는 많은 사람들이 가고 있는 길, 그 선상에서 작업하는 게 광고 효과가 가장 크다."

– Mark Zuckerberg, 페이스북 공동창업자 겸 CEO

한류와 서울 컬렉션

우리는 한류의 열풍 속에서 '대장금'이나 '겨울연가', '태양의 후예'와 같은 TV드라마 또는 영화 등이 세계인에게 큰 주목을 받고 또 사랑을 듬뿍 받아 왔음을 잘 알고 있다.

"동방신기, 소녀시대, 슈퍼주니어, 빅뱅 등과 같은 K-Pop은 모두가 멋지다, 가수들의 뛰어난 댄스와 퍼포먼스, 매력적인 외모, 그리고 그들 많은 스타의 일거수일투족 등 모든 게 사랑스럽다."

여기저기에서 이런 칭송이 들린다. 싸이의 강남스타일은 2012년 10월에 발표된 후 유튜브에 게시되어 2017년 7월 현재에 이르기까지 30억 뷰에 이를 정도로 폭발적인 인기를 얻고 있다고 한다.

"처음으로 K-Pop에 흠뻑 빠졌던 세계의 청소년들이 지금은 어느덧 20대 혹은 30대 청년으로 자라 관심 대상을 대한민국으로 확장시키고 있다. 그들은 한국인 친구를 사귀고 한국어를 배우는 한국학

교로 유학 오기도 했다. 메이드 인 코리아 제품을 애용하고 정통한 식을 즐기는가 하면 한국인도 관심을 두지 않은 한국 전통문화에 열광한다."[4]

이런 거센 한류의 열풍 속에서 동대문 패션, 그 시장은 K패션의 새 길 큰 걸음을 걷기 시작했다. 어쩌면 그 큰 걸음 속에서 5대 글로벌 컬렉션의 벅찬 위치로 올라가 온 인류와 함께 할 수도 있을 것이다. 과욕은 아닌지…

널리 알려진 일이지만, 글로벌 컬렉션이라고 하면 파리, 밀라노, 뉴욕, 런던 등 4대 컬렉션으로 꼽힌다.[5]

파리 컬렉션은 다른 어느 컬렉션보다 가장 화려하다. 예술지향적이면서도 디자이너의 창의성이 유독 돋보이며, 옷과 모델, 그리고 행사 분위기와 관객 구도 등 또한 멋스럽다는 호평을 받는다.

밀라노 컬렉션은 아무리 돌아보아도 끝없이 전개되는 트레이드쇼, 세계에서 가장 큰 규모라는 소문이 나 있다. 섬유산업을 바탕으로 한 그 컬렉션은 화려한 색상과 패턴, 좋은 소재와 재단으로 실제로 곧 입을 수 있는 스마트한 작품으로 탄생되는 곳이기도 하다.

런던 컬렉션은 전통적이고 전형적이며 규격 잡힌 유니폼형 브랜드가 있는가 하면 과격하고 과장된 디자인이나 그 색상을 강조하기도 한다. 반면에 신진 디자이너들이 신선하고도 과감한 혁신적 디자인으로 선보여 누구나 극적인 순간의 연속을 몰입해 엿볼 수도 있다는 평이다.

뉴욕 컬렉션은 실용적이고도 꾸밈없이 단순한 디자인, 판매 지향적인 데 특성이 있다고 한다. 그동안 전 세계 경기지표에 빨간 불이 들어오면서부터 런던과 밀라노 컬렉션을 건너뛰고 파리와 함께 뉴욕 컬렉션으로 몰리는 추세라는 후문이다.[6]

앞에서 우리는 동대문 패션, 그 시장은 이들 세계 으뜸의 글로벌 컬렉션과 자웅을 겨룰 수 있다고 했다. 물론 가능하다.

2000년 뉴 밀레니엄의 새 시대를 맞아 제1회 서울컬렉션이 시작되었다고 한다. 그때 서울 컬렉션은 기성세대에서 다음 세대를 잇는 교량을 건설한다는 기치를 내걸었다.

그중 서울 패션위크는 한국 특유의 독창적인 창조성을 온 세계에 전하려는 이벤트로 출발되었다는 평을 받았다. 봄가을 연 두 차례에 걸쳐 DDP에서 열리는 이 패션 이벤트는 2017년 여름, 겨울 행사를 기준으로 하여 초청 해외 바이어, 언론을 포함한 쇼 관람객 총 43,400명과 일반 방문고객 약 20만 명 등으로 보아 규모면에서 세계 최고의 수준이라고 했다. 자랑할 만하다.

"2018 S/S 헤라 서울 패션위크가 열렸다. 계절은 가을이지만 수은주가 연일 곤두박질치고 음산하기까지 했다. 그러나 패션은 꽃피는 춘삼월을 지나 녹음 우거진 성하를 건넜다. 저 옷들을 보며 모두가 봄여름 스타일을 미리 상상했을 것이다."[7]

이와 같은 서울 패션위크는 파리, 밀라노, 런던, 뉴욕을 잇는 세계 5대 패션위크로 주목을 받게 되었다는 것이다. 아울러 온라인 생중계 패션쇼와 드론 촬영기법 등에 힘입어 미래적인 IT 기반의 새로운 패션쇼 무대, 그 특유의 패러다임으로 전개되기 시작한 데서 주목을 받았다고 한다.

"서울 패션위크는 세계 5대 컬렉션 중 하나가 될 것이다. 패션강국으로 발돋움한 한국이 자랑스럽다."[8]

외국인 학자 사이번 콜린스(Simon Collins)의 이런 호평은 우리에게 자부심을 안겨주기에 충분했다. 드디어 동대문 패션, 그 시장은 한류와 서울 컬렉션에 힘입어 지속가능한 경영으로 새 길 큰 걸음을 더 빠르게 걷기 시작한 것이다.

"미래가 훤히 보이는 대목이다."

한류의 거센 열풍 속에서 지금 동대문 패션. 그 시장은 K패션의 새 길 큰 걸음을 걷기 시작했다. 외국인 패션전문가 콜린스 역시 "서울 패션위크는 파리, 밀라노, 런던, 뉴욕 등에 이어 세계 5대 컬렉션 중 하나가 될 것이다. 패션강국으로 발돋움한 한국이 자랑스럽다."고 했다. 꿈인지 생시인지 모르지만, 그곳 장터에 가보면 실감이 난다. 그리고 이내 입가에 미소 띤 표정으로 바뀐 자화상이 거울에 비춰진다.

"많은 것을 생각하라. 그러나 한 가지에 몰두하라."

- 포르투갈 속담

경쟁은 좋은 입지를 낳고

"목이 좋아야 장사가 잘 된다."

장사를 잘 하려면 무엇보다도 입지조건이 좋아야 한다는 시장사람들의 말이다. 오래전부터 전해 내려온 말이기도 하다. 그래서 누군가는 "첫째가 입지요, 둘째 또한 입지요, 셋째마저 입지다."라고 강변했다.

상권분석이나 입지이론에 따르면, 사람에 따라 점포가 적은 장터가 좋다고 하는가 하면, 오히려 점포가 많아야 좋다고 하는 등 논의가 분분하다. 그러나 많은 사람들은 경쟁이 심하지 않은 시장에서 보다 안정적으로 더 많은 매출을 올리고 그 이윤 폭도 크다고 보곤 한다.

물론 이런 논의에 극구 반박할 사람은 그리 많지 않다. 왜냐하면 시장을 독점하거나 몇몇 점포가 나누어 과점하게 되면 그들 점포의 단골도 많아지고 매출규모가 커지며 독점적 이윤의 획득도 가능하기 때문이다. 그러나 생각을 바꾸어 보면 그런 곳이 꼭 좋은 입지조건이라고 단정하긴 어렵다. 어쩌면 그저 착각일 수도 있는 일이다.

우선 유통입지의 포화성 이론을 생각해 보자. 먼저 과잉 점포(over store)의 장터가 갖는 입지조건은 어떨까? 어느 한 시장은 점포수가 너무 많기 때문에 더 나은 경영성과를 올리지 못하고 때론 치열한 경쟁에 내몰려 점포마다 크게 손해를 보곤 한다.

그렇다면 과소 점포(under store)의 장터가 갖는 입지조건을 생각해 보자. 어느 한 시장에서는 점포수가 너무 적으면 그 이유 때문에 미흡한 머천다이징으로 고객의 필요와 욕구를 충족시켜주지 못하곤 한다. 누구나 착각하듯 경쟁자가 적으면 꽤나 좋을 것으로 생각하지만 실제로 이런 장터의 입지조건은 그리 좋지 않다.

마지막으로 포화상태(saturation)의 장터는 어떨까? 이런 장터는 고객의 필요와 욕구를 충족시켜 주기 때문에 집객력이 커지고 그 대가로 더 나은 경영성과를 얻을 수 있을 법도 하다. 그렇다면 이제 답은 나왔다.

물론 동대문시장을 경쟁이 너무 심하다고 보고 크게 우려하는 사람들이 많다. 그 시장 안 많은 점포는 과잉 점포로 경쟁이 치열한 입지조건 때문에 늘 어렵다고 푸념하기까지 한다.

그러나 동대문시장은 치열한 장터의 경쟁 속에서 늘 깨어 있고, 보다 많은 고객이 찾아오는 등 오히려 좋은 상권 및 그 입지조건 덕분에 상가마다 매출규모가 증가되고 이윤 폭도 커지는 경영성과를 얻고 있다고 해야 할 것이다.

한편 동대문 패션, 그 시장은 도심 속 인구가 많은 것도 그렇지만 관광객 등 많은 잠재고객의 접근과 유치 등이 쉬운 데서도 그 입지 조건이 좋다고 풀이할 수 있다. 뿐만 아니라 많은 고객은 "그곳에 가면 없는 게 없다."라는 장터 이미지 때문에 동대문시장을 자주 찾고, 그곳에서 원스톱 쇼핑의 편익을 얻어 그만큼 동대문 패션에 대한 고객 충성도가 더욱 향상되곤 해 왔다.

오늘날 쇼핑몰이 붐을 이루고 그곳의 쇼핑문화가 대세를 이루는 것도 생각해 보면 원스톱 쇼핑의 편익 때문에 많은 고객이 모인 데서 비롯된 것이다. 동대문 패션 그 시장은 하나의 쇼핑몰이 아니고 많은 쇼핑몰이 모여 있는 쇼핑몰 군집이라고 할 때 더욱 그러하다.

"이런 쇼핑몰 군집은 세계 어디에도 없다."

이와 같은 쇼핑몰 군집은 점포가 많기 때문에 치열한 경쟁이 불가피하다. 그러나 경쟁이 심한 장터라는 바로 그 이유 때문에 많은 고객이 모이고, 고객이 많으면 매출 및 유통마진의 극대화로 향한 기대가 커지고 나아가서 지속가능한 경영이 이루어질 수 있다.

동대문 패션, 그 시장은 이런 좋은 입지 조건 속에서 그 성장을 지속하고 있다. 그리고 이런 성장의 지속 속에서 그 상권 및 입지조건이 더욱 좋아지는 상호의존적 효과가 나타나고 있는 게 사실이다.

패션 잡지 D-insight의 보도 그대로 동대문시장의 상권 및 그 입지조건은 집적 효과의 값진 산물이기도 하다.

"외국인 관광객들이 한밤중에 불을 훤히 밝힌 시장의 장관을 보고 놀랄 일이지만 또 다른 자랑거리가 있다. 동대문처럼 패션산업에서 필요로 하는 모든 인프라가 갖춰져 있어 하루 만에 생산에서 판매까지 이뤄지는 곳은 세계 어디에도 없다."⁹⁾

산업연구원에서 내놓은 동대문 패션시장에 관한 SWOT(강점과 약점, 기회와 위기 등)분석 연구에서도 그 강점을 다섯 가지로 꼽았다. 그것은,

(1) 자기완결형 산업집적지 구축, (2) 재빠른 반응(quick response), 빠른 주문(spot order)에 의한 속도감 있는 패션제품 생산과 판매, (3) 원단·부자재 조달-기획·디자인-시제품(패턴·샘플)제작-재단·봉제-도·소매 유통으로 연결되는 모든 패션 관련 파트너와의 네트워킹 및 그 가치사슬 마련, (4) 패션업계 인큐베이터 역할 수행, (5) 많은 디자이너 브랜드의 점포와 다양한 디자인 제품출시 등이다.¹⁰⁾

앞에서 우리는 이런 시장은 세계 어디에도 없다고 했다. 맞다. 경쟁이 곧 좋은 상권, 더 나은 입지조건이라고 할 때 더욱 그러하다.

"예나 지금이나 장터는 신바람 나는 곳이다. 갖가지 풍물이 모양을 뽐내고 왁자지껄한 소리가 오히려 친근감을 느끼게 한다. 서로 어깨가 부딪치고 이쪽 좌판도 기웃, 저쪽 좌판도 기웃… 모두가 신난다."¹¹⁾

30년 전에 매일경제신문에서 그려낸 그때의 풍속도가 아직도 남아 있는 동대문시장, 그곳 K패션의 큰 둥지에 가면 꿈이 있다.

동대문시장은 세계 제1위의 규모를 자랑하는 거대한 쇼핑몰 군집이다. 이런 쇼핑몰 군집에서는 치열한 경쟁이 뒤따르기 마련이다. 그러나 바로 그런 경쟁의 장터에서는 원스톱 쇼핑이 가능하기 때문에 많은 고객이 그곳으로 모이곤 한다. 이와 같이 동대문 패션 그곳은 많은 지방 소매상과 국내외 바이어가 다투어 모인다. 그곳은 없는 게 없기 때문에 더욱 그러하다. 이런저런 이유로 동대문시장은 매출 및 유통마진의 극대화로 향한 지속가능한 경영이 이루어지고 있다.

"경쟁 없는 시장은 그 역동성을 가로막는다."

― Toba Beta, 저술가

작지만 강한 그들의 힘

다윗의 법칙은 성경 이야기, 그 신화로부터 나왔다. 과연 오늘날에도 그 법칙은 널리 받아들일 만큼 옳은가?

"손을 주머니에 넣어 돌을 취하여 물매로 던져 블레셋 사람에게 던지자 곧 돌이 그의 이마에 박히고 이내 땅에 엎드러졌다. 처음에 반신반의하던 군중은 감격의 환호성을 지른다. 이제까지 경험했던 것과는 달리, 꼬마 다윗이 거인 골리앗을 상대로 겨룬 싸움에서 승리를 거두었다."

이런 성경 속 이야기 덕분에 사람들은 작은 것들에 대한 호감을 가지고 칭송하고 때론 용기를 북돋아주곤 해 왔다. 그러나 이 이야기는 역사적 사실이 아니고 단지 신화일 뿐이다.

이 이야기는 많은 사람들에게 용기를 북돋워 주긴 하지만 자연법칙과는 거리가 멀다. '큰 것들' 예컨대 육체적인 힘, 권력, 군대, 돈 등이 늘 이긴다. 그러나 영국의 생물학자 다윈은 작다, 크다라는 것과는 다른 기준으로 이른바 적자생존이라는 자연법칙을 제시했다. 분명 강자는 힘이 세지만, 약자 또한 환경에 잘 적응한다면 그 생존이 가능하다는 논리다.

생각을 달리해 보면, 병사 한 사람 한 사람은 보통사람이다. 그러나 그들이 훈련을 받은 후 총검을 들고 전쟁터에 나서면 강한 군대가 된다. 뭉치면 살고 또 강한 법이다. 전체는 부분의 합계보다 크기 때문이기도 하다.

동대문 패션, 그 시장은 많은 도매상가의 주도 아래 지속가능한 경영을 해 오고 있음은 앞에서 밝힌 바와 같다. 어쩌면 동대문 도매상가들은 저마다 경영규모가 작은 많은 도매상과 그들의 점포와 '함께하는 데'서 강한 힘을 낳고, 나아가서 시장의 경영성과 지속을 이끌고 있는 지도 모를 일이다.

동대문 도매상가는 많다. 그중 누죤패션몰은 신문고 경영을 통해 많은 경영성과를 올렸다고 한다. 그 상가의 CEO와 임직원들은 마치 합창단 지휘자가 되고 입점한 많은 도매점포가 합창단 단원이 되어 '함께 노래하는 데'서 큰 울림의 힘과 같은 경영성과를 얻었다고 함이 옳을 듯하다.[12)]

누죤패션몰은 상가 신축 중 IMF 외환금융위기, 그 전야인 1998년 4월에 그만 부도가 나고 말았다고 한다. 이처럼 상가건물이 완공되기도 전에 부도가 났으니 400여명의 투자자, 그들 도매점포 점주들은 청천벽력과 같은 그 소식에 모두가 실신상태에 놓였을 것이다.

그때 피해자 한 사람이었던 강종섭 씨는 부도난 것도 모르고, 다니던 회사를 퇴직한 후 노후대비를 위해 그 신축 상가를 분양 받았다고 한다. 그분 역시 좌절감이 컸을 것이다.

그후 한달이 지난 어느 날 그는 그의 직장경력을 인정받아 이른바 누존정상화 대책위원회 위원장이 되는 운명의 장난과 같은 일을 맡게 되었다고 한다. 그는 그토록 무거운 짐을 떠안고 투자자 한 사람 한 사람을 찾아 다녔다고 하지 않은가! 그가 투자자 모두에게 "실패하면 빈손으로 돌아서겠다."는 각서를 받고 그 위임장 한 장으로 사업계획서를 다시 만들어 무려 200억 원에 이르는 담보대출을 받았다는 후문이다.

천우신조라고 했던가! 뉴존패션몰은 상가건물 공사를 다시 시작하고 이태 후에 꿈에도 그리던 상가의 경영정상화를 이룩했다는 기록이다. 물론 강종섭 위원장은 이런 경영성과 덕분에 칭송을 받고 또 다른 이태가 지난 2004년에 드디어 누존패션몰의 대표이사가 되었다고 한다.

그 후 강종섭 대표이사는 신문고 경영이라는 특유의 전략적 도구를 무기로 삼아 상가 내 층마다 엘리베이터 옆 작은 공간 위에 신문고라는 엽서를 넣는 함을 설치해 놓고 상인이나 바이어, 상가임직원, 그리고 심지어는 공급업자에 이르기까지 상가 내에서 발생하는 불편한 문제나 건의 및 제안 등을 써넣은 무기명 엽서를 모았다는 것이다.

지금도 강종섭 대표이사는 매일 아침 많은 신문고 엽서를 읽고 또 검토하여 임직원과의 숙의를 통해 경영개선의 새 길 큰 걸음의 의사결정을 지속해오고 있는 듯하다. 나아가서 그는 '대나무 숲'이라는 사이버 공간 위에서도 SNS를 통해서도 모든 누존인들과 폭넓고 깊은 소통을 지속하기까지 한다고 전한다. 박수를 보낼 만하다.

한 팀(TEAM)은 나름대로 그 의미가 있다. "누구든 함께하면 더 나은 경영성과를 얻는다(Together everyone achieves more)."는 풀이가 그것이다.[13]

동대문 패션, 그 시장은 작지만 함께하는 데서 강한 시장의 힘을 가진다. 우리는 회사(Company)의 어원이 com(함께)과 panis(빵)의 합성어에서 나왔음을 알고 있다. 우리 식으로 풀이하면 회사라는 데를 한솥밥을 먹는 곳이라고 말할 수 있을 것이다.

동대문 패션 그곳 도매시장은 상가건물주와 CEO 및 임직원들, 수백여 개의 도매점포 점주들, 디자이너와 많은 공급자, 사입삼촌(소매상으로 보낼 의류 구매와 배송 대행 역할), 그 밖에 많은 동대문 사람들과 같은 이해당사자들이 '한솥밥을 먹는' 가운데 작지만 강한 시장의 힘을 발휘하고 있는 게 사실이다.

강소기업 군집이라고 해도 좋다. 새삼 "작은 것이 아름답다."는 데 공감이 간다. 이어서 이렇게 외치고 싶다.

"누구든 함께 해온 누존에 가봐야 한다. 그곳에 한국경제의 위기 속 작은 비즈니스의 큰 걸음 그 미래가 있다."

동대문 패션, 그 시장은 많은 도매상가의 주도 아래 지속가능한 경영을 펴오고 있다. 그럴 만한 이유가 있다. 합창의 울림이 크듯, 동대문 도매상가들이 저마다 경영규모가 작은 많은 도매상과 그들 점포가 함께하는 데서 강한 힘을 낳고, 나아가서 시장의 경영성과 지속을 이끌고 있는 게 사실이다. 개미는 작고 그 힘이 약하다. 그러나 개미 떼는 생태환경에 따라 동물답지 않게 놀라운 건축물 같은 집짓기를 하고 있지 않은가!

"이승만 대통령은 뭉치면 살고 흩어지면 죽는다고 했다. 그렇다면 뭉치면 살고 또 강하다고도 말할 수 있을 것이다."

– 저자의 생각

주

1) 설봉식, 비즈니스 지능, 도서출판 두남, 2004, pp. 71-72.
2) 설봉식, 대처리즘과 한국경제, 청림출판, 2008, pp. 127-129.
3) http://plantum.kr/ 2017년 1월 9일자
4) 손지애(USC 초빙교수), "K-Pop열풍이 한국기업에 던지는 메시지," news.samsung.com
5) 동대문패션타운관광특구협의회 지대식 사무국장의 외침은 설득력이 있다.
6) 김정아, 패션MD, (주)알레이치코리아, 2016, p.111.
7) 한겨울 봄이 걸어온다, 2018 S/S 헤라 서울 패션위크에서, 미스지 컬렉션 김명진 기자 씀
8) 동대문백서 2014, (사)동대문패션타운관광특구협의회, 2014, pp. 277-281. http://cherrystore.co.kr
9) www.dinsight.co.kr
10) 박훈, 동대문 패션시장 구조고도화 전략, 산업연구원, 2017.
11) 매일경제, 한국의 장터(1), 1990년 5월 6일자
12) 동대문백서 2014, (사)동대문패션타운관광특구협의회, 2014, pp. 277-281.
13) http://hiltonsupply.com

Ⅲ. 도매상가, 새 길 큰 걸음

광희패션몰

광희패션몰은 1979년에 설립된 이후 줄곧 전통시장의 낡음을 없애는 전략적 혁신으로 성장을 거듭한 도매상가의 하나다. 이 상가는 제법 역사가 긴 레전드 그대로 경험의 축적 위에 새 길 큰 걸음을 걷고 있다. 특히 여성복과 남성복 등 다양한 패션의류 외에도 모피, 무스탕, 가죽제품과 같은 특화된 상품구성으로 전문성을 추구하고 차별화 경영을 지속하고 있는 데 주목할 만하다.

우리는 동대문시장 24시라고 말한다. 광희패션몰은 다른 도매상가와 같이 밤 9시에 매장을 열어 도매유통 중심의 경영으로 소매상 및 바이어 만족형 경영을 하는가 하면, 반면에 다른 도매상가와는 달리 다음날 오후 5시까지 매장의 문을 활짝 열어놓고 있다고 한다. 어쩌면 소비자에게 다가가 그들의 필요와 욕구를 충족시켜주고 나아가서 그들 소비자 선호도와 트렌드 흐름을 파악하기 위하여 낮 손님 위주의 소매유통까지 아우르고 있는지도 모를 일이다.

모피, 무스탕, 가죽 등은 계절성 있는 제품이지만 그곳 광희패션몰은 기후와 그 생활환경이 다른 지구촌 고객을 만족시키기 위해 한여름에도 이런 제품을 생산해 판매하고 있다. 늘 깨어있는 소비자 만족형 경영을 그 상가의 전략적 무기로 삼아 커다란 경영성과를 올리고 있는 듯하다.

그들 상가임직원들은 세계 으뜸의 모피 및 가죽제품 상가로 가는 당찬 포부 아래 알찬 경영을 하고 있다는 것이다. 물론 최근에 와서는 상가 내 많은 모피 및 가죽제품 점포가 이웃 제일평화시장의 증개축으로 새 둥지를 찾아 이전해 가면서 그 구조조정이 이루어지고 있다는 후문이다.

그러나 이 상가는 스타마케팅의 전략적 도구로 경영성과의 극대화를 지향하고 있는 듯하다. 실제로 국내 팬 뿐 아니라 해외 팬들에게도 많은 사랑을 받고 있는 SBS 예능 프로그램 '런닝맨'을 통해 유명세를 타기도 했다. 세계적인 액션스타 성룡과 슈퍼주니어 멤버 최시원 등이 그곳에서 보물을 차지하기 위한 레이스를 벌인 생생한 영상물은 지구촌의 많은 시청자에게 광희상가의 이미지를 각인시켰을 법도 하다.

평화시장과 동대문종합시장 등에 이어 긴 역사를 가진 광희패션몰은 그동안 전통시장의 낡음을 없애 혁신을 거듭하고 있는 도매상가의 하나다. 물론 다양한 패션의류가 없지 않으나 모피, 무스탕, 가죽제품과 같은 특화된 상품구성으로 하여 전문성을 추구하고 차별화 경영을 지속하면서 동대문시장 24시, 그곳의 밝음을 유지하고 있는 듯하다.

누존패션몰

"우리는 최상의 상품과 친절, 감동, 서비스로 국내외 바이어에게 더욱 사랑을 받는 누죤패션몰이 되겠다."[1]

누죤패션몰은 앞에서 논의했듯이, 전설적인 비즈니스 영웅 강종섭 대표의 다짐 그대로 최초의 패션을 통해 최고의 가치를 창출하려고 온갖 노력을 쏟는다고 한다.

이 상가는 도매꾼들이 많은 상가로 알려져 있듯이 그들 도매상가의 경영 및 전략적 도구 또한 예사롭지 않다. 그것은 다양성과 구색을 갖춘 상품구성과 생산에서부터 판매에 이르는 핫라인 유통단계에서 나오곤 하는 거품을 제거해 보다 저렴한 가격으로 시장경쟁의 우위를 차지하려는 데서 그 경영수완을 엿볼 수 있다.

특히 고객만족형 경영을 지속하기 위해 개발 추구와 독창성 및 창조성 등을 무기로 삼아 앞선 서비스, 앞선 세계화, 앞선 디자인을 지향하고 있다는 것이다.

일찍이 누죤은 상가 내 '누죤상가 점주회' 이름으로 유통윤리헌장을 발표하였다. 점주 모두가 '작지만 함께하여 강한 힘'을 쏟아 부도의 경영위기를 막은 그들답게 지속가능한 경영을 추구하려는 새 길 큰 걸음을 걸어왔다.

마치 모범답안과 같은 그들 특유의 유통윤리헌장 내용은 이렇게 외치듯 사이버 공간 위에 쓰여 있다.

"꿈과 희망을 키워갈 수 있도록 노력하고 행복한 누죤, 즐거운 누죤이 될 수 있도록 최선을 다한다. 입주자의 복지를 최우선으로 하여 젊은 상인들이 마음 놓고 비즈니스를 할 수 있는 여건을 만들어 주는 것을 최고의 과제로 삼는다."

누군가는 잠들지 않은 동대문, 그 시장의 24시가 이어지는 세계 최대의 종합패션산업 허브라고 했다. 누죤패션몰은 이런 유통윤리헌장의 선포 아래 동대문 패션, 그 클러스터의 지속가능한 경영에 앞장서고 있는 셈이다.

함께 기립박수를 보내자고 외치고 싶다. 누죤패션몰은 동대문시장의 동편제 도매상권의 중심축에 그 입지를 정한 가운데 장사를 잘하는 상가로 알려져 있다. 이런저런 이유로 이 상가 앞은 지방에서 올라오는 전세버스의 첫 기착지가 되는 등 그 유명세가 붙은 지 오래다.

최근에 이 상가는 PPL(Products in placement)로 이름 지어 있듯이, TV및 영화의 세트장 제공 등 간접광고의 마케팅 전략을 펴 국내외 바이어에게 더욱 널리 알려져 있다는 후문이다.

누죤패션몰은 도매점포가 한데 뭉쳐 스타트업의 위기를 극복하고 알찬 성장을 해 왔다. 누구든 스스로를 위해(for yourself) 사업을 하는 건 다반사다. 그러나 누구나 나 홀로(by yourself) 그 사업을 지속하기란 그리 쉽지 않다. 누죤은 이런 논의의 타당성을 널리 입증해 보여주듯 함께하는 도매유통 비즈니스로 커다란 경영성과를 얻고 있으며, 글로벌 시장으로 향한 해외점포 확장 또한 현재 진행형인 듯하다. "우리는 '우리 모두'보다 지혜롭지 못하다."는 바로 그 말은 옳다.

동대문종합시장

"반세기의 역사를 가진 동대문종합시장, 그땐 동양최대 규모의 단일시장이었다."

이런 칭송을 받은 동대문종합시장은 1970년에 오픈하여 그 규모를 자랑하던 상가로서 오늘날 동대문 패션, 그 클러스터의 단초를 만든 역사적인 장터의 하나다. 지금도 그 규모나 시설 등으로 보아 옛 건물이라는 생각이 들지 않을 정도로 웅장한 상가 그 건축물의 자태를 뽐내고 있다.

사람들은 이 상가를 디자이너의 성지(聖地)라고 말한다. 각종 의류 원단에서부터 인테리어 소품, 액세서리, 그 밖에 의류 부자재 등 패션제품과 관련된 모든 재료, 아니 없는 것 없는 원·부자재 상가로서 손색이 없기 때문에 그런 칭호를 받은 듯하다. 특히 이 상가에서는 패션의 시작 그 본체라고 할 수 있는 원단, 그 거래규모가 전국 거래량의 80% 이상에 이른다고 할 때 더욱 그러하다.

"누구나 그곳에 가면 웅장한 상가 규모, 빽빽하게 입점한 수많은 점포 때문에 어디에서 무엇을 봐야 할지 모를 정도로 어리둥절하지만, 부지런히 발품을 팔면 원하는 것을 무엇이든 저렴한 가격으로 구매할 수 있다."[2]

동대문종합시장은 인근에 있는 크고 작은 원단 및 의류부자재 시장과 함께 4,220여개 구좌 2,800여개 점포를 보유하고 있다고 한다. 그들 점포가 판매하는 원단 가짓수만 해도 200~300만 개에 이를 정도로 다양성의 MD와 구색을 갖춘 채 속도 또한 빠른 경영이 이루어지는 시장터이기도 하다.

외국 패션제품의 생산 및 유통기업들은 그 어느 것보다도 가장 부러워하는 게 동대문 패션의 제조 속도지만, 그 속도를 유지할 수 있는 어마어마한 가짓수의 원단과 부자재를 판매하는 점포가 그곳에 군집을 이룬 데 있다고 봐야 한다.

"동대문종합시장과 같이 다양한 원단과 패션의류 자재를 한 공간에서 원스톱 쇼핑할 수 있는 마켓은 영국은 물론 유럽 어느 나라에도 없다. 눈이 휘둥그레지는 시장이다."

영국 한 패션의류 수입회사(DarkCircle Clothing Ltd.) 드조니 (Aaon Dezonie) 대표의 말이다.[3] 그의 이런 말에 대하여 공감하는 국내외 패션 비즈니스맨은 많다. 어떻든 동대문 패션이 글로벌 시장에서 그 경쟁력을 굳건히 다지고 있는 커다란 이유 중 하나가 바로 그곳에 있다는 게 그의 생각이다.

이와 같이 갖가지 원단과 의류 부자재의 원스톱 쇼핑이 가능한 머천다이징으로 많은 고객을 맞이하고 있는 동대문종합시장은 마치 동대문 패션, 그 클러스터의 어머니와 같다. 자녀들을 낳아 잘 기르는 희생의 대명사 어머니의 사랑과 하등 다르지 않다.

동대문종합시장은 1970년 오픈하여 오늘날 동대문 패션, 그 클러스터의 단초를 만들고 또 이끌어 온 전설적인 장터 바로 그곳이다. 지금도 많은 사람들은 이 상가를 디자이너의 성지라고 말한다. 이 상가는 각종 의류 원단에서부터 인테리어 소품, 액세서리, 그 밖에 의류 부자재 등 패션제품과 관련된 모든 재료, 아니 없는 것 없는 원·부자재를 판매하는 그래서 세계 어디에 가봐도 찾기 힘든 장터. 그곳에서 이루어지는 원단 및 의류 부자재의 원스톱 쇼핑은 속도 빠른 동대문 신화를 낳은 밑거름이며 현재진행형이기도 하다.

동화상가

동대문 패션의 원단 및 그 부자재 시장은 동대문종합시장 외에도 동화상가와 골든타운 등이 인근에 산재해 있다. 경이롭기만 하다.

그중 동화상가는 동대문종합시장보다 앞선 1968년에 오픈한 원·부자재 상가의 전설로 알려져 있다. 그 상가는 전자컴퓨터 자수와 손 자수, 레이스 등으로 유명한 패션제품의 원·부자재 상가, 그 원조다.

서울 강남대로에 가면 '뱅뱅사거리'가 있는데 꽤나 유명한 그 회사가 바로 동화상가에서 싹이 튼 브랜드의 하나라고 한다. 아울러 뱅뱅의 CEO 권종열 회장은 동대문드림을 이룬 불세출의 인물이기 때문에 더욱 그러하다.

지금도 동화상가에 가면 바쁜 시장사람들의 비즈니스 현장을 엿볼 수 있다. "근면을 대신할 다른 어떤 성공의 비법도 없다."는 값진 어록 그대로 그들은 지금도 바쁘다.

동화상가는 이처럼 긴 역사를 가지고 있지만, IMF외환위기로 국내 30대 대기업 중 거평그룹 등 무려 40%에 이르는 큰 회사들이 시장에서 퇴출되었던 어려운 상황 속에서도 알뜰경영을 지속할 정도로 우량한 상가였다고 한다.

디오트쇼핑몰

"우리는 신도시 미단시티에 새 점포를 열고 그곳에서 글로벌 시장으로 가는 큰 길을 놓는다."

디오트쇼핑몰은 그 명칭(Theot) 그대로 "Our Trend, Our Town, Our Time"이라는 상가 이미지를 널리 표방하고 있는 의류 및 패션 잡화를 판매하는 전문 도매상가의 하나다.

자사 스스로가 최적의 입지와 최고의 시설 및 고객서비스, 그리고 깨끗한 점포환경을 자랑하고 있다고 한다. 그러나 문제는 있다. 아니, 즐거운 비명인지도 모를 일이다. 어떻든 이 상가는 많은 국내외 바이어와 소매상 또는 사입삼촌들은 물론 소비자들까지 대거 몰려 꽤나 붐빈다. 고객의 편의성 훼손이라는 옥에 티가 있다는 볼멘소리가 들릴 법도 하다.

다행히도 이 쇼핑몰에 입점한 상인들은 인천국제공항 인근 초대형 쇼핑몰 미단시티 굿몰 내에 모든 상업시설의 운영 및 임대 관리를 맡는다는 희소식이 들린다. 앞으로 디오트 전문 도매점포가 대거 미단시티 굿몰에 입점할 경우 해외 의류 바이어와 외국인 관광객들의 쇼핑 편의제공은 물론 그들과의 도매유통의 새 장터의 마련과 함께 글로벌 마케팅 전략의 새 길 큰 걸음을 걷게 될 것이다.[4]

동대문시장 사람들이 자랑스러워할 만한 쾌거의 하나라고 본다. 이런저런 이유로 보아 동대문 패션, 그곳 시장은 더욱 커질 것이며, 나아가서 중국은 물론 아시아 전역을 넘어 세계시장으로 확산되는 계기가 될 것이다. 많은 개도국들의 경제성장 및 소득증대가 지속되면 그곳 패션제품에 대한 수입수요가 뒤따라 증폭될 것은 불을 보듯 훤하다. 그때가 곧 온다.

인천국제공항 인근 쇼핑몰에 입점해 그 유통망을 넓히려 하는 디오트! 그곳은 동대문 패션의 쇼윈도가 되고 글로벌 마케팅 전략을 공격적으로 펴는 새 장터가 될 것이다. 분명, 디오트쇼핑몰은 앞으로 중국이나 인디아, 그리고 그 밖에 세계곳곳에서 경제성장 여파로 패션인구가 증폭되는 바로 그 미래를 대비하고 있는 셈이다. 이 도매상가의 새 길 큰 걸음은 찬사를 받을 만하다.

디자이너클럽

"목이 좋으면 장사가 잘 된다."라는 말 그대로 디자이너클럽은 도매상가가 많이 모여 있는 DDP동남쪽 네거리 한편에서 성업 중이다. 누존과 나란히 하고 뒤쪽엔 apM럭스, 길 건너에는 유어스, 그리고 북쪽 길 건너엔 광희패션몰 등이 한데 모여 있는 광장이다. 밤이 되면 지방에서 올라온 대절버스가 이어져 정차하면서 붐비는 곳이기도 하다. 네 방향, X자의 청신호가 동시에 켜지는 네거리 그 광장은 그들 국내외 바이어가 대거 몰려드는 데서 장사가 안될 리 없을 것 같다.

"우리가 만들면 유행이 됩니다."

실제로 디자이너클럽은 이런 기치 아래 매장마다 우수한 디자이너가 포진해 젊은 그들 손으로 만든 톡톡 튀는 파격적인 패션제품을 내놓으려고 힘쓰고 있다고 한다. 누구든 상가 안에서 위층으로 더 올라가다 보면 계단 앞 흰 벽면에 영문으로 내건 광고카피가 눈에 띈다.

"당신의 스타일을 바꾸십시오. 여기 젊은 디자이너의 손에 의한 새로운 패션, 멋진 스타일의 세계를 열고 있습니다."

디자이너클럽은 창업의 역사가 제법 길다. 비록 다른 도매상가보다 규모는 작지만, 목이 좋은 곳에서의 경험 축적 위에 패션 디자인에 그 우위를 둔 그 상가 나름의 경영을 지속하고 있는 듯하다.

뿐만 아니라 디자이너클럽은 매출규모의 경쟁력 우위보다는 많은 젊은 디자이너에게 손짓을 하여 창업의 새 장터를 마련하는 차별화 경영을 지향하고 있다는 평이다. 오늘날과 같이 창업의 붐이 일고 있는 상황 속에서 이런 외침은 커다란 경영성과를 얻을 수 있을 것으로 보인다.

디자이너클럽은 지금도 '우리는 당신에게 창업의 꿈을 이루어 드리겠습니다.' 라는 외침 그대로 그 상가의 전통을 이어오고 있다. 마법과 같은 디자이너 손에 의한 동대문 패션, 그 미래 또한 활짝 열고 있는 셈이다. 목 좋은 디자이너클럽. 그토록 좋은 입지조건 아래 더 나은 디자인 개발로 새 마케팅 전략을 편다면, 지속가능한 경영이 이루어질 것이다.

맥스타일

뒤늦게 동대문 패션, 그 허브에 새로운 랜드마크로 비춰지는 초현대적 디자인의 상가건물 하나가 생겼다. 도매와 소매거래가 함께 이루어지고 있는 상가 맥스타일(Maxtile)이 바로 그 건물의 위용이다.

동대문 패션 그 시장의 중심축에 18층 높이의 고층빌딩 맥스타일은 북쪽으로 한국인의 자존심 동대문과 서울의 옛 성곽이 용오름과 같아 훤히 보인다. 남쪽으로는 우주적 디자인 작품으로 보이는 DDP가 그 자태를 뽐내고 있으며, 큰 길 건너 고층빌딩 두타몰 등과 어우러진 맥스타일, 이 상가는 서울 도심의 시가지를 더욱 세련되고 아름답게 꾸며주고 있다.

맥스타일은 도매와 소매유통을 함께하는 상가로서 동대문시장 그 24시 속에서 살아 숨 쉬는 현장이기도 하다. 또한 이 상가는 네거리 북쪽에 있는 원·부자재 전문의 동대문종합시장과 동남쪽으로 이어지는 많은 도매상가를 묶는 연결고리와 같은 위치에 놓여 있는 데서 더 없이 좋은 목이라고 할 수 있을 것 같다.

특히 맥스타일은 고객만족형 쇼핑분위기를 조성하는 가운데 매장마다 단순한 쇼윈도가 아니라 그 출입이 가능한 개방형 점포로 꾸미고 풍부한 머천다이징은 물론 호텔, 레스토랑, 문화공간, 그 밖에 다양한 편의 및 고객서비스 시설을 갖추고 있는 데서 자랑할 만하다.

무엇보다도 맥스타일은 윤리경영을 기치로 내걸고 이해당사자 모두가 만족할 수 있는 상가경영을 지속하고 있다고 한다. 맥스타일의 CI가 담고 있는 기업이미지 그대로 자사의 외침 또한 감동적이다.

"우리 상가는 회사의 이익 때문에 윤리경영을 양보하거나 포기하지 않는다."[5]

우리는 늘 "Give and take!"라고 말한다. 좋은 입지조건을 갖춘 맥스타일이라면, 1층과 지하 1층은 동대문 디자이너와 도·소매상가 임직원, 국내외 바이어, 지방 및 외국인 소매업자 등이 동대문시장 24시, 365일 내내 서로 소통할 수 있는 만남의 장소로 바꾸었으면 하는 바람이 있다.

설렁탕과 빈대떡 및 막걸리 등 한국다운 메뉴를 갖춘 동대문지역 최고의 맛집이나 스타벅스와 같은 서울 최고의 멋진 커피숍을 입점시켜 두고, 남은 공간에는 크고 작은 유료 미팅 또는 세미나 룸 등을 만들어 대여해봄직하다.

아마 그 상가건물의 경영성과는 배가되고 유명세 또한 치솟을 것이다. 확신이 가는 일이다.

동대문 패션, 그 시장의 중심축에 18층 높이의 새 고층빌딩이 생겼다. 바로 그 맥스타일은 북쪽으로 한국인의 자존심 동대문과 서울 성곽이 보이고 남쪽으로는 우주적 디자인으로 보이는 DDP가 그 자태를 뽐내고 있다. 더 나아가서 큰 길 건너 고층빌딩 두타몰이나 밀리오레 등과 어울려 서울 도심의 시가지를 보다 세련되고 아름답게 비춰준다. 앞으로 맥스타일은 동대문 패션, 그 장터의 미래 속 새 대명사로 거듭날 수 있을 것이다.

벨포스트

"패션과 사람이 만나는 아름다운 공간!"

벨포스트(Belpost)는 패션과 사업을 위해서 최선을 다하는 사람과 사람의 만남을 연결해 주는 아름다운 공간이라는 기치를 내걸고 안정적 성장을 지속하고 있는 도매상가의 하나다. 그곳 벨포스트에 가면 여성정장 및 캐주얼, 남성캐주얼, 남성 빅 사이즈, 골프웨어, 액세서리 등 다양성을 띤 갖가지 패션제품의 머천다이징과 만나게 된다.

이 상가는 주목을 받을 만한 디자이너 브랜드가 많다는 입소문이 팽배하다. 그중에서도 젤라는 "멋을 아는 미시들의 욕구를 채워주겠다."는 기치를 내걸고 있으며, 어뮤즈 또한 특유의 광고 카피를 내놓았다.

"단순한 옷을 만드는 것에 그치지 않고 입는 사람과 보는 사람 모두에게 즐거움을 줄 수 있는 옷을 만든다."[6)]

한발 앞서가는 이 상가는 재고, 매출, 고객 등 데이터 관리의 합리화를 위한 입점 점포를 대상으로 갖가지 서비스를 지원하고 있다고 한다. 그리고 최근에 와서는 우마켓과의 제휴를 통하여 온라인 시장에 대한 판매노하우 및 비디오 커머스 등으로 상가 내 점포에 대한 e-비즈니스 서비스 지원에도 나섰다는 후문이다.

한편 벨포스트의 스타마케팅 또한 매우 공격적이다. 특히 아역배우 출신으로 TV드라마에서 인기를 끌고 있는 박설아와 같은 스타를 모델로 내세우는 등 스타마케팅의 범위 확대는 그 기대효과가 예측 그 이상으로 클 것으로 보인다.

도매상가 벨포스트는 패션과 사업을 위해서 혼신의 힘을 다 쏟아 최선을 다하는 사람과 사람의 만남을 연결해 주는 데 긍지와 자부심을 가지고 있는 듯하다. 이 상가 역시 동대문 도매몰 군집의 종로 네거리라고 부를 수 있는 목 좋은 장터에서 성업 중이다. 앞으로 상가의 증축은 물론. "디자인이 모든 것을 말해준다."라는 그 말 그대로 특유의 디자인연구소의 설립과 그 운영과 같은 새 전략적 도구의 마련이 필요하다.

스튜디오W

"우리는 최고의 선수(프로급 도매 경영자)들을 규합해 최고의 상품을 가장 저렴하게 시스템적으로 팔고 있다."[7]

스튜디오W의 CEO 한재일 대표의 당찬 다짐이었다. 지난 2000년에 이 상가는 우노꼬레 상가에 둥지를 틀고 오픈을 했다고 한다.

스튜디오W는 글로벌 수준의 패션제품을 경쟁력 높은 가격과 글로벌 스탠다드에 맞는 시스템의 구축으로 해외 바이어들에게 판매한다는 데 경영전략적 목표를 두고 있는 듯하다. 이 상가는 다른 상가와는 달리, 쇼룸 스타일의 오더숍의 시설을 갖추고 바이어 만족형 경영을 서두르고 있다는 것이다.

"늬들이 홀세일(Wholesale)을 알어?"

스튜디오W의 임직원 및 점포 경영인들은 이런 도발적인 광고카피의 노이즈 마케팅으로 동대문 도매상가의 판을 바꾼다는 야심으로 가득 차 있다. 이 상가는 그동안 타성이 되었던 도매의 거래방식, 가격, 품질 등에서 흠으로 남아 있던 낡은 패러다임을 파괴하고, 새로운 유통전략을 펴 많은 국내외 바이어에게 커다란 주목을 받고 있다는 소식이 들린다.

그들은 더 이상 '장사꾼이 아닌 글로벌 기업가'로서 새 길 큰 걸음을 걷고 있는 듯하다.

이 상가는 경영난을 겪던 우노꼬레 상가에서 최고의 선수(프로급 도매유통 경영자)들을 규합해 새 둥지를 틀고, 글로벌 수준의 패션제품을 경쟁력 우위의 가격과 글로벌 스탠다드에 맞는 시스템의 구축으로 국내외 바이어들에게 널리 손짓을 하고 있다. 동대문 패션은 어느 상가나 도매유통의 합리화로 그 훤한 미래의 역사를 만들 수 있다고 본다. 그중 스튜디오W는 분명 그 선두주자임에 틀림이 없다.

아트프라자

동대문시장, 그 24시는 1990년 도매상가 아트프라자의 등장과 혁신적인 경영의 빠른 행보로부터 비롯되었다.

그때 아트프라자는 4층의 건물 높이로 그리 큰 규모는 아니었으나 현대식 건물이라는 데서 주목을 받은 도매상가의 하나였다고 한다. 아트프라자는 이런 하드웨어 외에도 지방상인들에게 전세버스의 대절과 영업시간의 연장 등 소프트웨어로 바이어만족형 경영을 시작했다는 것이다.

특히 동대문 도매상가의 관행 그대로 종전 새벽 3시였던 도매시장 개장 시간을 자정으로 앞당기는 파격적인 마케팅 전략은 대절버스 제공과 함께 어느 바둑왕의 신(神)의 한 수와 비견될 만하다.

동대문 도매상가는 아트프라자의 등장과 함께 그 해에 디자이너클럽이 들어서고 1996년 이후 연이어 우노꼬레, 팀204, 거평프레야 등 현대식 건물의 상가가 우후죽순 격으로 들어서면서 쇼핑몰 군집을 이루기 시작했다는 기록이다.

이렇게 볼 때 아트프라자는 오늘날 동대문시장이 도깨비 불빛으로 서울의 밤을 밝히고 이른바 동대문시장 24시, 그 클러스터의 위용을 보인 단초가 된 역사에 남는 도매상가의 하나로 봄직하다.

어느 블로그(ktnews.com)의 칭송 그대로 아트프라자는 동대문 신화를 일으킨 동대문시장 최초의 현대식 패션몰, 그 전통을 이어 받아 지금도 치열한 경쟁 속에서 거침없는 혁신의 길을 뚜벅뚜벅 걷고 있다.

어제오늘의 일은 아니지만 아트프라자는 이미 내부수리와 리뉴얼로 뉴 상가의 이미지 아래 불황극복의 수출전문상가로 거듭나고 있으며, 오늘날에 와서는 여성 패션의류의 전문점으로서 영 패션몰의 짙은 색깔을 입히기 시작했다는 후문이다.

장사의 신(神), 그들 행보가 크고 빠르다.

아트프라자는 새벽 3시에 문을 열었던 동대문 도매상가의 전통에서 벗어나 그 영업시간을 자정으로까지 앞당기는 혁신적인 바이어 만족형 경영을 시작했다. 오늘날 동대문 도깨비 시장의 신화, 그 24시의 기적을 일구는 데 부싯돌의 역할을 맡은 전설 그 자체다. 우리는 앞에서 동대문 도매상가, 그 혁신이 현재진행형이라고 했는데 그것은 아트프라자의 거침없는 행보에서 그 출발점의 위치를 찾을 수 있다.

apM Place

"와! 백화점과 같은 도매상가, 이런 데가 있었나?"

apM Place는 "우리는 오전(am)부터 오후(pm)까지 멈추지 않는다."라는 CI 그대로 온 종일 영업을 하는 장터라는 경영특성을 띤 도매상가의 하나다. 대형 유통기업 에이피엠 코리아는 기존의 도·소매상가 apM럭스와 헬로apM 이외에 신개념의 상가 apM Place를 오픈해 성업 중이다.

우리는 앞에서 "패션(fashion)은 반짝 뜨는 유행(fad)과는 다르다."고 했다. 그 의미 그대로 apM 코리아는 순간적이지 않고 지속적인 비즈니스 성공과 그 발전을 지향하고 있다고 한다. 주목할 만하다.

새벽시장 새 아침이 오면 단순히 새로운 하루가 시작되는 게 사실이다. 그러나 "apM Place는 긴 밤의 비즈니스를 잘 이룬데 그저 안주하지 않고, 더 나은 새로운 시작을 위해 새로운 일상을 계속한다."는 것이다.

apM Place의 경영규모는 대단하다. 그 회사는 1,550여 명에 이르는 디자이너에 의하여 늘 새롭고 탁월한 디자인을 창출해 연간 15만 개의 모델로 글로벌 패션의 좋은 제품을 지속적으로 구매해 판매하는 데서 그 경영규모를 가늠해 볼 수 있을 것 같다.

apM Place는 동대문시장의 새 얼굴 바로 그대로의 상가 이미지다. 누구든 동대문 패션, 그곳에 가면 초현대적인 건축물 DDP를 보는 환상과 여운 그 다음에 패션쇼가 열리듯 또 다른 환상 속으로 빨려 들어가곤 할 것이다.

특히 지방 소매상이나 국내외 바이어는 넓고 쾌적한 도매상가의 하드웨어는 물론 그 상가의 콘텐츠, 그 심장과 같은 머천다이징의 탁월함에 크게 만족하고 있는 듯하다.

이와 같이 apM Place는 동대문 패션, 그 시장의 미래, 새 지평을 활짝 열고 있다. 동대문 패션, 그곳 도매상가들은 변해야 한다. 변화가 자유롭다고 한 어느 초우량기업의 기치 및 그 행보 그대로와 하등 다르지 않다.

apM Place의 새길 큰 걸음은 지금도 속도감이 있다. 도매상가 투어에 나선 많은 사람들은 아마 큰 감흥을 얻었을 법도 하다.

그곳 패션 비즈니스의 CEO와 임직원은 긍지와 자부심이 하늘을 찌를 듯하다. 우리 것 세계 으뜸의 하나로 봐도 좋다. 이 세상 어디에도 없는 명품 도매상가다. 믿을 만하다.

apM Place는 상가 브랜드 그대로 오전(am)부터 오후(pm)까지 멈추지 않는 도매유통의 지속가능한 경영을 이어오고 있다. 백화점 같은 도매상가로 널리 소문이 난 이 상가는 뉴욕 등 미국이나 유럽 여러 나라 바이어들에게 널리 알려져 있고, 그 인기도 또한 높다고 한다. 이렇게 유명세가 붙기 시작한 apM Place는 동대문 패션 그곳의 오늘 아니 미래다. 어쩌면 새 꿈인지도 모른다. 물론 투자비, 공간적 한계 등 부담이 크고 힘이 들지만 많은 전통시장형 도매상가마다 apM Place의 매장 분위기를 벤치마킹할 필요가 있다고 본다.

유어스

"우리는 당신과 함께 이루어 갑니다."

유어스(U:US)는 'You & Us'의 의미를 갖는 도매상가로서 "당신을 위해 최선을 다하는 우리, 당신과 함께 발전해 나아간다."는 경영

목표를 가지고 있는 듯하다. 이 상가는 (1) 혁신경영으로 입점한 도매 점포와 그들 파트너 기업의 성장주도, (2) 효율경영으로 상가 내외 그들 모두의 경쟁력 강화, (3) 책임경영으로 도매유통의 가치 향상 등을 추구한다는 것이다.

특히 우리는 이 상가 스스로가 변화무쌍한 시장 안에서 틀을 깨는 새로운 사고로 앞서 나아가 세계로 향한 글로벌 기업으로 가는 길을 여는 데 주목할 만하다. 이런 유어스는 요즘 떠오르는 상가의 하나로 세련된 감각과 패션 센스를 겸비하고 있으며, 실제로도 젊은 감각의 소매상과 바이어들이 많이 찾고 있다고 한다.

뿐만 아니라 유어스는 헬로apM과 온라인 쇼핑몰 기업은 물론 DLS-Air & Sea와 같은 동대문 패션, 그 특화물류의 서비스를 공급하는 파트너 기업을 보유함으로써 자사의 시장경쟁력을 더욱 향상시키고 있다는 귀띔이다.

최근에 와서 유어스 상가 내에 주목받는 스토어 '필름'은 창조적, 기계 기술적, 경제적 요소로 여성의류를 그 머천다이징으로 100%의 국산 원단의 사용 및 그 생산으로 고품질을 유지하고 있다는 것이다. 아마 그 점포의 경영성과가 꽤나 클 것으로 가늠된다.

이런저런 이유 때문이기도 하겠지만, 다시 가본 동대문 도매상가 중 유어스에서는 늘 주문한 상품 꾸러미가 상가 내 통로와 계단 옆에 쌓여있어 오고 가는 데 불편할 정도로 북적거렸다. 어쩌면 살아 숨 쉬는 시장터, 동대문시장 24시의 소란한 듯한 울림이 퍼져 선두주자의 상가로 가는 발걸음이 빠르기만 하다.

"새로운 상가 브랜드 DDP쇼핑몰의 밝은 미래의 역사가 훤히 보인다."

유어스는 상가 점유권 분쟁의 아픔을 뒤로 하고, 서울시와 유어스 상인회 모임과의 협력을 바탕으로 하여 새 상가 브랜드 'DDP 쇼핑몰'로 거듭난다고 한다. 유어스의 새 길 큰 걸음에 기대를 걸고 찬사를 보내고 싶다. 목 좋은 상가, 최신 상가건물다운 하드웨어 위에 성업 중인 유어스, 그곳에서 도매유통의 경영혁신이 뒤따른다면 그 경영성과 또한 극대화될 것이다.

제일평화시장

제일평화시장은 1979년에 개장한 이후 긴 세월 동안 경영 변신의 길을 걸어온 초우량 도매상가의 하나로서 전설 그 자체다.

이 상가는 많은 경험의 축적 아래 앞서가는 디자인과 경쟁력 있는 패션제품을 빠르게 양산해 공급함으로써 바이어 만족극대화를 추구하고 있는 데서 크게 주목을 받고 있다. 이 상가에서는 의류만 아니라 핸드백, 구두, 액세서리 등에 이르기까지 머천다이징의 다양성을 자랑거리로 삼고 있는 특화된 쇼핑몰이다.

"앞서 가는 디자인에 경쟁력 있는 제품을 빠르게 생산, 판매하여 고객들을 만족시키고 있으며, 의류만 아니라 고급스러운 핸드백, 구두, 액세서리까지 패션을 완성하고 있습니다."

"유명 연예인들이 많이 찾을 뿐 아니라 고객들 사이에서는 입소문만으로도 유명한 제일평화시장에서 최상의 품질, 저렴한 가격, 최신 유행상품을 직접 만나 보시기 바라며, 앞으로도 최고의 쇼핑문화를 선도해 나갈 것입니다."

약칭 '제평'으로 알려진 이 상가의 외침 그 경영전략은 옳다. 전통시장 태생의 도매상가 몇 군데는 NB(national brand) 위주의 상품구성으로 단맛과 같은 저가 공세의 점포경영의 유혹에서 벗어나지 못하고 있는 상황 속에서 혁신의 길을 걷고 있다. 그러나 이런 머천다이징은 제조회사 직영점이나 대형마트와의 가격경쟁에서 이긴다는 게 그리 쉽지 않다.

그 답은 스스로가 공급 측과 파트너십을 갖추는 데서 출발된다. 그 후 스스로가 디자이너 상품을 생산해 출하하는 머천다이징 전략을 펴면 장기 안정적인 매출을 보장받을 수 있을 것이다. 왜 그 쉬운 길을 마다하는지?

"제평이 가는 길은 옳다."

제평은 보다 동대문 패션, 그들 디자이너 브랜드 그 위에 스타마케팅을 지속하고 나아가서 의류 품목을 줄이고 핸드백, 구두, 액세서리 등은 물론 새롭게 증축한 상가 위층에 마련한 가죽 및 무스탕 등을 특화해 세계 제1위의 전문상가로 가는 이루기 힘들지만 그 길을 뚜벅뚜벅 걸어야 한다. 한 우물을 파면 시장의 기적이 일어날 수도 있는 일이다.

무엇보다도 핸드백 및 구두 및 가죽제품 등으로 특화한 디자인연구소를 설립하고 작지만 세계 으뜸을 지향하는 통 큰 투자에 나서면 커다란 경영성과를 얻을 수 있을 것이다. 그 미래 상황이 보이는 듯하다.

긴 세월 동안 경영 변신의 길을 걸어온 이 도매상가는 앞서가는 디자인과 경쟁력 있는 패션제품을 빠르게 양산해 공급함으로써 바이어 만족극대화를 추구하고 있다고 한다. 옳은 경영의 길 그 선택이다. 앞으로 스타마케팅의 지속과 함께 의류 품목을 줄이고 핸드백, 구두, 액세서리 등을 특화해 나아가면, 제평은 세계 제1위의 핸드백과 구두 및 가죽류 등을 다루는 전문상가로 거듭날 수 있을 것이다. 물론 디자인 등 경영혁신은 그 기본이며 새 출발점이다. 기회는 밀면 쉽게 열리는 큰 문과 같다.

청평화패션몰

청평화패션몰은 1968년에 개설된 전통시장적 도매상가로서 평화시장에 이어 제2위로 그 역사가 긴 상가로 유명하다.

물론 1983년에 이르러 시설의 개선 및 점포 확장 등으로 현대화된 대규모 도매상가의 면모를 갖추고 오늘날 동대문 신화의 초석이 된 것은 다 아는 일이다.

이 패션몰은 여성의류 전문 도매상가로서 기업 이미지 그대로 단순하면서도 심미적인 디자인, 그 형상의 연속과 색깔의 배색 및 조화 속에서 특화된 역동적 사업을 전개하고 있다.

상가 내 1,100여 개의 점포와 3,000여 명의 상인들이 하루 2만여 명의 고객과의 접점에 서 있다고 한다. 그들 청평화패션몰에 입점한 점포의 점장들은 전통시장이라는 상가 브랜드 이미지의 극복을 위해 저가격 유지와 창의적인 디자인과 차별화된 상품의 개발로 그들 단골 고객을 붙잡는 데 혼신의 힘을 다 쏟고 있다고 한다.

특히 청평화패션몰에 입점한 상인들은 본사에서 구축한 CPH 모바일 시스템 아래 모바일 유통을 선도하고 있다는 것이다. 이런 시스템 구축에 힘입어 많은 소매상들은 시간적 또는 공간적 제약에서 벗어나 보다 편리한 쇼핑을 할 수 있도록 고객서비스를 향유받고 있는지도 모를 일이다. 청평화패션몰의 CEO 김종칠 회장은 자사 홈페이지에 새로운 전략적 단계와 과정을 선보였다.

"우리의 경영은 창의적인 디자인과 혁신적인 기술에 기반을 두고, 그 경영수단은 새롭고 차별화된 상품개발을, 그리고 전략적 도구로서 고객친화적 판촉에 힘쓰고 있다."[9]

이와 같이 청평화패션몰은 글로벌 수준의 경쟁력 있는 품질과 고객서비스를 중시하는 경영의 길을 걷고 있다. 눈여겨볼 만하다.

전통시장의 상가 이미지에 따른 태생적 한계 속에서도 청평화패션몰은 창의적인 디자인 및 혁신적 기술을 바탕으로 하여 글로벌 스탠다드의 도매유통 전략을 펴고 있다. 평화시장으로부터 청계천을 따라 동쪽으로 이어지는 전통시장의 여러 도매상가는 청평화패션몰과 같이, NB(national brand) 대신에 PB(private brand)로 업그레이드된 동대문 패션의 머천다이징을 추구해야 한다. 동대문 패션다워야 상품, 속도, 가격 등 3박자 경영이 가능하다.

평화시장

동대문시장 하면 평화시장이 생각나곤 한다. 아니 평화시장은 동대문시장의 대명사와 같다고 하겠다.

이 상가는 6.25전쟁을 전후하여 북한에서 피난 온 실향민들이 노점상을 차리고 살던 청계천 변 판자촌이 그만 대화재로 소실된 이후 생겨났음은 널리 알려져 왔다. 1959년으로 기록된 그때의 대화재로 전화위복의 계기를 맞은 평화시장은 현대식 건물의 새 상가로 우뚝 섰다는 것이다.

이렇게 탄생된 평화시장은 청계천 건너 더 긴 역사를 가진 광장시장과 쌍벽을 이루고 선의의 경쟁을 지속하면서 동대문시장의 현대화로 가는 시금석이 되었으며 그 유통 시스템의 혁신을 낳은 요람으로 남아 있다.

"평화시장은 대한민국 빈곤탈출의 표상, 고용역사의 현장, 산업화와 민주화의 조우 등을 고스란히 드러내는 우리 마음의 고향, 그 장터다."10)

어느 세미나에서 주제발표자로 나선 조동근 교수의 주장이다. 그렇다. 평화시장은 지난 1960년대 이후 오늘날에 이르기까지 그 곳 사람들의 땀과 눈물 그리고 노고, 그 귀결로 이룬 변화와 혁신 및 경험의 축적을 이룩해 왔다고 하겠다.

이 상가의 브랜드 평화시장은 평화통일을 기리는 실향민들의 염원에 따라 붙여졌다고 한다. 평화시장은 숱한 어려움 속에서도 땀흘려 일하고 저마다 성공해 승리의 개가를 올린 그 현장이다.

평화시장은 어쩌면 작은 패션 클러스터로서 오늘날 동대문 패션, 그 시장을 낳은 비즈니스 모델과 같았다. 그 후 동대문종합시장이 생기면서부터 오늘날에 이르기까지 그곳의 봉제공장은 아스라한 역사 속의 추억으로 남아 있다.

누군가는 1960년대 이후 지속된 개발연대에 평화시장은 많은 시장사람들의 삶의 터전이었으며 그들이 흘린 땀과 눈물은 동대문 신화를 이야기로 남겨 그곳 시장터에 그대로 남아 있다고 했다.

평화시장은 동대문시장의 대명사로 불릴 정도로 긴 역사를 가진 상가, 그 전설
이다. 의류의 생산과 판매가 한군데서 이루어졌던 어쩌면 작은 패션 클러스터
로 출범한 평화시장은 오늘날 동대문 패션, 그 시장을 낳은 비즈니스 모델이나
다름없다. 긴 역사 속 평화시장은 동대문종합시장의 탄생 이후 시장혁신의 거
센 파고 속에서도 많은 시장사람들의 삶의 터전으로 남아 그들이 흘린 땀과 눈
물의 이야기를 고스란히 담고 있는 마치 패션의 메카와 같은 시장터이기도 하다.

테크노상가

"작지만 강한 도매상가, 그것은 우리의 자랑거리이다."

테크노상가 박중현 회장의 말이다. 동대문시장 최저가의 면제품
과 니트류 위주 여성 패션제품을 머천다이징을 하고 있는 이 상가는
1996년 준공 직후 1999년 말 기반을 잡을 때까지 7전 8기의 오뚝이
와 같은 지속경영을 해온 데서도 그 기치에 걸맞다.

테크노상가는 동대문시장에서 팔다가 남은 재고제품을 남아메리
카 등지와 그 외 세계 각국에 내다팔아 이룬 무역의 경영성과에 기
반을 둔 상가의 하나다. 상가 오픈 이후에도 낮은 임대료, 디자인,
수량, 영업방식 등 갖가지 경영합리화 도구를 통해 제조원가 수준에
서 혹은 그보다 낮은 도매가격 수준을 유지하는 등 그 성장의 비법
이 제법 도매꾼다운 접근이었다.

"우리는 신상품의 주기가 빠르고 단가가 낮아 가성비가 높은 패
션제품을 상가 및 점포경영의 합리화를 통하여 글로벌 SPA 브랜드
의 경쟁력에도 앞서고 있다."[11]

박중현 회장은 이런 시장경쟁력 우위는 빠른 트렌드를 붙잡은 채

공장과 판매상인, 디자이너가 시스템 속에서 온전히 하나로 움직이는 데서 멈춤 없는 지속성장력이 있다고 했다. 지금은 SPA로 돈 버는 세상, 테크노상가의 이런 경영전략적 도구는 보다 나은 경영성과로 이어질 것이다. 반가운 시장터의 소식이다.

테크노상가는 상품, 가격, 속도 등 모두가 중요하지만, 특히 가격경쟁력을 높이기 위하여 상가 및 점포 경영의 합리화를 추구하고 있다고 한다. 이 상가는 박중현 회장의 외침 그대로 "신상품의 주기가 빠르고 단가가 낮아 가성비가 높은 패션제품의 머천다이징을 그 무기로 삼아 글로벌 SPA 브랜드의 경쟁력에도 앞서고 있다."고 했다. 희소식이다. 오늘날은 마케팅 시대를 지나 머천다이징 시대라고 하지 않던가! 그만큼 상품이 중요하다는 의미이기도 하다.

팀204

도매상가 팀204는 앞으로 지하 1층과 지상 5층까지 완전 국산원단의류 도매상가로 확대전환하게 된다고 한다.

"오늘 비는 가을을 보내고 겨울을 맞이하는 계기가 될 것 같군요. 쌀쌀한 날씨 속에서도 여성패션의 자존심 저희 팀204를 찾아 주셔서 감사합니다. 하루를 마감하는 금요일 저녁 이곳 팀204에서 재미있는 일 많이 만드십시오."[12]

1990년대로 거슬러 올라가 동대문시장 패션DJ라는 애칭을 받고 있었던 이동근 씨는 정감 어린 상가 내 방송으로 이렇게 밤을 새웠다고 한다. 그는 다른 도매상가의 패션DJ와 마찬가지로 지방에서 올라온 소매상들은 물론, 쉴 수 없는 많은 시장사람들의 지친 일상을 음악으로 위로하고, 또 그들에게 힘을 덜어주는 프로 음악인 상가임 직원의 한 사람이었다는 것이다.

이와 같이 쉴 수 없었던 도매상가 팀204는 오늘날에 와서 300여 개에 이르는 점포가 결연한 경영의지를 가지고 양질의 국산 원단으로 제조한 품질 좋은 의류를 그 MD로 하여 차별화된 마케팅 전략을 편다고 한다.

실크로드 시행사로 알려진 (주)위엔은 팀204 의류패션몰의 기업 이미지의 향상을 위하여 한국섬유산업연합회와 전략적 제휴를 맺고, 상가 내에서 머천다이징하는 모든 패션제품에 국산 섬유제품 인증 마크를 부착(미완의 상태이지만)한다는 것이다. 이제 혼을 담은 메이드 인 코리아의 패션제품은 팀204에서 쏟아져 나올 판이다. 낙산 공원 저 위쪽으로 향하여 휘향찬란한 축포를 터트릴 만하다.

어제오늘의 일이 아니지만 동대문 패션은 짝퉁이 범람하는 게 큰 문제다. 이런 시장위기 속에서, 팀204는 글로벌 바이어는 물론 국내외 소비자에게 만족감 및 행복 극대화를 가져다주는 새 장터로 앞서가고 있다. 짝퉁은 그저 눈속임에 불과하다. 비록 매출이 반짝 증가한다고 해도 지속가능한 전략적 경영도구가 아니다. 다행히도 팀204에서는 스스로가 머천다이징을 하는 모든 패션 제품에는 '국산섬유인증마크'를 부착한다고 한다. 반가운 소식이다. 그 길 외에는 다른 방도가 없다.

혜양엘리시움

"우리는 동대문 패션과 트렌드의 공화국, 바로 그곳에 있다."

어느 블로그에서 혜양엘리시움 탐방기에 쓰인 칭송이다. 혜양엘리시움은 1990년대 말에 패션의 이상향(Elicia)을 꿈꾸며, 많은 고객들이 마치 고대 로마군중이 운집했던 콜로세움(Colosseum)처럼 모이는 장터를 만들려는 웅대한 창업의 깃발을 세운 도매상가의 하나다.

이 상가의 뿌리는 1971년 이래 외곬 섬유인의 뜻을 품고 스웨터 수출의 외길을 걸어온 양문현 회장의 새 길 큰 걸음에서 비롯되었다. 양문현 회장 바로 그분이 이끈 혜양섬유주식회사가 그 모기업이기 때문이다.

혜양엘리시움은 반세기에 걸쳐 성장을 지속하고 한국경제의 발전에 이바지해 온 한 글로벌 섬유기업의 값진 경험의 축적을 물려받아 오늘에 이른 듯하다.

이 상가는 일찍이 남대문시장의 대명사였던 아동복 전문상가로 특화경영을 선언한 이후 북유럽풍의 분위기 속에서 아기자기하고 귀여운 스타일의 아동복을 제조하는 소재와 디자인 중시의 도매상가로 좋은 시장평가를 받고 있다고 한다.

동대문 패션, 그곳 도매상가에 가면 없는 게 없을 정도로 다양성의 머천다이징이 이루어지는 장터다. 앞으로 이 상가는 아동복 전문점으로 출범한 이상 세계 제1위의 시장지위로 가는 새 길 위에서 더 큰 걸음을 이어갈 수 있는 값진 유전인자를 가지고 있다고 본다.

그곳에 가면 동대문 패션, 그 브랜드의 아동복 어느 것이든 빠르고 값싸게 구매할 수 있는 상가로 거듭났으면 하는 바람이 있다.

이 상가는 일찍이 남대문시장의 대명사였던 아동복을 그 상품구성으로 하는 전문상가로 특화경영을 선언했다. 그 이후 이 상가는 아름답고 귀여운 스타일의 아동복을 제조하는 소재와 디자인 중시의 도매상가로 좋은 시장평가를 받고 있다고 한다. 외곬 섬유인의 뜻을 이어온 상가답게 온갖 정성을 쏟으면 세계 제1위의 아동복 전문점 상가로 거듭날 수 있을 것이다. 아니 그 길로 향한 큰 걸음은 지속되어야 한다.

어바웃D

뉴 브랜드 어바웃D(about D)는 동대문 패션의 이미지에 딱 맞게 창안하여 선보인 데서 관심을 끄는 것 같다.

이 브랜드는 평화시장, 통일상가, 신평화패션타운, 동평화패션타운, 남평화상가, 테크노상가, 벨포스트, 광희패션몰 등 8개의 연합시장에서 상가별 특화된 패션제품을 선별해 한데 모인 데서 비롯되었다고 한다.[13]

어바웃D의 브랜드 론칭은 서울시 중구청의 중재와 행정 및 재정적 지원 아래 이루어졌다는 것이다. 최창식 청장은 어바웃D의 탄생은 전통시장의 생존전략으로서 특화된 상품개발과 그 상품의 광고 및 판촉을 위한 공동 브랜드 전략을 펴는 데서 그 의의를 찾을 수 있다고 했다.

어바웃D는 CI 그대로 꽤나 간결하고 집중도가 높은 브랜드 이미지를 내보이면서 동대문 패션의 유구한 역사(하늘색), 동대문 패션의 무한한 성장(초록색), 동대문 패션의 열정(진홍색)을 담았다는 것이다.

이런 어바웃D와 같은 뉴 브랜드의 론칭은 동대문 패션, 그 시장의 지속가능한 경영을 위해 반가운 소식이다. 그 이유 중 하나는 어바웃D는 앞에서 말했듯이 동대문 패션 그대로의 이미지를 가져다주는 데서 누구에게나 보다 친숙하게 느껴져 그만큼 브랜드 인지도가 향상될 것이다.

"최고경영자 뚝심이 명품 브랜드를 만듭니다. … 잘 키운 한 명의 디자이너가 K패션을 살릴 수 있다고 봐요."[14]

한국패션협회 원대연 전임 회장의 외침이다. 그는 국내 패션기업은 단기간에 매출이 나오지 않더라도 계속 사업을 밀고 나가 안착시켜야 하는데 그런 집념이 부족하다고 쓴 소리를 쏟아냈다.

"응답하라 어바웃D여!"

누군가는 이런 말을 할 법도 하다. 앞으로 동대문 전통형 도매상가는 저마다 전문화된 디자인연구소를 두어 K패션을 이끌 많은 디자이너 꾼을 양성해야 한다고 본다. 그리 어려운 일도 아니다. 큰 투자 부담도 없다. 마음먹기에 달려 있다.

어떻든 대부분의 K패션 브랜드는 외래어인 것에도 원인이 있겠지만 잘 기억나지 않거나 혼동하기 쉽다. 그러나 어바웃D는 외래어이면서도 기억하기 쉽고 큰 의미가 있으며 또한 혼동될 염려도 없다고 하겠다.

뿐만 아니라 어바웃D는 공동 브랜드라는 데서 우리 모두가 쌍수로 환영할 만한 일이다. 우리는 이 책 곳곳에 "전체는 부분의 합계보다 크다."라는 말을 자주 썼다. 함께해야만 강한 힘을 갖기 때문이다. 함께하면 기쁨 또한 두 배 그 이상이기도 하다.

어바웃D(about D)는 평화시장, 통일상가, 신평화패션타운, 동평화패션타운, 남평화상가, 테크노상가, 벨포스트, 광희패션몰 등 8개의 상가가 함께 내놓은 공동 브랜드다. 특화된 패션제품을 선별해 한데 모아 함께 판다는 것이다. 우리는 "전체는 부분의 합계보다 크다."라는 말을 자주 쓴다. 함께하면 강한 힘을 갖는다. 앞으로 보다 동대문 패션다운 브랜드로 업그레이드해 공동으로 광고 및 판촉에 나선다면, 커다란 경영성과를 거둘 수 있을 것이다.

"진정 당신이 꾼(도매꾼과 같은 그들 리더 혹은 영웅)이라면 (1) 당신이 파는 상품, (2) 당신의 고객, (3) 당신의 마케팅, (4) 당신의 경쟁자, (5) 당신 회사의 임직원 등을 '다시' 생각해 봐야 한다."

– Nelson, Tara- Nicholle, The Transformational Consumer 중에서

주

1) 동대문백서 2014, (사)동대문패션타운관광특구협의회, 2014, p. 289.

2) 미디어펜, 2015년 11월 22일자

3) www.seoulclick.co.kr

4) 매일경제, 2017년 5월 23일자

5) www.maxtyle.com

6) www.naver.com

7) D-insight, 2017년 2월호

8) www.fashionbiz.co.kr/BR..

9) www.naver.com

10) 동대문패션타운관광특구협의회 홈페이지

11) 테크노상가 홈페이지.

12) 이뉴스투데이, 2017년 5월 23일자

13) www.dinsight.co.kr

14) 한국패션협회 홈페이지. about D의 공동 브랜딩 사업은 상표특허 분쟁의 여지가 있으며, 몇 개월이 지난 지금 글로벌 명품화 전략 미비, 더딘 기금의 효과적인 투입 및 운용 등 그 사업성과가 드러나지 않는 데서 많은 사람들이 우려하고 있다고 한다. 함께 관심을 가지고 들여다볼 일이다.

Ⅳ. 유통, 그리고 그 무엇

공급망은 사슬로 묶고

"동대문시장은 세계적으로 드물게 디자인, 원단공급, 봉제, 생산, 유통 등이 이어지는 원스톱 공급사슬(supply chain)을 갖추고 있는 곳이다."[1]

하버드 비즈니스 스쿨 해몬드(Janice H. Hammond) 교수의 말이다. 그분은 이런 자연발생적 SCM에 의한 속도경영 때문에 동대문 패션, 그 시장이 유명세를 타고 있다고 풀이했다.

여기에서 SCM(supply chain management)이란 키워드는 그리 새로울 것 없다. 누구나 알고 있듯이, 물적 유통(physical distribution)은 약칭 물류라는 키워드 그대로 어느 도매상에서 생산자와 소매상 사이에 이루어지는 상품의 흐름을 관리하는 일이다. 그러므로 SCM은 조달과 생산 및 제조 또는 판매 등의 기업활동을 공급자로부터 고객 및 소매상까지 보다 빠른 속도로 이어주는 비즈니스 전략인 셈이다.

이런 SCM의 전략적 도구는 세 가지의 경영성과를 기대할 수 있다. 첫째, 부담이 되는 재고의 감소 혹은 적정재고의 유지다. 재고의 누증은 자사의 손실은 물론 거래 파트너 모두에게 커다란 부담이 되어 자칫 파트너십의 훼손을 가져다주곤 한다. 그러므로 SCM기반의 비즈니스는 커다란 경영 부담이 되는 위험을 감소시킨다.

둘째, 업무 절차의 간소화와 시간 단축의 효과가 크다. 일반적으로 상품의 구매와 판매 및 물류 등은 가격, 납품시기, 결재조건, 검품과 같은 모든 과정을 거치면서 여러 단계와 그 절차가 복잡하고 시간 또한 지체되기 마련이다. 이런 비용부담을 줄이려는 해법의 하나가 곧 SCM의 전략적 도구다.

셋째, 부가가치 없는 작업의 제거 및 낭비요소의 경감 등이다. SCM의 전략적 도구는 거래 파트너 사이에 필요한 정보를 적절한 때에 공유할 수 있으며, 그 정보의 자동처리 시스템 덕분에 비용 및 시간절약적 경영의 성과를 거둘 수 있다.

그렇다. 이런저런 이유 때문에 동대문 패션, 그 시장은 명약과 같은 SCM의 전략적 시스템, 그것도 자연발생적으로 이루어진 특유의 경영시스템에 힘입어 세계 어느 시장과 비교해도 더 나은 경쟁의 우위를 갖는다.

생각해 보면 동대문시장 사람들은 상품을 파는 게 아니라 고객이 원하고 필요로 하는 맞춤형 상품을 생산하고 또 공급하는 큰일을 하고 있다고 하겠다.

옛 프랑스 경제학자 세이(J. B. Say)는 "공급은 그 스스로의 수요를 창출한다."라고 했다. 세이의 이론은 훗날 "수요는 그 스스로가 공급을 창출한다."는 영국의 경제학자 케인즈(J. M. Keynes)의 유효수요 이론과 상반된 논리적 전개다.

어느 상품이든 생산되자마자 곧 그 가치와 동등한 바로 그 상품에 대한 수요가 생기고 또 시장에 출하된다는 풀이다. 그러니까 상품의 수요와 그 소비는 화폐나 소득의 크기가 아니고 공급과 상품의 생산 그 자체에 따라 크게 영향을 받는다는 것이다.

어느 신제품이든 시장에 출하되자마자 소비자가 그들 소비욕구와 그 필요가 생겨나곤 하기 때문이다. 물론 그 신제품의 라이프 사이클이 길고 짧음은 별개의 문제다.

물론 동대문 도매상가는 실제로 그 상가의 앞쪽, 그러니까 수요 측 거래를 중시하고 있는 게 사실이다. 생산한 상품을 보다 더 많이 팔아야 하기 때문이다. 그러나 그들은 그 상가의 안쪽 내지는 뒤쪽으로 향한 경영을 보다 더 중시하고 있다. 맥을 잡은 옳은 경영방식이다. 꽤나 슬기롭다.

"동대문 패션, 그 시장의 힘은 이런 공급 측 경영에서 나온다."

웅변적으로 외치고 싶은 말이다. 이 책이 추구하는 논의의 쟁점이기도 하다. 이런 공급 측 경영은 매출 및 유통마진 증대를 위한 비용 절약 차원에서 볼 때도 매우 중요하다. 좋은 품질의 패션제품을 개발해 생산하고 나아가서 그 품질을 향상시키기 위해서는 공급 측 파트너와의 원활한 소통과 협력이 필요하다고 해야 함이 옳다.

무엇보다도 소통, 바로 커뮤니케이션(Communication)의 어원이 콤뮨(commune)으로서 그 뜻이 어떤 것을 공동으로(in common) 갖는데 있다고 할 때 더욱 그러하다.

> 동대문 도매상가는 실제로 그 상가의 앞쪽, 그러니까 수요 측 거래를 중시하고 있는 게 사실이다. 어떤 상품이든 보다 더 많이 팔아야 하기 때문이다. 그러나 그들은 그 상가의 안쪽 내지는 뒤쪽으로 향한 경영을 보다 더 중시하고 있다. 옳은 경영방식이다. 동대문 패션, 그 시장의 경쟁력은 잘 생산하는 데 있으며, 그것은 이런 공급 측 경영의 전략적 지혜에서 나온다.

"사람들은 필요(needs) 때문에 상품을 구매하지 않는다. 그저 원하기(wants) 때문에 구매한다."

- Seth Godin, 기업가

공장 없는 제조업

"아버지는 고객에게 어느 상품이든 저렴한 가격으로 팔아 그들이 가계비를 절약하여 보다 나은 삶의 질을 향유할 수 있도록 돕기 위하여 월마트를 창업하셨다."[2)]

월마트(Walmart)의 창업자로서 가격파괴의 유통혁명을 주도한 샘 월튼(Sam Walton)의 아들 롭 월튼이 자사 주주총회에서 설파한 연설문의 한 부분이다. 월마트는 1950년에 미국의 중부 작은 시골과 같은 한 도시에서 5&10이라는 작은 소매점을 창업한 후 그 점포를 키우고 1962년에 다른 소매점을 인수해 월마트 스토어(Wal-Mart Discount City)를 창업한 이래 긴 세월을 보낸 후 대형할인점(지금은 대형마트라고 부름) 시장의 강자로 성장했다.

샘 월튼은 1992년에 이르러 그의 꿈을 이루었다. 그는 자사를 미국 제1위의 유통기업으로 만들어 놓은 것이다. 그때 그는 지난날의 삶의 긴 여정을 그의 자서전 제목과 같이, "Made in America!"라는 외침에 담아 지금도 아메리칸 드림이 현재진행형이라는 유언을 남기고 그만 이 세상을 떠나고 말았다. 물론 얼마 전까지 미국의 산업 전 부문에서 제1위의 매출규모를 오르내리는 큰 기업이 되어 있음은 다 아는 일이다.

월마트는 창업자 월튼의 큰 꿈 그대로 많은 고객을 위해 보다 저렴한 가격으로 자사의 상품을 보다 많이 팔아왔다. 그렇다면, 매일 저가격으로 판매할 수 있었던 비법은? 물론 그 답변은 간단명료하다.

"공장 없는 제조업(Fables)의 경영이 그 답이다."

월마트는 세계 제1위의 유통회사다. 그저 그 회사는 유통기업일 뿐 결코 제조기업이 아니다. 그러므로 그 회사가 제조공장을 소유할 리가 없다.

그러나 그 회사는 생산설비도 없이 제조회사를 대리 경영하고 있었다. 월마트의 어느 매장이든 그곳에 가보면 유난히도 자기상표 및 자체 라벨(Private brands/labels)이 부착된 상품이 많은 걸 보게 된다. 그들 PB상품은 놀라울 만큼 저렴한 수준의 가격표가 붙어있다.

불가사의한 일이다. 개발 후기 아니 경제성장 이후 고비용 구조 속에서 제조업 전반에 그 위기가 엄습한 마당에 그토록 저렴한 가격의 상품이 시장터에 출하된다는 게 어려운 일이다. 그러나 월마트는 매일 저가격(Everyday low price)의 마케팅 전략을 펴 왔다.

그 해법은 앞에서 밝혔듯이 월마트 스스로가 보다 값싸게 상품을 생산한 덕분이다. 그것은 자사 스스로가 제조업을 대리 경영했기 때문이다. 공장 없는 제조업이 바로 그것이다.

일반적으로 제조회사의 제품 흐름은 기획, 설계, 개발, 부품조달, 제조, 검품, 납품, 대금회수 등과 같은 순서로 이루어진다. 일반 제조회사들의 경우 이러한 흐름 전체가 자기 회사 또는 그룹 내에서 이루어지는데 비하여 공장 없는 제조업, 즉 페이블스 기업은 실질적으로 제조과정을 발주에 의존하고 있는 셈이다.

흔히 우리는 PB(판매자 상표)와 OEM(주문자 상표) 등 두 가지 키워드를 간혹 혼동해 쓰는 경우가 있다. 그러나 이 두 가지의 용어는 유사하지만 발상이 근본적으로 다르다. OEM은 그 대상이 한정된 상품에 그치며 생산라인에 관여하지 않는다. PB는 어느 페이블스 기업이 다른 회사의 생산공장을 마치 자기 회사의 한 부서처럼 활용한다. 그 차이의 여파는 크다.

동대문 패션, 그 시장은 수많은 공장 없는 제조업을 가지고 있다. 바로 이런 공장 없는 제조업의 경영전략 덕분에 상품, 속도, 가격 등 동대문 특유의 시장경쟁력을 갖추고 있는 셈이다.

물론 이런 페이블스 전략은 월마트와 같이 수천 개 이상 만 개가 넘는 많은 체인점을 가지고 있을 때 가능한 경영전략 도구인 것은 사실이다.

다행히도 동대문 패션, 그 시장은 수천 아니 그 이상의 많은 도매상가가 동대문 주변 지역에 산재해 있는 수많은 봉제공장과 마치 한 몸과 같이 움직이는 파트너십을 발휘하면서 협력을 해오고 있다. 그게 바로 동대문 패션, 그 시장의 비교우위로 가는 경영비법이다.

이와 같이 동대문 도매상가들은 마치 공장 없는 제조업을 경영하는 창조적인 유통 기업으로서 작지만 강한 시장의 힘을 발휘하고 있다고 봐야 한다. 세계 어디를 가 봐도 이런 도매상가, 글로벌 쇼핑몰 군집은 없다. 외국인 비즈니스맨들이 무척 부러워하는 그곳이다.

어느 기업이든 제조업의 제품 흐름은 기획, 설계, 개발, 부품조달, 제조, 검품, 납품, 대금회수 등과 같은 순서로 이어지곤 한다. 일반적으로 제조회사들은 이러한 흐름 전체를 자기 회사 또는 그룹 내에서 맡는다. 이에 대하여 공장 없는 제조업을 경영하는 기업은 실질적으로 제조과정을 발주에 의존하고 있는 데서 차이가 있다. 동대문 도매상가는 이처럼 공장 없는 제조업(Fables)을 경영하는 기업과 같이 공급 측 경영을 통한 시장경쟁의 우위를 유지하면서 커다란 경영성과를 얻어 왔다.

"경쟁하는데 집중하지 말고 고객에 집중하라."

— Scott Cook, Intuit Inc. 창업자

패션의 시장실험

동대문 패션, 그 시장은 그저 단순한 시장이 아니고 세계 유행을 낳고 또 이끄는 거대한 패션연구소라고 해도 좋다.

맞다. 그러나 이 패션연구소는 단순히 어느 한 실험실 내에서 연구와 개발을 하는 곳이 아니라 실험실 밖으로 나아가 시장터에서 그 제품의 소비를 실험하고 평가하는 데서 별난 패션연구소라고 할 수 있다.

일찍이 로저스(Everett Rogers)는 신제품과 유행에 민감한 소비층을 두고 일컫는 얼리어답터(Early adopter)의 비율이 13.5%라고 했는데 한국인은 그 비율이 유난히 높다는 외신 보도가 나왔다. 누군가는 패션 얼리어답터(Fashion early adopter)의 경우 25% 정도라고 추산했다.

"그들은 유행에 민감하고, 마음에 드는 옷은 무슨 일이 있어도 구입하는 공격적인 소비행위를 하며 보다 화려하고 섹시한 이미지와 유명상표를 중시한다."[3]

동대문 패션, 그 시장은 이런 얼리어답터와 같은 한국적인 소비자의 행위특성 덕분에 그 성장이 지속되고 나아가서 글로벌 시장으로 향한 그 성장세가 널리 확산되었다. 우리가 동대문 패션, 그곳을 빠름의 시장터라고 하는 것도 바로 그 이유다.

어떻든 동대문 패션, 그곳 시장에서는 하루가 멀다고 할 정도로 새 디자인, 뉴 스타일의 패션제품이 대홍수처럼 쏟아져 나온다. 이렇게 쏟아져 나온 많은 동대문 패션제품은 즉석에서 소비의 시장실험이 이루어지곤 한다.

한국은 '불가사의한 나라(Impossible country)'라고 한 영국의 저널리스트 튜도어 씨 역시 "한국인은 늘 새로운 것을 선호해 왔다."고 했다.[4] 그들 한국인은 "촌스럽다(Country style)."란 말을 듣기 싫어해 왔다는 족집게 같은 지적으로 그의 논의가 이어졌다.

"구식은 가라. 뭐 신상은 없는가?"

한국인은 지금도 이렇게 외치고 있다는 게 튜도어 씨의 주장이다. 그는 한국경제의 급속한 성장과 기술진보는 한국인 특유의 새 것 좋아하기와 새 것을 얻기 위한 급한 성격과 빨리빨리의 문화코드에 바탕을 두고 있다고 했다.

동대문 패션 그 시장은 이와 같이 좋은 토양 위에서 하나의 거대한 패션연구소인 양 새 길 큰 걸음을 걷고 있는 게 사실이다.

오늘날 동대문 패션, 그 시장은 하나의 패션연구소와 같이 혁신의 단계와 과정을 밟으면서 시장실험을 지속하고 있다. 우리가 말하는 혁신(Innovation)은 여러 단계와 과정을 밟는다.

혁신의 첫 번째 단계는 발견이다. 무언가 발견하는 게 혁신의 시작이다. 소비자의 필요와 욕구에 바탕을 둔 출하상품에 대한 시장평가가 어떻게 나오느냐가 바로 그 발견의 하나다.

혁신의 두 번째 단계는 발명이다. 발명은 의도적인 데서 자연적인 뉘앙스의 발견과는 다르다. 이런 발명의 단계에서 드디어 패션제품의 디자인이 시작된다. 그 후에 이루어지는 패션제품의 생산 또한 이 단계의 창의성과 새로움의 추구에 따른다.

혁신의 세 번째 단계는 좁은 의미에서의 혁신이다. 다시 말하면,

발명의 상업화가 이루어지는 단계인 셈이다. 패션의 시제품을 시장에 출하하여 소비자 행위와 그 반응을 엿보는 단계라고 할 수 있다. 도매상가들은 바로 이 단계에서 출하된 패션의 신제품에 대한 소비자의 반응과 인기도 등을 꼼꼼하게 챙긴다.

혁신의 마지막 단계는 물론 혁신의 확산이다. 출하된 패션제품이 많은 소비자의 만족을 극대화시켜 주고 그 판매량 증대로 매출이 향상되면, 그 상품에 대한 양산은 본격화되고 나아가서 새로운 스타일의 상품으로 거듭나게 되는 환희의 순간을 맞는다.

이와 같은 혁신의 여러 단계와 과정을 밟곤 하는 패션의 시장실험은 과연 시장에 출하한 한 패션제품이 소비자의 필요와 욕구에 잘 맞는지, 그리고 그 제품의 구매와 소비로 이어지고 있는지 등을 제대로 평가받는 데 있다. 이런 패션의 시장실험은 단순히 연구실에서 이루어지는 탁상공론과 같은 이론적인 연구가 아니고 시장터에서 이루어지는 살아 숨 쉬는 실증적인 연구인 셈이다.

이런 패션의 시장실험은 실사구시(實事求是)의 연구를 통해 더 많은 경영성과를 얻으려는 경영전략임에 틀림이 없다.

동대문시장에서 이루어지는 패션의 시장실험 역시 시험과 그 평가가 동시에 이루어지는 데서 널리 주목을 받고 있다. 시장에 출하된 어느 한 디자이너의 브랜드 상품에 대하여 소비자들의 평가가 낮으면 지체 없이 또 다른 상품으로 대체해 출하하곤 한다. 반면에 그 상품에 대한 소비자 선호도가 높다는 평가를 받으면 곧이어 그 상품은 더 많이 생산되는 것이다.

동대문 패션의 시장실험은 빠른 속도의 경영 덕분에 그 약효가 크고 보다 나은 경영성과로 이어지고 있는 게 사실이다.

K-Pop으로부터 K패션으로 이어지는 한류의 확산 또한 한 몫을

톡톡히 하는 듯하다. 동대문 패션, 그 시장은 속도 빠른 패션(fast fashion)의 명성 그대로 글로벌 시장으로 가는 새 길 큰 걸음을 걷고 있는 것도 이런 K-Pop의 유명세 덕분이기도 하다. 그리고 그들 K-Pop 스타를 중심으로 한 스타마케팅과 이어지는 패션의 시장실험은 동대문 패션, 그 신화를 낳는데 수호천사와 같은 은인들이기도 하다.

동대문 패션, 그 시장에서 이런 시장실험이 잘 이루어지는 데는 또 다른 이유가 있다. 누구나 아는 바와 같이 한국은 온라인 쇼핑몰의 천국이다. 새로운 시장의 강자로 뜨고 있는 이런 온라인 쇼핑몰은 오프라인에 바탕을 둔 동대문시장으로서는 이런 강적과의 경쟁이 불가피하게 되었다. 그렇지만 그들 온라인 쇼핑몰 또한 동대문 패션 그 시장을 그들 최대의 공급 측 파트너로 삼고 있다는 데서 또 다른 협력자이기도 하다.

창업과 휴·폐업 사태가 그치지 않는 쇼핑몰 군집은 거대한 동대문 패션연구소의 시장 실험장이다. 오프라인에 대한 의존도가 높았던 동대문시장으로선 어쩌면 적과의 동침이 이루어지듯 이런 옴니채널의 유통전략적 접근 덕분에 그 경영의 시너지 효과가 생긴다고 하겠다.

생각해 보면 동대문 패션, 그 시장은 치열한 경쟁 속에서 그 시장 지위를 유지하기 위한 몸부림을 치고 있는지도 모를 일이다. 그렇다면 과연 누가 그들 시장사람들의 경쟁자인가? 이때 많은 도매꾼들은 저마다 서로 다른 대답을 내놓을 것이다.

최신 도서 한 권 속에는 그들 도매꾼 모두에게 명답을 안겨주는 힌트를 제공하고 있다. 모두가 경청해 볼만한 논의다.

"당신의 경쟁자는 다른 기업이나 그 회사가 만든 제품이 아니다.

오히려 날로 똑똑해지는 소비자와 그들의 소비행위가 가장 막강한
경쟁의 상대방이다."[5]

동대문시장에서 이루어지는 패션의 시장실험은 시험과 그 평가가 즉각 이루어지는 데서 주목을 받을 만하다. 시장에 출하된 어느 한 디자이너 브랜드의 상품에 대하여 소비자들의 평가가 낮으면 지체 없이 다른 상품으로 대체해 출하할 수밖에 없다. 반면에 그 상품에 대한 소비자 선호도가 높다는 평가를 받으면 곧이어 그 상품은 더 많이 생산한다. 이렇게 볼 때 동대문시장은 마치 시장실험과 생산, 그리고 그 판매가 이루어지는 거대한 패션연구소와 같다.

"항의를 받는 것은 거래 파트너와의 관계를 돈독히 하는 유일한 기회다."

– Kevin Kelly, 작가

흙수저의 성공신화

"나는 흙수저입니다. 열네 살에 아버지를 여의고 생업에 뛰어들었습니다. 대학교도 안 나왔어요."[6]

패션그룹 형지 최병오 회장은 어려운 오늘날의 경제상황 속에서 자칫 꿈과 도전의지가 꺾인 듯 실의에 빠져있는 많은 젊은이들에게 이런 희망의 메시지를 전하고 있다.

그는 1980년대에 동대문시장(광장시장)에서 3.3평방미터(1평)의 작은 점포에서 제조 및 도매유통으로 사업을 시작했다고 한다. 그는

그 후 30여 년이 지난 오늘날 매출 1조 원대를 훌쩍 넘긴 중견기업으로 성장한 비즈니스로 일구었다는 것이다. 우리는 그를 신화적인 인물, 손꼽히는 동대문시장사람으로 부르고 레전드로 예우하고 있다.

그분 외에도, 동대문 1세대로 불리는 뱅뱅어패럴의 권종열 회장은 1960년대의 재봉틀 세대였다고 한다. 훗날 동대문시장에서 배운 장사기법과 값진 경험의 축적으로 자사를 일구어 오늘날의 뱅뱅으로 키워냈다.

경쟁이 치열해진 아웃도어 시장에서 굳건히 그 자리를 지키고 있는 토종 브랜드 블랙야크 또한 1973년 종로 5가에 문을 연 동진사라는 등산용품점에서 오늘날 건실한 아웃도어 기업으로 성장했다고 한다. 뿐만 아니라 지금은 백화점에서 쉽게 찾을 수 있는 캐주얼 의류 버커루, 여성 의류 SOUP나 제시 뉴욕 등도 동대문 출신 브랜드라고 하지 않던가!⁷⁾

이미 스타 브랜드로 거듭난 브랜드 스타일난다 역시 동대문 패션, 그곳을 발판 삼아 성장했다고 한다. 비록 1인 기업체제의 온라인 쇼핑몰로 그 시작은 미미했지만 지금은 전 세계 곳곳에 스며들어 한류의 확산에도 앞장서고 있다는 것이다. 놀라운 일이다.

패션계에서 각광받는 편집숍도 동대문 패션, 그곳에서 탄생한 브랜드가 장악할 정도로 꽤나 많다. 동대문 도매상가에서 파는 옷, 잡화 등을 사오거나 직접 기획하고 또 생산하여 하나의 브랜드 아래 판매하는 편집숍, 예컨대 원더플레이스, 스튜디오화이트, 에이랜드 등으로 열거되는 그들의 새 길 큰 걸음은 널리 주목받을 만하다.

최근에 한 언론과의 인터뷰에서 형지 최병오 회장은 "제 사업의 창업시기에 시장제품은 싸구려라는 통념을 깨고 브랜드 전략을 펴 상표등록, 품질보증 등으로 현대적인 비즈니스로 가는 도약의 발판을 다지고 그 후 지속성장을 했다."고 힘주어 외쳤다. 아마 그의 성공담 그대로 다른 모든 동대문 패션, 그곳 출신의 레전드들도 다른 듯 같은 길을 걸어왔을 것이다. 어느 기록영화를 보듯 생생하게 우리 곁으로 다가왔다.

지금도 동대문 패션, 그 시장은 3.3평방미터의 작은 점포에서 제2의 패션그룹 형지와 같은 큰 기업을 경영해 보겠다는 당찬 소망, 이른바 동대문 드림, 그 꿈을 가지고 있는 많은 잠룡(潛龍), 그들 시장 사람들로 가득차 한창 바쁘다.

이렇게 볼 때 오늘날 동대문시장은 흙수저의 성공신화를 낳는 금싸라기와 같은 상권의 명당이라고 말할 수 있겠다. 잠재적인 비즈니스 영웅이 많은 그곳에는 꿈이 있다. 그저 허튼 소리가 아니다.

하버드 비즈니스스쿨에서 연구한 한 연구보고서가 있다. 그동안 창업(start-up)을 해 성공한 비즈니스, 그들 CEO를 대상으로 한 연구에서 "성공한 비결의 요인이 무엇이냐?"라고 질문했다는 것이다. 그들은 이런 설문에 대하여 준비가 50%, 땀이 40%, 그리고 나머지 행운이 10% 등이라고 응답했다는 통계설명이다.

이 연구에서 주목할 만한 것은 준비가 반절이고 행운은 10%에 불과하다는 데 있다. 동대문 패션, 그곳 시장사람들은 많은 경험의 축적 속에서 꽤나 많은 준비를 해왔고. 지금도 땀과 눈물로 범벅이 된 바쁜 일을 마다하지 않고 있다는 것이다. 동대문시장에서 하는 모든 비즈니스는 경험의 축적 없이는 발을 들여 놓는 것은 물론 지속하기도 어렵다. 그러므로 그곳 시장사람들은 이미 절반의 성공을 예약한 셈이라고 하겠다.

이런 논의는 3.3평방미터에서 이룬 성공의 신화, 그 아이콘 최병오 회장의 생각과 다르지 않다. 그는 "식빵이든 옷이든 싼 물건일수록 잘 만들어라."라고 외치면서, 비즈니스로 성공하려면 7전8기의 헝그리 정신으로 무장해야 그 꿈을 이룰 수 있다고 권고했다.

맞는 말이다. 마찬가지로 사람들은 반면교사란 말을 자주 쓰곤 한다. 이 키워드는 "실패로부터 배운다."로 풀이할 수 있다. 실제로 성공의 뒤쪽을 보면 과거에 실패한 경험을 가진 사람들이 많다.

링컨은 네 번 낙선한 후 대통령이 되었고, 김대중 대통령도 네 번 도전으로 당선해 집권했다. 마내한(Tom Moanaghan) 회장도 두 차례의 사업을 실패한 후 도미노 피자를 창업했으며, 화진화장품 강현송 회장 역시 오징어잡이, 호떡장사 등 무려 37개의 직업을 전전하다가 자사를 대기업으로 성장시켰다.

그러나 "과연 실패는 성공의 어머니인가?"라는 의문이 생기곤 한다. 그렇다면 한 우물을 파는 게 그 답 아닐까? 누군가는 서울 노량진 부근의 공무원 고시학원가로 많은 젊은이들이 몰리는 걸 크게 우려하고 있다. 아니 그런 분이 많다. 물론 4전5기로 공무원이 되는 사례도 적지 않다. 그러나 한순간 "동대문 패션 그 시장으로 가보면 어떨까?" 그런 생각이 든다.

"가서 경험을 쌓고 스타트업을 해 봐라. 그리고 한 우물을 파면 그때 실패는 성공의 어머니가 될 수 있을 것이다."

이렇게 외치고도 싶다. 1970년대를 전후하여 그 교육시스템을 갖춘 SD시대패션 디자인전문학교 김종복 이사장은 패션의 교육경영자로서 그의 성공비결을 토로했다. 어쩌면 그분의 조언을 듣는 게 더 나을 듯하다. 그의 성공비결은 첫째, 큰 꿈꾸기로 꼽았으며 둘째, "나는 할 수 있다."라는 긍정적인 생각이 아니겠냐는 것이다. 그리고 셋째의 성공비결은 결코 남과의 싸움이 아니라 자신과의 싸움에서 이기는 데 있다는 것이다.[8]

누군가 "어디든 가서 시작하자. 열정은 당신을 이끌 것이다."라고 말했듯이, 이런 유사한 덕담은 시장터 여기저기에서 들리는 듯하다.

지금도 동대문 패션. 그 시장은 3.3평방미터의 작은 점포에서 그침 없는 신화를 낳고 있다. 그곳은 "제2의 패션그룹 형지와 같은 큰 기업을 경영해 보겠다."는 당찬 소망. 이른바 동대문 드림. 그 꿈을 가지고 있는 사람들로 가득차 바쁘다. 오늘날 동대문시장은 흙수저의 성공신화를 낳는 금싸라기와 같은 상권의 명당이라고 함이 더 옳다. 그곳에 가면, 잠재적인 비즈니스 영웅이 많다.

"빵이든 옷이든 싼 물건일수록 잘 만들어라."

- 최병오, 패션그룹 형지 회장

일자리는 그곳에

"왜 넓고 훤한 길을 두고 좁고 힘든 길은 가는지?"

오늘날 우리경제는 극한의 위기상황에 놓여 있다. 그중에서도 일자리 부족은 큰 문제의 하나다. 뿐만 아니라 88만원의 대졸 취업자, 생계형 자영업 속에 묻힌 잠재실업자, 비정규직 근로자, 힘든 맞벌이 가정주부, 정년 및 조기 명예퇴직자들의 아르바이트형 취업자 등과 같이 제 밥벌이도 못하는 사람들이 가늠하기 어려울 정도로 많다.

그중에서도 생계형 자영업에 묻힌 잠재실업의 문제는 놀라움의 극치라고 하겠다. 다소 전문적인 키워드이긴 하지만, 잠재실업(Disguised unemployment)은 1960년대를 전후하여 보릿고개의 어려움을 겪던 농촌에서 식구는 많고 경작해야 할 논밭이 좁아 1인당 농가소득이 낮아 생긴 실업자들의 처지를 두고 한 말이다. 그러나 그 후 공업화와 경제발전으로 많은 농촌인구가 도시로 빠져 나오면서부터 지금 농업인들은 도시의 일반시민보다 잘 사는 새 세상이 되었다. 어제오늘의 일이 아니다.

그런데 오늘날과 같이 생계형 자영업의 위기, 그 어려운 상황 속에서 가족들이 제 밥벌이를 못한 채 개발후기의 잠재실업자로 남아 있다는 데서 문제가 심각하다. 그들은 동대문 패션, 그곳과 같이 넓고 훤한 길을 두고 제 밥벌이도 못한 채 좁고 힘든 길을 가고 있다. 느린 발걸음이다.

물론 최근에 와서 사람중심의 경제를 기치로 내걸고 일자리 문제를 최우선의 정책목표로 삼고 있는 데는 환영받을 만한 일이다. 문제는 미증유의 경제위기 속에서 좋은 일자리가 그리 많지 않고 또 새 일자리도 늘어나는 속도가 너무 느리다는 데 그 심각성이 크다.

뿐만 아니라 산업부문마다 업무 및 그 직종에 따라 다르지만, 만성적인 실업자의 누증 속에서 사람 구하기가 하늘의 별 따듯 어렵다는 데 있다. 어느 산업은 물론 어느 지역을 구분할 것도 없이 구직난이나 혹은 구인난으로 저마다 큰 어려움을 겪고 있는 실정이다. 헷갈리는 지그재그 현상이 아닐 수 없다.

이와 같은 상황 속에서도 동대문 패션, 그곳에는 명쾌한 답이 있다. 아침에 안개가 끼는 날이면 그날은 늘 맑은 하늘을 보곤 한다. 마찬가지로 그리 높은 선호도를 가진 일터는 아니지만, 꿈을 꾸는 누구든 서둘러 그곳에 가봐야 한다. 그곳에 가면, 비록 시작은 힘들지만 미래가 보이는 좋은 일자리가 많기 때문이다.

누구나 행복한 삶을 희구한다면 그 행복은 가족과 사랑, 소득, 그리고 일 등에서 찾을 수 있을 것이다. 일이 행복의 조건 중 하나라면, 일자리를 서둘러 찾는 게 행복으로 가는 지름길이다. 결코 고시원 부근에서 허송세월하기보다는 사람이 태부족한 동대문시장터, 그곳에서 일자리를 찾아봄직하다. 세계의 부자가 된 짐 로저스(James Beeland Rogers)의 권고를 들어보자.

"좋아하는 일을 찾아라. 당신이 여가시간에 무엇을 하는지 관찰해봐라. 당신은 어떤 분야에 흥미를 느끼는가? 스포츠, 패션, 금융, 비즈니스 등 누구나 관심 분야는 서로 다를 수 있다. 본인이 좋아하며 열정을 가지고 잘 할 수 있는 일을 찾아야 한다. 만약 적성을 찾는다면 그 분야의 일은 노동이 아닌 놀이가 될 수 있다. 즐거운 마음으로 열심히 일한다면 돈은 자연스럽게 따라오게 돼 있다."[9]

일자리는 동대문 패션, 그곳에 많다. 뛰어가서 한번 경험하고 축적하려는 시도를 해봄직도 하다. 우리는 이 책에서 반복해 "Give and take"란 말을 자주 쓰고 있다. 이 말은 어순 그대로 먼저 주고 나중에 받는다는 데 그 의미가 있다. 그러나 사람들은 Take & give라는 말과 같이 늘 먼저 받으려고만 한다. 때론 Take and take만을 추구하는 이기적인 행동을 자주 보곤 한다. 먼저 주어야 한다.

일자리도 먼저 주듯, 뛰어가서 많은 경험을 쌓으면 그곳에서 답을 찾을 수 있다. 우선 아르바이트형 취업이라고 해도 좋다. 미래가 보이는 좋은 일자리임에 틀림이 없다. 또한 안정적이다. 절대로 실직 상태가 오래 가서는 안 된다. 도덕 철학자 칸트는 이렇게 말했다.[10]

"직업 없이는 누구도 행복하게 살 수 없다. 누구든 만일 돈을 벌어 식빵을 사면, 그것은 타인으로부터 구호품을 받아 식빵을 먹는 것보다 무척 행복할 것이다. 누구나 실직해 쉴 때보다 고된 일을 한

후에 더 큰 만족감을 얻을 것이다."

또 다른 철학자 키르케고르(S. A. Kirkegaard)는 "행복의 90%는 인간관계에 달려 있다."고 했다. 그렇다면 인간관계는 일터에 나아가야 그 기회가 생긴다는 뜻이다. 맞다. 인간은 곧 노동이다. 아니 노동 없는 삶은 죄악임에 틀림이 없다.

가정은 행복의 집이다. 그러나 직장은 행복의 공장이다. 가장 불행한 사람은 실직자임에 틀림이 없다. "젊어서 고생은 사서라도 한다."라는 말은 어제오늘 우리가 듣는 말이 아니다. 3.3평방미터의 성공신화도 힘들고, 어렵고, 위험한 일을 마다하지 않은 데서 이룬 값진 열매임은 우리 모두가 다 아는 일 아닌가!

온 힘을 다 쏟아 일을 하면 모든 것을 정복하곤 한다. "이 세상에서 가장 힘든 일은 '일 없이' 사는 일이다."라는 어느 외국영화 속 덕담은 우리에게 그리 큰 감흥을 주지 않는다. 오히려 바로 지금 바로 여기에서 "우리는 더 이상 잃을 게 없다(We have nothing to lose)."고 말하는 데 더 큰 관심이 있을 법도 하다.

물론 동대문 패션, 그곳은 꽤나 힘든 일터임에 틀림이 없다. 동대문시장, 그 24시가 말해주듯 밤에 일하고 낮에 잠깐 눈을 붙이는 일이 많다. 낮에 일한다고 해도 밤늦게야 맡은 일을 마치는 경우도 흔하다. 젊은 인적자원이 기피하는 현상도 그곳이 힘든 일터라는 인식 때문에 야기되었다.

우리는 불만의 편차(Negativity bias)라는 말의 참의미를 생각해 봐야 한다. 왜 사람들은 악(惡)은 선(善)보다 강하다고 말하지 않은가! 예컨대 어느 회사의 임직원의 만족도와 불만족도의 비율이 3:1이었으나 만일 불만족도가 커지면 이내 그 비율이 1:1로 재빠르게 바뀌곤 한다. 그러므로 만일 임직원들 사이에 사소한 불만이라도 생기면

서둘러 해소시켜 주려는 노력이 뒤따라야 한다. 오늘날 노사관계가 늘 긴장감이 감돌고 또 늘 생각이 바뀌기 때문에 사용자의 입장이라면 어쩔 수 없이 받아들여야 한다.

다 함께 서로 주려고 하면 다 같이 얻을 수 있다. 어떻든 일자리는 그곳에 있는 게 엄연한 사실이다. 그곳 장터는 가슴 벅찬 꿈이 있기 때문에 더욱 그러하다.

꽤나 어려운 경제상황 속에서도 동대문 패션, 그곳은 꿈이 있다. 그 꿈은 답이다. 아침에 안개가 끼는 날이면 그날은 늘 맑은 하늘을 보기 일쑤다. 비록 그리 높은 선호도를 가진 일터는 아니지만, 꿈이 있는 그곳에 가 봐야 한다. 시작은 힘들지만 미래가 보이는 그곳은 권할 만한 참일터의 하나다. 면밀하게 살피면 그곳에 미래로 향한 더 좋은 일자리가 많다. 가슴이 마구 뛰는 그 시장터의 활기, 그 속에서 새 길 큰 걸음을 걷자. 그냥 한번 해보는 말인 양 간과할 일이 아니다.

"실패는 성공의 반대말이 아니다. 실패는 성공의 한 부분이다."

– Arianna Huffington, 미국인 칼럼니스트

주

1) m.youngnam.com, 야시장, 도시를 살리다.

2) www.walmart.com

3) 삼성패션연구소, 대한민국 소비자감성 세분화 보고서, 한국경제, 2005년

4) Daniel Tudor, KOREA-The Impossible Country, Tuttle Publishing, 2012, pp. 144-145.

5) Tara-Nicholle Nelson, The Transformational Consumer, Berrett-Koehier Publishers, Inc., 2017, p. 112.

6) 패션그룹 형지 최병오 회장이 어느 대학에서 초청특강을 한 자리에서 쏟아 낸 독백이다.

7) "동대문 패션, 신화는 계속 된다," 청와대 정책브리핑, 2016년 11월 17일 자, 이 브리핑 기사는 동대문 패션, 그곳 출신의 성공사례를 소개하고 있다.

8) 설봉식, 패션왕 김종복의 교육경영과 리더십, 한국을 빛내는 CEO, 제4권, 2014, p. 87.

9) 투자왕 짐 로저스가 '내가 한국에 사는 2030세대라면,' 제하의 인터뷰에서 한 말이다. 매경뉴스 8월 14일자.

10) Immanuel Kant의 도덕철학에 근거를 둔 명언의 풀이가 그 하나다.

Ⅴ. 동대문 패션과 SPA

SPA로 돈 버는 세상

글로벌 패션 브랜드 자라(ZARA)의 오르테가(Amancio Ortega) 회장은 최근에 세계 부자 1, 2위의 순위를 오르내릴 정도로 큰 부호라고 한다.

자라는 1975년에 매장 1호점을 자신의 나라 스페인에서 오픈한 이후 중간 유통단계를 대폭 줄여 세련된 디자인의 옷을 저렴한 가격으로 더 많이 공급하는 판매방식으로 빠르게 성장했다. 지난 2000년에는 손꼽히는 글로벌 패션기업으로 올라서 주목을 받기 시작했으며, 오늘날에 와서는 SPA 브랜드 중 세계 제1위의 매출을 자랑하고 있다.

다 아는 바와 같이, SPA(Special store retailer of Private label Apparel)란 자기 회사에서 제조한 패션의류를 자사 스스로가 판매하는 유통기업을 두고 하는 말이다. 말을 바꾸어 제조 및 직매형 의류전문점이라고 칭한다. 제조사가 상품기획과 디자인에서부터 생산 및 유통, 판매가격의 결정 등을 도맡아 하는 특유의 경영시스템이다.

특히 SPA 브랜드는 3S(Short, Speed, Slim)와 같은 현대생활형 비즈니스의 과정을 밟아 소비자 수요에 맞는 상품을 개발하고 생산해 적절한 시간에 적절한 장소로 공급한다는 데 그 강점이 있다고 한다. 이해가 가는 풀이다.[1]

이런 시스템 덕분에 SPA는 유통채널과 그 단계의 단축을 통해 좋은 품질의 상품을 보다 저렴하게 판매할 수 있는 강한 시장지배력을 갖는다. SPA 기업은 ZARA 이외에도 GAP, H&M, UNIQLO 등 글로벌 브랜드가 많다.

물론 국내에서도 이랜드의 SPAO와 제일모직의 8세컨즈에서부터 데이즈(DAIZ), 테(TE), F2F 등 대형마트 세 회사에서 손을 댄 유사 SPA 브랜드에 이르기까지 꽤나 많다. 그들 국내 SPA는 그 역사가 짧아 드넓은 시장, 글로벌화로 가는 험하고도 먼 길의 출발선에 서 있는 듯하다.

미국인의 소비행위는 사람마다 다르지만 대체로 생필품의 경우 대형마트나 아웃렛 몰에서 값싼 제품만 사는 짠돌이 쇼핑을 한다. 그러나 여성 파티복이나 모터사이클 또는 요트 등은 사치품답게 비싸게 사곤 한다. 그들은 이런 소비행위의 특성과 같이 고가의 패션 제품을 보다 저렴하게 구매하려는 쇼핑을 선호하고 또 즐긴다.

이런저런 이유로 미국을 비롯한 전 세계인은 SPA 브랜드의 제품에 대한 선호도가 높아져 그 소비수요가 증폭되었다. 그 귀결로 지금은 SPA로 돈 버는 세상이 되었다. 물론 그 여파는 SPA에 대한 과잉투자, 과당경쟁으로 치닫고 있음은 다 아는 일이다.

"그렇다면, 더 이상 뉴 SPA 브랜드를 개발하여 사업하는 건 어려운 일인가?"

아니다. 뉴 SPA 브랜드라고 해도 동대문시장 그 패션 클러스터와 같이 공급망을 사슬로 한데 묶고, 공장 없는 제조업을 잘 경영하면 가성비가 높은, 그러니까 상품, 속도, 가격 등 3박자가 맞아 떨어지는 경영성과를 얻을 수 있을 것이다.

동대문 패션, 그 시장은 이미 생산되어 출하된 상품을 그저 잘 판매하는 장터가 아니다. 오히려 그곳에서는 소비자가 원하는 상품을 잘 생산하는 그런 마케팅 전략을 펴고 있다. 그들 시장사람들이 하는 일은 시장에서보다 공장에서 생산하는 일에 더 집중하고 또 잘 할 수 있는 일거리임에 틀림이 없다.

널리 알려져 있듯이, 마케팅은 소비자 만족에 기반을 둔 유통행위로 그저 파는 데만 집중하는 판매와는 그 의미가 다르다. 그것은 소비자가 원하는 상품을 공장에서 잘 생산하는 행위이기 때문에 지속 가능한 경영의 전략적 도구로 더 각광을 받는다.

분명 동대문 패션, 그곳은 특유의 새 SPA 브랜드를 앞세워 시스템으로 접근하고 또 중단 없이 지속한다면 보다 나은 경영성과를 얻을 수 있을 것이다.

"이제 동대문 SPA라고 부르자. 패션을 입은 특유의 SPA가 있지 않은가!"

SPA(Special store retailer of Private label Apparel)란 자기 회사에서 제조한 패션의류를 자사 스스로가 판매하는 유통의 경영시스템이다. 지금은 이런 SPA로 돈 버는 세상! 마찬가지로 동대문시장, 그 패션 클러스터와 같이 공급 망을 사슬로 한데 묶고 공장 없는 제조업을 잘 경영하면, 가성비가 높은 그러니까 상품, 속도, 가격 등 3박자가 맞아 떨어지는 경영성과를 얻을 수 있을 것이다. 앞으로 동대문 패션, 그곳은 특유의 새 SPA 브랜드를 앞세워 시스템으로 접근하고 또 중단 없이 그런 전략을 펴면 승산이 있다고 본다.

"미국에서는 누구든 고객이 항상 옳다고 말한다. 그러나 일본에서는 고객을 신(神)이라고 말한다. 그것은 큰 차이다."

- 어느 일본인 비즈니스맨

"그렇다면 우리는 고객을 어떻게 생각하는가?"

- 저자의 질문

동대문SPA, 패션을 입다

유명한 몇몇 SPA 브랜드는 지금도 글로벌 시장을 달구고 또 그 시장 속에서 큰 힘을 발휘하고 있다. 그러나 이런 글로벌 SPA 브랜드는 어쩌면 소품종 대량생산시대와 같은 낡은 시대의 부산물, 인기 없는 그 유산에 불과하다. 그래서 많은 소비자들은 그들 SPA 브랜드를 외면하기도 한다.

그들 SPA 브랜드는 패션이라는 미명 아래 과장 광고나 PR 또는 그 판촉을 펴고 있다. 어느 SPA 브랜드이든 실제로 이것저것 잡다한 품목의 의류를 기계로 찍어내어 대량으로 생산해 그저 스타일만 있을 뿐 그들이 내세운 패션은 없다. 바로 그 이유 때문에 소비자들이 선호하는 개성이 넘친 의류가 턱없이 부족하다. 그러므로 그들 SPA 브랜드가 주는 감성적 가치가 그리 높지 않다.

지금은 다품종 소량생산의 시대라고 할 때 더욱 그러하다. 기존의 SPA 브랜드는 소품종 대량생산 시대와 같이 단지 자동화기계로 무한대의 물량을 찍어내고 있으니 그게 큰 문제의 하나다. 그들이 그걸 모를 리 없을 텐데. 어쩌면 소비자들을 무시하고 그저 봉으로 삼고 있는지도 모를 일이다.

앞에서 우리가 논의했듯이 SPA 브랜드는 중간 유통단계를 대폭 줄여 세련된 디자인의 옷을 저렴한 가격으로 더 많이 공급하는 방식으로 판매하는 상품이라고 했다. 세련된 옷이라고 했지만 패션제품이기보다 어쩌면 소비자들이 식상해 할지도 모르는 정형화된 스타일의 제품에 지나지 않는다. 그리고 저가격을 유지하기 위하여 저임금 바탕의 자동화기계로 마구 찍어내는 낡은 생산시스템 그대로일 뿐이다.

SPA 브랜드가 이런 방식으로 생산된다면, 이른바 동대문SPA는 같은 듯 다르다. 품질, 속도, 가격 등 3박자 경영을 하는 점에서는 동대문SPA도 다르지 않다. 그러나 동대문 나름의 SPA브랜드는 동대문시장 내 도매상가 디자이너의 주문에 따라 수많은 자영업적 봉제공장에서 아니 기계가 아닌 손으로 제조한(handmade) 패션제품을 한데 모아 판매하는 데 그 차이가 돋보인다.

지금은 다품종 소량생산 시스템으로 생산하여 판매되는 세상 아닌가! 동대문 패션, 그곳에서는 바로 이런 새로운 시대를 앞서가는 시스템을 갖추고 있다. 우리가 미처 인식하지 못했던 자랑거리의 하나다.

세상은 확 바뀌었다. 이 시대에 맞는 시장, 그곳의 패러다임은 크게 달라졌다. 대중고객은 개별고객으로, 대량생산은 고객 주문생산으로, 규모의 경제는 범위의 경제로, 모든 고객은 특정 고객으로, 표준생산물은 고객선호 상품으로, 일방통행은 왕복통행으로 등등 모든 게 확 바뀌고 말았다.

특히 나만의 옷을 선호하는 꽤나 개성적인 소비자들이 많아진 게 작금의 현실이다. 소비의 전시효과는 그 시효가 끝나고 남과는 다른 색깔이 있는 아니 스타일이 다른 옷을 찾는 고객이 많아진 것이다.

그래서 동대문시장에 입지한 많은 도매상가는 이런 소비자 선호에 따른 국내외 바이어의 구매욕과 그들의 필요에 맞게끔 디자인하는 패션제품을 생산해 공급한다. 동대문시장 지역과 그 부근에 산재해 있는 작지만 강한 이른바 강소기업과 같은 봉제공장과의 제휴와 협력은 이런 맞춤형 주문생산의 지속을 가능케 해왔다.

"동대문SPA, 패션을 입다."

동대문 특유의 SPA 브랜드는 기계로 대량생산하는 게 아니다. 개발과 성장의 시대에 많은 경험을 쌓은 그들 신지식인 봉제인들은 하루하루, 그리고 밤마다 어려운 아니 치열한 시장경쟁 속에서 혼을 담아 땀과 눈물로 낮이든 밤이든 속도감 있게 패션제품을 만들어 동대문 도매상가로 뛰어간다. 이런 SPA 브랜드의 경영시스템 작동은 세계 어디에 가봐도 없다.

"요즘 뜨는 글로벌 SPA 브랜드의 옷은 얼마 못 갈 겁니다. 우리가 보기엔 완전히 싸구려 봉제품이거든요. 사람들은 자기 몸에 맞는 옷, 자기 몸을 잘 나타내 주는 옷을 찾게 되어 있거든요."

한국의 마이스터 패턴사 장효웅 님의 인터뷰는 선경지명이 있었다. 벌써 3년 여 전에 이런 냉철한 판단, 미래를 보는 형안을 가지고 있었으니 말이다.[2] 실제로 SPA 브랜드 기업들은 재고누적, 땡처리, 적자누증 등의 악순환 속에서 어려움을 겪고 있다고 한다. 그분의 말 그대로 기존 SPA 브랜드의 경영시스템은 큰 문제가 아닐 수 없다.

이런 시장상황 속에서 미스가이드(Missguided)나 부후닷컴(Boohoo) 등은 상품 디자인에서부터 시장출하에 이르기까지의 리드 타임을 1주일 남짓으로 줄이는 데서 재고관리의 합리화를 추구하고 있다고 한다. 그 리드 타임이 자라(ZARA)의 경우 5주 남짓, H&M의 경우 6개월이라고 하지 않던가!

그들의 뉴 비즈니스 전략은 다품종 소량생산 시스템을 갖추고 SNS를 통한 트랜드 분석 및 근접한 기회의 접근을 통한 머천다이징, 리드 타임 단축을 위한 공급망 관리(SCM) 등을 추구하는 데 있

다고 한다.[3]

동대문 패션, 그 시장은 오늘날의 상황이 그리 좋지는 않으나 질곡의 역사 속에서 축적된 동대문 스타일, 그 특유의 SPA 브랜드라면 최적의 머천다이징 전략을 펴 지속가능한 경영이 이루어질 것이다. 테크노상가 박중현 회장은 어느 언론과의 인터뷰에서 이렇게 말했다.

"해외 SPA 브랜드는 좋은 색상으로 다양한 변신을 거듭하는 동대문 패션을 따라오지 못합니다. 이 바지 저 티셔츠, 이렇게 동대문시장 전체가 하나의 세팅 개념으로 강한 힘을 가지고 있기 때문입니다."[4]

최근에 중국 치피랑 그룹 저우 회장은 한국기업과의 합자(合資)와 그 투자의 확대에 나선 자리에서 "동대문시장의 속도와 디자인 능력으로 트렌드를 맞춰가는 시스템은 중국에는 아직 없다. 속도, 트렌드, 가성비 등 패션의 3대 강점을 가진 동대문시장의 체제는 글로벌 SPA브랜드 ZARA보다 뛰어나다."고 했다.[5]

우리가 잘 할 수 있는 게 있는데 왜 그런 우리의 장점, 이미 축적의 긴 시간을 보낸 그 경영 노하우를 모르는지? 오히려 "투자할 데가 없다, 일자리가 없다."라고들 말하고 있다. 무슨 허튼 소리인가! 한심스럽기까지 하다.

동대문시장 그 특유의 SPA는 패션을 입은 게 사실이다. 그곳에 꿈이 있다.

동대문 나름의 SPA 브랜드는 동대문 도매상가와 그곳 디자이너의 주문에 따라 수많은 자영업적 봉제공장에서 아니 기계가 아닌 손으로 제조한 패션제품을 한데 모은다. 동대문 패션, 그 제품은 기계로 대량생산하는 게 아니라 다품종 소량생산으로 출하되고 있다. 동대문 특유의 SPA 브랜드는 그 위에 패션을 입었다. 업그레이드된 것이다. 그래서 우리는 동대문SPA로 앞세운 그 비즈니스의 시장전망은 꽤나 밝다고 본다.

"제1법칙은 고객이 항상 옳다는 것이다. 이에 대하여 제2법칙은 만일 고객이 여전히 옳지 않다면 제1법칙을 다시 읊조릴 필요가 있다."

– Stew Leonard, 유통인

없는 게 없다

"머천다이징(Merchandising)은 매출의 반이다."

어느 유통기업에서나 상품이 중요하다는 의미로 쓰는 말이다. 상품구성은 더욱더 중요하다. 상품구성을 잘 하는 게 최적의 머천다이징인데 그것은 상품의 종류, 그 다양성과 구색 맞춤, 그리고 상품의 지원 등이 잘 이루어지고 또 유지되어야 한다.

그중에서도 먼저 상품의 다양성(Variety)은 꽤나 중요하다. 이는 점포 내에 갖춘 상품계열(merchandising line)의 수가 어느 정도나 되는가를 의미한다. 동일한 성능이나 용도를 가지거나 동일한 고객층 혹은 동일한 가격대 등을 하나의 상품군(商品群)으로 보고 그 상품구성의 다양성을 추구한다. 대체로 백화점이나 대형마트에서는 상품계열 수가 많지만 전문점에서는 그 품목 수가 한정되어 있다.

상품의 구색(Assortment)은 어느 한 상품의 품목 수가 얼마나 되는가를 뜻한다. 물론 어느 한 상품계열 내에서도 크기나 가격, 형태 등에 따라 그 상품의 품목 수가 가늠된다. TV수상기의 경우 초대형, 대형, 소형, 초미니 등에 따라 그 상품의 구색이 많고 적음을 구분해 준다.

상품의 지원(Support)도 머천다이징을 하는 데 있어서 또 다른 하나의 요소다. 재고량이 얼마나 되느냐가 중요하기 때문이다. 잘 팔리지 않아 재고가 많을 때 적자가 생기곤 한다. 그러나 매점매석과 같이 자칫 비호감의 행위로 비춰질 수도 있지만, 재고량은 투자의 개념으로 보아 긍정적일 수도 있다. 보다 많은 상품을 비축하는 건 보다 공격적인 전략이기도 하다.

"동대문 패션, 그 시장에 가면 없는 게 없다."

없는 것 빼고 다 있다는 역설적인 말 그대로의 상품구성이다. 동대문 쇼핑몰 군집에 가면 아이 옷부터 어른 옷, 여성복과 남성복, 캐주얼부터 정장에 이르기까지 없는 게 없다. 취향이 서로 다른 고객을 위해 다양한 종류의 옷을 소량으로 생산하다 보니 바이어들이 구매할 수 있는 옷의 가짓수도 어마어마할 정도로 많다. 가늠하기 어렵다.

동대문 도매상가 곳곳을 돌아다니다 보면, 이 옷이 저 옷 같고, 저 옷이 이 옷 같게 느껴지지만 디자인은 저마다 조금씩 다르다고 귀띔해 주곤 한다. 유행에 따른 옷이 있는가 하면 각자의 개성을 살릴 수 있는 옷 또한 많다.

"흠이 있다면 많아도 너무 많다는 것이다."[6]

웃자고 쏟아낸 이런 말 그대로 동대문시장은 상품구성의 다양성으로 보아 세계 제1위의 쇼핑몰 군집이다. 뿐만 아니라 상품구성 그 자체가 사이즈, 가격 및 품질수준, 성별, 연령별 등 그 깊이 또한 대단하다.

그렇다면 상품지원의 머천다이징은 어떠한가? 물론 동대문 도매시장 특유의 공급사슬 경영시스템을 갖춘 생태적 강점을 가지고 있기 때문이기도 하지만, 상품지원 측면에서 볼 때 그 머천다이징은 유독 완벽에 가깝다.

늘 최적의 재고량을 보유하고 있다는 뜻이다. 왜 우리는 "시장 (market)은 우리네 도시인들의 곳간이다."라고 말하지 않았는가! 동대문 도매상가의 곳간은 자사의 창고나 다름없는 많은 공급 측 파트너, 그들 자체다. 그들과 마치 한 살림을 하듯 함께하고 있기 때문이다.

최적의 머천다이징으로 무장된 동대문 패션, 그 도매상가는 국내외 어느 시장과의 경쟁에도 그 우위를 유지할 수 있을 것이다. 뿐만 아니라 그곳은 이런 최적의 머천다이징을 전문적인 일로 삼고 있는 우수한 인적자원이 많다. 어쩌면 그들 머천다이저(Merchandiser) 또는 머천다이징 바이어(Merchandising Buyer)와 같은 장돌뱅이 아니 장사꾼의 행보 또한 보폭이 크다.

그들 MD(약칭으로)는 그들의 출중함에 비유해 '모'든 것(M) '다' 한다는(D) 우스갯소리로 칭송 받기도 한다.

모두가 미처 인식하지 못하고 있는 일이지만, 월마트는 식품이나 생활용품을 주로 판매하는 대형마트인데 놀랍게도 의류판매고가 세계 제1위에 이를 정도로 큰 유통기업이다. 그 이유는 단순하다. 월마트에는 없는 게 없을 정도로 다양한 상품구성을 하는 머천다이징 전략을 펴기 때문이다. 많은 소비자들은 원스톱 쇼핑이 가능한 그곳 매장에서 늘 구매하는 식품 외에 의류까지도 구입하곤 한다.

동대문 패션, 그 시장은 없는 게 없는 머천다이징의 유통기업적 특성 때문에 그 성장이 지속되고 나아가서 시장전망도 밝다. 특히 동대문 특유의 SPA 브랜드를 드러내 놓고 그 전략을 편다면, 보다 나은 경영성과를 얻을 수 있을 것이다.

아무리 공룡과 같은 글로벌 SPA 브랜드라 해도 그들 브랜드와의 시장경쟁은 능히 다윗 법칙의 마법으로 그 우위의 힘을 발휘할 수 있을 것이다. 해볼 만한 싸움이다. 머지않아 그곳에서 승전보가 크게 울려 퍼질 듯하다. 헛된 꿈이 아니다.

> 최적의 머천다이징으로 무장된 동대문 패션. 그 도매상가는 국내외 어느 시장과의 경쟁에도 그 우위를 유지할 수 있을 것이다. 이처럼 없는 게 없는 상품의 구성 및 그 구색을 갖추고 있기 때문에 지방 소매상이나 국내외 바이어들은 원스톱 쇼핑이 가능하다. 그렇다면, 동대문 패션 특유의 SPA 브랜드를 드러내 놓고 새 전략을 펴봄직하다. 거듭 외쳐도 결코 지나치지 않은 명쾌한 답이다.

"광고는 50%의 진실을 100%의 진실로 만드는 예술이다."

－Edgar A. Shoaff, 기업가

SPA와 패션 마케팅

"우리는 디자이너 브랜드를 매일 할인가격으로 판매한다(Designer brands for less everyday)."

미국의 명품 할인매장 로즈(ROSS : Dress for less)에서 내건 광고 및 PR의 정감 어린 슬로건이다. 단순히 봉제공장에서 기계로 찍어내듯 대량생산하는 싸구려 여성의류가 아니라 우수한 디자이너, 그들 기술인력에 의해 제조한 많은 패션의류를 보다 저렴하게 판매하는 소매점이라는 기업 이미지를 널리 표출한 셈이다.

유사한 업태의 소매점 체인으로서 티제이 맥스(TJ Maxx)와 마샬(Marshall's) 등이 미국 전역에 흩어져 있으며 다 같이 성업 중인 것도 사실이다.

그들 소매점 체인은 백화점이나 명품 쇼핑몰에서 판매하던 재고품을 주로 판매하는 유통전략적 접근을 통하여 보다 나은 경영성과를 올리고 있다. 그러므로 그들 매장에서는 명품의 할인시장이라는 이미지 아래 차별화된 유통 및 마케팅 전략을 펴 왔다.

원래 할인점이란 정품을 저렴하게 파는 상점이다. 결코 짝퉁이나 함량 미달의 상품 및 값싼 소재의 상품을 보다 싸게 파는 곳이 아니다. 그러나 실제로 그릇된 생각으로 짝퉁 등을 저가격으로 파는 시늉을 해 소비자들을 현혹시키는 부도덕한 상인들도 많다. 그건 진정한 할인시장이 아니다. 오직 짝퉁 시장이며 불법이나 편법을 저지르는 암시장이나 하등 다름이 없다. 지속가능한 경영이 힘든 그릇된 상행위다.

동대문 특유의 SPA 브랜드는 디자이너 상품을 매일 할인가격으로 판매하는 진정한 할인 마켓이다. 지금 동대문 나름의 SPA 브랜드, 그 전략적 접근은 떠오르는 시장이며 새로운 전략적 도구임에 틀림이 없다. 새 길이며 큰 걸음이다.

우리가 브랜드 가치가 있는 토종 SPA 브랜드의 매장 8세컨즈에 가면 동대문 디자이너 브랜드 상품을 소싱하고 있는 걸 보게 된다. 몇 체인점의 한편에서는 자체 브랜드로 팔고 있으며, 다른 한편에서는 동대문 디자이너 브랜드의 편집숍과 같은 상품구성으로 판촉을 하고 있다.

롯데백화점 영 패션 전문점 체인에서도 2014년 이후 동대문 디자이너 브랜드의 매장을 두고 있으며, 그 상품군의 매출규모가 매년 20%를 상회하는 증가세를 유지하면서 자사의 경영성과를 향상시키고 있다고 한다. 희소식이 아닐 수 없다.

신세계백화점 강남점은 널리 알려져 있듯이 성업 중이다. 그곳 파미에 스트리트의 넓은 쇼핑가 내에는 동대문 디자이너 브랜드를 그 중심축으로 하여 90여 개의 뉴 브랜드 상품을 판매해 커다란 경영성과를 올리고 있다는 후문이다.

이와 같이 동대문 패션, 그 시장은 SPA의 패션 마케팅으로 보다 안정적 성장의 길을 걷고 있다. 이런 동대문 특유의 SPA 브랜드를 앞세운 패션 마케팅은 더욱더 가속화되고 또한 지속될 수 있다고 본다.

"종로 5가에 가면 보령약국이 있다."

우리는 이런 오래전 광고카피를 잘 기억하고 있다. 1970년대를 전후한 개발의 시대로 거슬러 올라가 누구든 보령약국에 가면 그때 그 시절 국민병이라고 할 만큼 만연된 위장병에 특효가 있다는 명약을 아주 낮은 가격으로 살 수 있었다. 얼마나 많은 위장약을 팔았는지 모르지만, 그 후 큰 기업집단이 된 보령제약 그룹이 바로 보령약국의 후신이다.

어떻든 보령약국이 큰 부자가 될 수 있었던 것은 위장약을 밑지고 팔아 많은 고객의 사랑을 받았으며, 그들 많은 단골 고객에게 다른 약품을 정상가로 보다 더 많이 팔아 매출을 늘리는 유통전략적 도구를 잘 쓴 데서 비롯되었다.

마찬가지로 동대문 패션, 그 시장도 집객력이 높기 때문에 상가마다 맨 위층에 프리미엄 매장을 곁들여 개설하고 한껏 공을 들여 명품 동대문 패션제품을 만들어 따로 판매한다면, 몰려든 고객을 대상으로 하여 선행가격(Leader pricing)의 전략을 펴보는 것도 필요하리라 생각된다.

언젠가 어느 대형마트에서 김장철에 배추를 공짜에 가까울 정도로 싸게 팔았다. 그러자 많은 고객이 모여 장사진을 이뤘다. 이렇게 모인 많은 고객에게 김장에 필요한 갖가지 양념류 등을 정상가로 팔았으니 매출규모가 폭증하지 않았겠는가! 여기에 선행가격 전략이 갖는 비법이 있는 법이다. 벤치마킹할 필요가 있다.

동대문 패션 그곳 특유의 SPA 브랜드는 이른바 공장 없는 제조업다운 특유의 PB상품을 잘 만들어내는 데서 그 시장경쟁의 우위를 지속할 수 있는 이점을 가지고 있다. 지금은 SPA로 돈 버는 세상이다. 마다할 일이 아니다.

동대문 패션 그곳 특유의 SPA브랜드는 공장 없는 제조업에서 그들의 PB상품을 잘 만들어낼 수 있는 세계 어디에도 없는 패션 클러스터다. 이런 PB상품은 그 어휘 그대로 자기상표부착이지만 가성비가 높아지는 마력을 지니고 있는 데서 능히 환상적인 상표(Phantom brand)로 풀이할 수 있다. 바로 그 상표의 환상적인 가치가 명약과 같은 답이다.

"우리는 우리 모두보다 스마트하지 않다."

– Ken Blanchard, 경영전문가

SPA와 상도덕

"No cent no sense."

이 말은 팔리지 않으면 아무런 소용이 없다는 뜻이다. 분명 동대문 특유의 SPA 브랜드는 패션을 입은 채 그 품질이 꽤나 좋다. 이제 그 패션제품의 유통과 판촉에 최우선을 두어야 한다.

그러나 ZARA나 H&M 그리고 UNIQLO 등과 같은 글로벌 SPA 브랜드의 시장 압권이 드센 작금의 상황 속에서 그 답은 있는가? 물론 그 답은 있다.

그 답에 대한 논의를 뒤로 미루고 우선 그들 SPA 브랜드가 과연 지속가능한 경영이 가능한지 의문을 제기해 보자. 어느 기업이든 환경보전이나 윤리경영을 등한시하면, 그 기업의 생명력은 단축되고 만다. 이런 새로운 패러다임은 시장터의 냉엄한 이치이기도 하다.

이런 상황 속에서도 유명세가 붙은 속도 빠른 패션(Fast fashion), 아니 SPA 브랜드의 몇 기업들은 끝내 국제 경제사회에서 큰 물의를 일으키고 말았다. 그들 기업이 SPA 브랜드의 공급선, 그 소싱처로 삼았던 중국에서 임금이 오르자 동남아 여러 나라로 이어간 후 인디아나 방글라데시 등지로 싼 임금을 찾아 줄곧 이동해 갔다. 그런데 문제가 터졌다.

캄보디아 봉제공장 근로자들의 파업사태는 널리 알려진 국제적인 큰 뉴스였지만, 그 사태에 앞서 노르웨이 젊은 여성 몇 명의 패션 블로거들이 자국의 어느 신문사 지원에 힘입어 캄보디아에 있는 한 봉제공장에 잠입하듯 방문했다고 한다. 그들은 몸소 한 달간 현장체험을 한 후 그곳 공장근로자들의 참상을 널리 공개하면서 글로벌 SPA 기업의 부도덕성을 국제사회에 고발했다.

"우리는 H&M에서 10유로로 티셔츠 한 장을 만들 수 있는 이유가 그곳 봉제공장 근로자에 대한 노동력 착취 때문이고, 세계 곳곳에 입점한 패스트 패션 매장에서 값싼 의류를 더 많이 구매할 수 있었던 이유 또한 그곳에서 고된 일로 신음하던 근로자들의 열악한 작업환경 때문이었다는 것을 알았다."[7]

이런 뉴스는 지금도 그치지 않고 우리 곁에서 들려온다. 캄보디아의 수도 프놈펜의 한 의류공장에 근무하는 많은 노동자들은 초과노동 강요, 여성 노동자 인권침해, 노동조합 결성 및 그 활동 탄압 등으로 어려움을 겪고 있다고 한다. 그러니까 화려한 SPA 패션 뒤에는 저임금과 강도 높은 노동에 시달리고 있는 비극적인 상황이 전개되어 왔다는 것이다.

마치 50년 전 평화시장 앞 청계천 거리에서 동대문시장의 전설적 인물 전태일과 그의 동료들이 외친 그 함성과 비슷한 외침이 울려 퍼진 셈이다. 그러나 동대문 SPA는 1987년 6월 6.29선언 이후 실현된 노사평화의 유지 속에서, 착한 인건비 바탕의 저가격으로 디자이너 브랜드의 상품을 시장에 출하해 왔다.

그렇다면, 다윗과 같은 동대문 패션의 SPA 브랜드는 어떻게 꼼수를 펴는 골리앗과 같은 글로벌 SPA 기업과 싸워 가격경쟁의 우위를 확보할 수 있을 것인가? 답답한 게 사실이다. 그러나 물론 답은 있다. 착한 경영이면 오래 간다. 승산이 있다. 상도덕을 지키는 착한 경영을 하면 이루지 못할 경영목표가 없다.

여기에서 상도덕이라는 키워드는 도덕의 의미 그대로 법과 다르다. 법은 "하지 않으면 안 된다."라는 의미를 갖는 데 비하여 도덕은 "해야만 한다."는 의미를 갖는다. 사람됨은 도덕으로 풀이된다.

흔히 "우리가 뭐? 우리는 법을 잘 지키고 있다."고 볼멘소리를 하면서 실제로는 상도덕을 지키지 않는 경우가 많다. 상도덕은 고객만족형 경영으로부터 시작된다. 어느 기업이든 사람됨의 비즈니스를 추구하려고 한다면, 고객서비스를 게을리해선 안 된다.

소비자나 소매상 혹은 바이어를 위해 베푸는 진실의 순간(the moment of truth)은 연속되어야 한다. 그 연속이 곧 참경영이다. 그렇다면, 우리는 이런 외침에 귀를 기울여야 하리라 생각된다.

"종업원이 먼저 고객은 그 다음에!"

P-S-P 원리가 그것이다. 도매상나 패션팩토리 등 어느 회사나 최선을 다해 임직원들(people)을 배려하고 그들에게 직무의 만족감을 가져다주면, 그들 임직원은 자연스럽게 고객서비스(service)를 잘하게 된다. 물론 그 귀결로 회사의 매출규모나 이윤(profit)의 창출이 이루어짐은 당연한 일이다.

이런 종업원 우선의 경영은 아모레퍼시픽의 성공 사례로 설명됨 직하다. 그 회사 서경배 회장은 개성상인의 혼을 물려받은 창업자의 경영철학 그대로 어느 언론 기자와의 인터뷰에서 "직원은 은인입니다. 은인과 함께 아시아의 미를 세계에 알리는 원대한 기업이 되겠습니다. 답은 고객에게 있습니다. 그 답을 아는 직원 모두가 은인이기도 합니다."라고 목청을 높였다.

마찬가지로 동대문 패션, 그 시장의 힘은 개성상인이 물려준 사람 우선의 상인정신에서 나오며, 지속가능한 경영을 가능케 할 것이다.

다행히도 동대문 패션 그 시장에서는 서울디자인재단의 주도 아래 지속가능한 윤리적 패션 허브를 조성하기 시작했다고 한다. 반가운 소식이다.[8] 지속가능 윤리적 패션 공동판매장을 개설하여 윤리적 패션상품만을 판매하도록 도와주는 새 길 그 첫걸음인 듯하다.

그곳 공동판매장에서는 첫째, 친환경 소재 사용, 오염 최소화를 이룬 상품, 둘째, 노동자가 존중받는 근로환경, 지역사회 공헌 등 공공성을 띤 상가 및 브랜드의 상품, 셋째, 소비 축소, 에너지 절감 등 경제성을 추구한 회사의 상품 등을 선별해 광고와 판촉 등을 지원한다는 것이다.

실제로 서울디자인재단에 의해 추진되고 있는 이른바 지속가능 윤리적 패션 공동판매장은 두타몰 4층에 오픈하고 그 매장에 심사절차를 밟아 선정된 23개의 브랜드가 성업 중이라고 전한다. 그들 착한 동대문 브랜드는 SEF(Seoul Ethical Fashion Hub), 그 이름 그대로 상도덕에 바탕을 둔 좋은 패션제품을 내놓아 그 힘을 가늠하기 힘든 골리앗, 그들 글로벌 SPA와 한판 승부를 건 전쟁을 벌이기 시작했다는 것이다.[9]

다윗은 이겼다. 다윗의 법칙은 영원하다. 동대문 패션, 그 미래의 역사는 밝다. 훤히 보인다.

몇 해 전으로 기억된다. 2014년 4월 24일 방글라데시에서 마치 우리가 경험했던 삼풍백화점의 붕괴사태와 같은 비극적인 라나 플라자(Rana Plaza)의 붕괴사고가 벌어졌다. 역사상 제4위의 산업재해로 기록된 그때 붕괴사고로 사망자 1,138명, 부상자 2,500명 등 미증유의 커다란 인명피해와 재산의 손실로 이어졌다고 한다. 아마 그때의 아픔은 물론 그 후유증 또한 더욱더 컸을 것으로 짐작된다.

지금 우리가 논의하고 있는 쟁점 그대로 그때부터 글로벌 패션혁명 운동(Global fashion revolution movement)이 시작되었다고 한다. 이 운동은 (1) 공정하고, (2) 안전하며, (3) 환경보전적이며, 나아가서 (4) 투명한 패션산업으로 탈바꿈되어야 한다는 외침의 합창이다.[10]

상도덕 바탕 위에서 지속가능한 경영을 추구해야 한다는 준엄한 세계인 모두의 명령이다. 우리 모두가 귀담아들어야 할 일이다. 동대문 패션, 그 시장을 이끌고 있는 초우량 도매상가는 앞으로도 착한 경영 그대로 새 길 큰 걸음을 멈추지 말아야 한다.

어떻든 동대문시장 특유의 SPA 브랜드 전략은 이런저런 노력으로 그 경영성과가 매우 크리라고 본다. 지금은 맑음의 시대가 왔다, 흐림의 경영은 발붙일 곳이 없다. 남을 배려하는 마음으로 착한 의사결정을 하고 뜨거운 가슴으로부터 우러나오는 대로 바르게 행동하지 않으면, 생명력이 긴 경영을 지속할 수 없는 일이다.

동대문 스타일의 SPA 브랜드는 상도덕 및 지속가능한 경영으로 국내외 시장에서 글로벌 SPA 브랜드와의 경쟁, 그 우위를 차지할 수 있을 것이다. 다행히도 동대문 패션 그 시장에서는 서울디자인재단의 주도 아래 지속가능한 윤리적 패션 허브를 조성하기 시작했다고 한다. 반가운 소식이다. 윤리적 패션 공동판매장을 개설하여 착한 패션상품만을 판매하도록 지원한다는 희소식이 있다. 그곳의 새 길 큰 걸음에 찬사를 보내야 하지 않겠는가!

"중국인들이 메이드 인 코리아를 선호하는데 그것은 품질에 달렸고, 결국 남는 것은 제품의 힘이다."

― 서경배, 아모레퍼시픽 회장

주

1) 이건희, "SPA 브랜드를 중심으로 한 트렌드 분석," Journal of Asian Ethno-Forms, Vol. 16, 2015, p. 47.

2) 마이스터 장효웅 님 인터뷰, '앙드레 김' 브랜드가 '샤넬'이 못 되는 이유, 프레시안, 2014년 3월 18일자

3) 어패럴뉴스, 2017년 6월 26일자

4) 이뉴스투데이, 2017년 5월 23일자

5) 중앙일보, 2017년 10월 11일자

6) Travel Today, 2015년 2월 23일자

7) www.naver.com, 네이버 뉴스

8) Dinsight, 2017년 11월 10일자, www.seouldesign.or.kr

9) Dinsight, 2018년 1월호

10) 블로그 FashionRevolution.org

Ⅵ. 디자이너와
경영 마인드

패션과 감성적 가치

"우리는 고객의 알뜰 쇼핑과 그들의 삶의 질 향상(Save money, live better)을 우리 회사의 목표로 삼고 있다."[1]

월마트는 자사 홈페이지에 쓰인 외침 그대로 창업자 샘 월튼의 기업가정신과 그의 유훈에 따라 고객만족형 경영을 지속하고 있다. 우리가 앞에서도 논의했듯이, 그 회사는 자사의 매장 어디에서나 고객들이 저가격, 알뜰 쇼핑으로 가계비를 절약하고, 여윳돈으로 여가와 스포츠 등 보다 풍요로운 소비생활을 누릴 수 있고, 덕분에 더 나은 행복감을 향유할 수 있도록 도와주고 있다는 것이다. 그런 행복감을 느끼는 고객이라면 자사 매장을 다시 그리고 늘 찾을 수 있을 것이라는 게 월마트 경영진의 속셈이다.

아니 참장사꾼의 생각과 행위 규범이다.

우리는 "기업의 목표는 이윤극대화다."라는 대학 교과서의 경제이론을 그대로 믿고 있다. 그러나 오늘날에 와서는 여기저기에서 그 이론이 틀렸다고 논박하고 있다. 오히려 많은 학자들은 "기업의 궁극적인 목표는 회사를 둘러싼 모든 구성원(Stakeholders)의 삶의 보람과 그들의 행복을 추구하는 데 있다."라고 논의하기 시작했고, 또 이는 널리 공감을 받고 있는 듯하다.

특히 고객이 행복해야 기업의 매출규모가 늘어나고 순익 또한 보장받는다는 데는 별 다른 논쟁의 여지가 없다. 그러므로 어느 회사이든 더 나은 경영성과를 얻으려 한다면 "과연 고객이 무엇을 언제 얼마만큼 구매할 의도가 있는가?"에 대하여 잘 알아야 한다.

뿐만 아니라 고객은 어떤 상품을 구매할 의도가 있으며, 그 상품의 경제적 및 감성적 가치가 어느 수준이어야 소비자가 만족하고 또 행복감을 느낄 수 있는가를 파악해야만 한다. 이런 의미로 볼 때 월마트와 같이 고객만 보고 그 바탕 위에서 경영의 전략적 도구를 찾는 게 옳다.

동대문 패션, 그 시장은 상품의 가치 중 감성적 가치 부분을 늘려 고객에게 더 나은 행복감을 향유할 수 있도록 온 힘을 쏟고 있다. 굳이 동대문시장 브랜드 대신에 디자이너 브랜드라고 부르려는 데도 그럴 만한 이유가 있을 법하다. 그것은 스스로가 만든 상품의 '감성적 가치' 부분을 중시하면서 브랜드 가치를 돋보이려는 전략적 접근으로 보인다.

이렇게 볼 때 동대문시장에서는 디자이너들이야말로 상품의 감성적 가치 부분을 높이는 마법을 가졌다고 하겠다. 그들은 어쩌면 만지는 모든 것이 황금으로 변하게 만드는 그리스 신화 그대로 마이더스의 손(Midas touch)과 같다고 함이 옳을 듯하다. 그렇다.

"패션산업은 가격 이외 모든 것을 다시 유행시킨다."

이런 제이미(Criss Jami)의 말 그대로 패션제품은 그들 디자이너가 손을 쓰면 비록 한 물간 상품도 다시 유행시킬 수 있는 일이다. 재주꾼들이다.

그러나 어느 상품이든 패션은 널리 유행하자마자 그 시효가 곧 끝나는 데 문제가 있다. 그리고 디자이너 옷은 팔리지 않으면 아무런 의미가 없기도 하다. 퍼킨스(Stephanie Perkins)의 논의와 같이 옷은 하루가 다르게 변하는 고객의 욕구와 필요에 꼭 맞아야 시장에 출하되고 또 잘 팔리기 때문이다.

"나는 패션을 신뢰하지 않는다. 오히려 나는 고객을 믿는다. 다만 인생은 너무 짧아 매일 동일한 인물의 고객을 만나기는 그리 쉽지 않다."[2]

맞는 말이다. 뿐만 아니라 패션, 그 감성적 가치는 자칫 어느 특정 로고에서 나오는 것으로 착각하기 쉽다. 로렌(Ralph Lauren)의 명언과 같이 디자이너는 옷이 아니라 오직 꿈을 디자인하는 것도 사실이다. 그러므로 결코 로고가 아니고 실루엣(Silhouette), 그림자 같은 반면 영상으로 상품 자체의 감성적 가치를 돋보이게 하는 게 패션이다.

지금 동대문 패션, 그 시장은 수많은 고객, 그들 소비자의 욕구와 필요를 담은 값진 정보를 듬뿍 가지고 온 바이어들에게 경제적 가치의 바탕 위에 감성적 가치가 더 큰 다양한 패션제품을 보다 착한 가격으로 공급하고 있다.

최근에 와서 생명력이 긴 이른바 지속가능한 패션(Sustainable fashion)에 관한 논의가 분분하다. 동대문시장 사람들 특히 그 시장을 이끌고 있는 디자이너로선 간과해서는 안될 시대의 흐름, 그 시장의 반응이기도 하다.

생명력이 긴 지속가능한 패션은 앞에서 논의한 그대로 (1) 환경친화적인 원단과 부자재 사용, (2) 품질 좋은 섬유와 그 내구성 유지, (3) 기능성 섬유의 개발과 가공, (4) 인체보호적 색소의 선택과 염색, (5) 더 나은 공급 측과의 파트너십 발휘, (6) 세탁과 착용 및 보관의 편의성 추구 등을 주문하고 있다.[3]

환경보호(Green)에서 출발하여, 깨끗하고 느린(Clean & Slow) 패션, 공정한 (Fair) 상거래, 윤리적(Ethical) 경영 등이 뒷받침되는 패션, 그 경영이 대세라고 해야 할 것이다. 사소한 일인 양 가볍게 보고 그냥 흘려 넘길 일이 아니다.

이렇게 볼 때 비록 어느 패션제품이든 감성적 가치가 높아야 하지만 아울러 그 경제적 가치 또한 미흡하면 결코 그 제품의 생명력이 길지 않다고 하겠다. 준엄한 경고인지도 모른다.

어떻든 동대문 신화는 많은 디자이너가 갖는 따스한 고객사랑, 정성을 쏟는 한결 같은 마음으로 그들 작품 위에 감성적 가치를 올려놓은 데서 그 단초가 이루어졌으며, 지금도 그곳 시장터에서는 그들 디자이너의 손 움직임이 현재진행형으로 이어지고 있다.

그들 디자이너는 한국경제의 밝은 미래를 열고 있는 신한국인이다.

동대문 패션, 그 시장은 상품의 가치(경제적 가치 + 감성적 가치) 중 감성적 가치를 늘려 고객에게 더 나은 행복감을 향유할 수 있도록 힘을 쏟고 있다. 굳이 동대문시장 브랜드 대신에 디자이너 브랜드라고 부르는 데도 그 상품의 감성적 가치를 돋보이려는 전략적 접근이다. 그들 디자이너의 마이더스와 같은 바쁜 손 움직임은 현재진행형이다.

"트렌드는 볼품없는 옷차림이 많아지는 상황, 바로 그 직전의 단계와 같다."

－Karl Lagerfeld, 글로벌 패션 디자이너

디자이너 그들의 손

한국에서 유명한 패션 디자이너는 어떤 분들인가? 물론 유명한 디자이너는 어제오늘 가릴 것 없이 많다. 한국패션실용전문학교에서는 그분들 중 한국의 3대 디자이너로서 앙드레 김, 이상봉, 지춘희 등 세 분을 꼽았다.

앙드레 김은 한국 최초의 남성 디자이너로서 일찍이 1962년 평화시장이 문을 연 그 해에 패션쇼를 열었다고 한다. 그 후 1966년에는 프랑스 파리에서 한국인 최초로 패션쇼를 열어 한국인 디자이너의 대명사로 등극했으며 지금도 우리에게 두루 각인된 따스한 이웃이다.

"억눌린 한의 문화가 아닌 밝은 미래, 전통치마나 저고리 같은 소박함보다는 교양미, 고품격, 신바람 등이 한국적 아름다움이다."[4]

앙드레 김의 말이다. 그는 스스로가 추구하는 패션은 생활문화의 종합예술이라고 했다. 다양한 스타일의 의상에 디자인 기법을 접목시키고 대중에게 더 다가서려고 노력했다는 후문이다. 생전에 그의 부단한 노력 덕분에 자신의 이름 그대로 품격 높은 브랜드의 패션제품을 시장에 내놓았으며, 또한 널리 공감을 받기도 했던 것 같다.

이상봉 패션 디자이너는 "아이디어가 곧 패션 디자인이다."라고 했다. 늘 새로운 것을 생각하고 그것을 변화시켜야 한다는 것이었다. 더 나은 새로운 아이디어를 얻기 위해서는 "첫째, 주위를 살펴라. 둘째, 다양한 문화를 흡수하라. 셋째 과거를 재해석하라."라는 등 손에 잡히는 주문을 게을리하지 않았다고 한다.

지춘희 패션 디자이너는 대담한 색상과 깊이, 그 사이에 자리 잡은 미묘한 균형의 유지를 돋보이고 그 바탕 위에 예술작품으로 승화시켜 왔다고 한다. 지춘희 여사는 그동안 사랑하고 사용했던 북유럽 가구의 거장 한 분의 디자인 컬렉션을 뛰어넘었던 것 같다. 그래서 그분은 자신만의 디자이너 철학을 바탕으로 하여 의상, 아트, 라이프 등을 조합해 왔다는 것이다.

지금도 그들 레전드의 많은 후예, 숱한 새 별들이 뜨고 있다. 그들의 후광이 번뜩거리는 시장터, 그곳은 꽤나 역동적인 것도 그들 큰나무의 길 안내 덕분이었다.

"태희와 영은은 어릴 적부터 친한 친구였으며, 그들은 운명적으로 함께 패션디자이너가 되겠다는 꿈을 꾸었다. 그러나 그들은 서로 다른 성장환경 속에 가는 길이 같은 듯 다른 길을 걸었다."

창작 뮤지컬 '동대문 패션디자이너 성공기'는 이렇게 무대에 올려졌다. 2012년 3월에 막을 올려 공연된 그 뮤지컬의 극본이 담은 한 대목이다.[5]

"태희는 프랑스 파리의 명문 패션스쿨로 유학을 갔다. 반면에 영은은 패션 직업학교에서 고작 7개월간 단기교육을 받은 후 동대문시장의 신입 디자이너로 취직했다. 두 사람은 서로가 부여받은 삶의 현장에서 열심히 살아갔다. 그러나 그들 사이에는 운명의 장난이라고 말하듯 사회적 간극이 생기고, 또 그 틈이 커지기까지 했다."

뮤지컬의 공연은 계속 되었다. 객석의 많은 관객은 숨죽이며 뮤지컬이 담은 극본의 흐름에 따라 무대 속으로 빨려 들어갔을 법도 했다.

"어언 7년의 세월이 지난 후, 태희는 명품 브랜드인 루이 수의 신입 디자이너가 되었고, 영은은 동대문에서 작은 의류점포를 운영하고 있었다. 두 사람이 재회하는 자리에서 영은은 상대적으로 주눅들 수밖에 없는 일이었다. 하지만 잘나가는 태희는 영은을 괄시하기보다 그녀가 일하는 동대문 도깨비 시장의 독특한 분위기와 그 환상적 시장상황에 매료되고 이내 동대문시장사람이 되고 말았다."

그 뮤지컬은 앙상블을 이룬 많은 슈퍼모델이 꾸민 극본 속 화려한 패션쇼와 함께 동대문시장의 열기를 그대로 옮겼다는 후문이다. 동대문 도매상가들, 그중 청평화시장을 비롯하여 apM, 디자이너클럽 등에서 활동하고 있는 디자이너들이 만든 의상작품을 입고 워킹을 선보였다는 것이다. 동대문 패션, 그 브랜드 가치에 대한 간접광고 효과 또한 매우 컸던 한 뮤지컬의 공연이었음직하다.

이런 창작 뮤지컬의 극본 그대로 2017년 서울 패션위크에서는 우수한 디자이너, 그들 10인(Seoul's 10 Soul project)이 화려하게 등극해 그 무대를 훤하게 만들었다고 한다.[6] 극본 속 태희와 같은 우수한 디자이너 새 별 그들이 쏟아낸 창조성과 끼, 그리고 감성적 가치 지향의 목소리가 가까이 이렇게 들린다.

누군가는 브랜드와 그 색상이 모두가 다르다고 했다. 다른 누군가는 더욱 돋보이게 하여 주목을 받으려 하였으며, 또 다른 새 별은 행복하고 열심히 사는 여성을 위한 옷을 만드는 데 있다고 주장하였다. 옷으로 끝나는 게 아니라 문화로 승화되고, 콘셉트를 다르게 설정해 봉제방법의 순서를 바꾸도록 또는 그 순서와 절차를 밟도록 유도한 글로벌 시장으로 향한 새 디자이너들도 있다.

"예술은 산업이 뒷받침되어야 그 생명력이 있다."

10인의 새 별 디자이너의 당찬 목소리의 하나다. 한국적인 것에서부터 자연적인 것을 디자인 철칙으로 삼으려는 디자이너들까지 그들의 손 움직임, 새 길 큰 걸음이 실루엣보다 밝다.

동대문 패션, 그 시장은 많은 디자이너들의 레전드 그대로 특유의 리더십과 경영수완 아래 번성해 왔다. 그들 디자이너는 동대문 패션의 흥망성쇠를 가늠하는 주인공들이다. 그들 디자이너의 생각과 행위는 동대문 패션의 미래로 향한 밝은 이정표와 같다.

2018년 S/S에 열린 여성 컬렉션 세미나에서 많은 디자이너에게 보내는 트렌드 인 코리아 이은희 대표의 메시지는 이런 지속가능한 경영의 새 길을 여는 데 금과옥조와 같은 말인 듯하다. 많은 신진 디자이너가 귀담아들을 만하다.

"인공지능 등에 의해 모든 것이 계산되는 새 시대를 읽기 위해서는 전에 없던 새로운 인덱스(Index)가 필요하다. 패션은 콘셉트나 테마가 아닌 조합을 통해 히트 상품을 기획하고 공략해야 한다."[7)

동대문 패션 그 미래는 다른 어느 누구보다도 디자이너의 손에 달려 있다. 그들 디자이너는 동대문 패션을 이끄는 주인공이다. 앞으로 지속가능한 패션, 그 디자인은 (1) 환경친화적인 원단과 부자재 사용, (2) 품질 좋은 섬유와 그 내구성 유지, (3) 기능성 섬유의 개발과 가공, (4) 인체보호적 색소의 선택과 염색, (5) 더 나은 공급 측과의 파트너십 발휘, (6) 세탁과 착용 및 보관의 편의성 추구 등을 추구하는 데 있을 것이다. 오늘날 지속가능한 경영 그 전략은 선택의 문제가 아니라 필수의 요건이라고 할 때 더욱 그러하다.

"나는 성공하는 꿈만을 꾸지는 않는다. 오직 그 꿈을 위해 일할 따름이다."

− Estee Lauder, 미국 여성사업가

디자인 교육과 연구개발

"옷은 날개다."

이는 누구나 다 아는 말이다. 또 다른 누군가는 "옷은 사람이 만든다. 벌거숭이는 사회에 전혀 영향을 끼치지 못한다."라고 했다. 아니 만물의 영장인 인간은 동물과 다르게 옷을 입는다.

그렇다면 패션은 단순히 옷을 만드는 일인가? 아니다. 그저 옷을 걸치는(draping) 시대를 지나 옷을 맞추는(tailoring) 시대로 접어들면서부터 패션, 그 역사가 시작되었다. 물론 옷을 맞추는 일은 문화의 형성이기 때문에 그 역사는 더욱 거슬러 올라가 인류의 역사와 궤를 같이할 정도로 꽤나 길다.

그렇지만 진정한 패션과 그 디자인은 소비자들이 옷의 경제적 가치와 함께 그 감성적 가치를 인식하고 그들 소비행위가 시장의 흐름에 영향을 미치기 시작하면서부터 본격화 되었다고 하겠다.

"패션은 삶의 방식을 예술로 바꾸는 일이다."

이와 같은 베이컨 경(Sir Francis Bacon)의 철학적 지혜와 그의 어록에 대한 재해석에서 디자이너들의 자존심과 그들 행위의 특성을 이해할 수 있을 것 같다. 그저 패션 디자인을 옷을 만드는 공정의 하나로 보는 것도 아니다. 그렇다고 시장의 흐름을 무시한 채 예술성만 추구하는 것도 물론 아니다.

동대문 패션, 그 시장은 달라져야 한다. 그 혁신을 위해서는 다른 어느 것보다도 디자인 교육의 숭고한 목표와 더 나은 옷의 디자인을 위한 연구와 개발이 뒤따라야 함은 당연하다. 누군가는 동대문 패션, 그 시장에서 해야 할 최우선의 일이 무엇인가에 대한 명쾌한 답을 내놓고 있다.

"디자이너 10만 양병설이 바로 그 답이다."

우리 민족의 영원한 스승 율곡 이이는 "당장 시급한 일은 위아래 한마음이 되어 위대한 계책을 강구하여 나라의 근본을 편안하게 하는 데 힘쓰는 것이다."라고 했다. 그리고 저 유명한 10만 양병설을 주장한 것은 우리 모두가 다 아는 일이다. 그러나 이런 왕의 스승, 그분의 혜안에도 불구하고 훗날 선조는 임진왜란이 일어나자 서울을 버리고 도망가기에 급급했으며 속수무책으로 수많은 백성들의 생명과 값진 재산을 잃고 말았다.

디자이너는 더 많아져야 한다. 다섯 배 혹은 열 배 이상으로 늘려야 한다고 본다. 물론 동대문시장에 있는 도매상가 수도 두 배 이상으로 늘려야 함은 당연하다. 명실공히 글로벌 마켓으로 향하여 규모의 경제가 이루어지면 디자이너 수 역시 더욱더 늘려야 하지 않겠는가! 디자이너 10만 양병설은 나름대로 그 타당성이 있다. 말콤브릿지 김소희 대표의 말은 맞다.[8)]

"중국 바이어는 주문량이 1만 장이 되는 경우가 많은데 동대문시장에서 이를 소화할 수 있는 업체가 과연 얼마나 있겠느냐? 지금의 생산구조를 확 바꿔야 한다."

우리나라 디자인 교육과 연구개발은 어제오늘의 과제가 아니다. 1970년대에 접어들면서 빠른 성장과 함께 한국경제의 상황은 먹는 문제와 같은 발등의 불을 끄고 주거와 함께 입는 문제가 새로운 관심거리가 되었다고 한다. 국민의 라이프 스타일이 크게 바뀐 대 전환기였던 셈이다.

바로 그 시기에 SD시대패션학원은 그저 양장 기술자와 같은 디자이너 이전의 고급인력을 양성하기 시작했다고 한다. 그 후 세상도 경제상황도 많이 변화됐다. 많은 대학에서 우수한 패션 디자이너 등 고급 인적자원을 배출했고 그들 전문인력들 스스로 해외유학이나 실무경험을 쌓아 유명한 디자이너 대열에 동참하였다. 그러나 현장에서는 그들 디자이너가 태부족이라고 하지 않는가! 특히 경쟁이 치열하고 리스크가 큰 동대문시장에서 그들의 꿈과 야망을 펼치는 데는 어려움이 크다고 한다.

다행히도 세계 최고의 교육시스템으로 칭송을 받고 있는 우리나라 대학에서 많은 패션 디자이너를 양성해 왔다. 뿐만 아니라 패션 및 디자이너의 사회교육과 앞서가는 그 교육 프로그램 또한 꽤나 많다. 이런저런 밑거름 덕분에 축적된 잠재력이 있는 고급인력이 많다. 아니 넘쳐난다. 디자이너 10만 양병설은 결코 이룰 수 없는 꿈이 아니다. 훤히 보이는 미래로 가는 현실이다.

동대문 패션. 그 시장의 혁신을 위해서는 그 어느 것보다도 디자인 교육의 숭고한 목표와 보다 나은 옷의 디자인을 위한 끊임없는 연구와 개발이 이루어져야 함은 당연하다. 우리의 영원한 스승 율곡의 명언 그 버전 그대로 디자이너 10만 명 양병이 시급하다. 동대문시장의 디자이너는 더 많아져야 한다. 다섯 배 혹은 열 배 이상으로 늘려야 한다고 본다. 그들의 마법과 같은 손 움직임은 글로벌 시장으로 가는 동대문 패션 그곳의 운전자와 같다. 큰 힘이다.

"패션산업에서는 가격 이외에 모든 게 다시 유행되곤 한다."

– Criss Jami, 패셔니스트

창조적 파괴와 비교 우위

"디자인, 그것은 파괴인가 평화인가?"

자칫 그중 하나만을 선택하고 또 맹신할 수도 있는 일이다. 꽤나 위험한 일이다. 패션, 그 동전의 양면이 있기 때문이다.

논의의 쟁점을 뒤로 하고 우리가 시장에 가보면, 실제로 "눈에 띄는 옷이 잘 팔린다."는 말을 듣곤 한다. 특히 쇼윈도에 걸린 옷이 날개 돋친 듯 팔린다는 것이다. 아니 잘 팔리기 때문에 그 옷이 쇼윈도에 걸려 있는지도 모를 일이다. 그렇지만 눈에 띄게 옷을 디자인하기 위해 무지개 색과 같이 원색에 가까운 색상을 입힌다면 좀 문제가 있지 않느냐고 반문이 뒤따를 법도 하다.

"자연보다 더 나은 디자인은 없다."

맥퀸(Alexander McQueen)의 이 말은 예사롭지 않다. 놀랍게도 소비자들은 눈에 띄는 무지개 색과는 전혀 다른, 예컨대 화장품 같은 색상, 활동적인 색상, 파우더 색상, 과즙이나 광물 그리고 보석 같은 색상, 그리고 향료 색조 등과 같은 색상의 옷을 더 선호한다고 한다. 유사한 논의는 많다.

"디자인은 점점 상식이 되어간다."

카카오 브랜드디자인 조수용 부사장의 이 말에는 공감이 간다.[9] 그는 기술과 효용의 차별성은 있을지 몰라도 소비자의 마음속에 하나밖에 없는 제품이라고 인식시키는 일은 그리 어렵지 않다고 했다.

또 다른 누군가는 "좋은 디자인은 가능한 한 디자인을 덜 하는 데 있다."라고 주장했다. 그러나 이런 논의는 동전의 한 면에 불과하다. 왜곡된 디자이너의 생각과 행동의 한 쪽일 따름이다. 고개를 들고 동전의 다른 면을 봐야 한다.

"무참히 파괴하라!"

아마 이런 거친 말이 들릴 것이다. 한술 더 떠서 "그동안 좋다고 선호했던 것은 다 잊어야 한다. 익숙했던 모든 것도 이젠 멈추어야 한다."라고 외친다.

이와 같은 극한의 논쟁 속에서 동대문 패션, 그 시장의 디자이너들은 어떤 길을 걷고 있는가? 갑자기 "수학은 쉽지만 디자인은 어렵다."라는 제프리 빈(Jeffrey Veen)의 고뇌에 연민의 정이 간다.

그렇다면 평화로운 파괴로 가는 타협의 길은? 제3의 길이라고 해도 좋다. "커다란 변화를 자제하라!"라는 말로 위로 받아도 좋을 성싶다.

그러나 문득 지난날 아파했던 MP3의 눈물이 기억 속에서 떠오른다. 언젠가 세기의 비즈니스 영웅 스티브 잡스(Steve Jobs)의 찬가가 울려 퍼졌다.

"놀라운 것을 발표합니다. 여러분은 분명히 놀랄 것입니다. 지구 어디에서도 볼 수 없던 혁명에 아마 입을 다물지 못할 것입니다. 이것이 최초 MP3 플레이어 아이팟입니다."

그때 애플사에서 내놓은 MP3 플레이어는 1997년 IMF외환금융 위기로 어수선했던 한국에서 어느 작은 한 벤처기업의 황정하 대표 주도로 개발한 우리 고유의 기술을 도적질하듯 모방해 만든 것이다. 아니 우리가 빼앗긴 게 아니고 우리가 지키지 못한 것이다.

문제는 더 이상 이런 MP3의 눈물과 같은 사태가 일어나서는 안 된다는 데 있다. 국내외 시장은 아니 그곳을 찾는 소비자는 변화무쌍한 욕구와 필요를 갖는다. 특히 패션제품에 대한 선호와 그 수요는 하루가 다르게 변화되고 있음은 아무리 강조해도 지나치지 않다.

동대문 패션, 그 시장의 디자이너들은 평화 속 안주보다 파괴 속 모험에 나서야 한다. 제2 MP3의 눈물 대신에 그 웃음을 찾기 위해서는 창조적 파괴로 시장경쟁 우위를 추구해야 한다. 그저 평화로운 파괴와 같이 어정쩡한 줄서기가 아니다. 결코 중간은 안 된다.

창조적 파괴(Creative destruction)의 디자인은 패션제품의 A에서부터 Z까지 바꾸는 데 있다.[10] 1993년으로 기억된다. 그때 삼성그룹의 이건희 회장은 "변화는 자유다!"라고 선언했다. 그는 "마누라와 자식만 빼고 모두 바꾸자."라고 외쳤다. 삼성 임직원들은 이건희 회장의 리더십 아래 바꾸기 시작했다. 제품, 시장, 소재, 기술, 경영 등 모든 것을 바꿨다.

그 후 30년이 가까워진 세월이 지났다. 새 길목에 선 오늘날, 놀랍게도 삼성그룹은 창조적 파괴를 거듭한 이른바 바꾸자 경영에 힘입어 글로벌 시장에서 그토록 힘든 경쟁을 하면서 그 우위를 꿰차고 지금 윗자리를 차지하고 있다. 큰일을 해낸 것이다. 우리 것 세계 으뜸이다.

동대문 패션, 그 시장 또한 변해야 한다. 죽느냐 사느냐, 그것이 문제라고 하지 않았는가! 서둘러 변해야 산다. 그렇다면, 누가 그 변화를 이끌 것인가? 그것은 물론 디자이너들의 손에 달려 있다. 디자인은 동대문 패션, 새 길 큰 걸음을 위한 부싯돌이며 그들 디자이너는 운전자와 같기 때문이다.

쉴 수는 없다.

동대문 패션 그 제품은 창조적 파괴의 디자인으로 거센 경쟁의 글로벌 시장에서 새롭게 선보여야 한다. 결코 어정쩡하게도 평화로운 파괴만으로는 안 된다. 물론 누군가가 "수학은 쉽지만 디자인은 어렵다."고 했듯이 그리 쉬운 일은 아니다. 그러나 동대문 패션의 새 지평을 여는 그곳 시장의 많은 디자이너들은 어렵고 힘든 일이지만 최선을 다하면 모든 것을 얻을 수도 있을 것이다.

"당신의 옷은 당신의 피부와 마찬가지로 중요하다."

− Amit Kalantri, 인기 저술가

예술과 비즈니스

패션 디자이너는 예술가이며 사업가로서의 행위를 함께하는 1인2

역을 담당해야 한다. 바꾸어 말하면, 패션 디자이너는 예술이나 감성과 같이 우뇌에서 나오는 리더십(leadership)을 갖추어야 하며, 아울러 돈, 숫자 등과 같이 좌뇌에서 나오는 경영(management)도 잘해야 한다는 것이다.

리더십은 꿈과 자극 및 변화를 추구한다면 경영은 정확하고 세밀함은 물론 계획을 세우고 실천하는 데 있다. 리더십은 사람이지만 경영은 돈이다. 리더십이 다른 사람과 관련이 있다면 경영은 그들 다른 사람의 일과 관련이 있다.

그러므로 패션 디자이너는 "무엇을 왜?"라고 자문하면서도 "어떻게 언제?"라고 묻기도 해야 한다.

동대문 패션, 그 시장은 디자이너들의 리더십 아래 성장이 지속되고 있다. 그러나 그들 디자이너는 때론 경영의 의사결정 실패로 매출규모 늘리기와 순익 증가의 기회를 놓치곤 한다. 도매상가마다 경험의 축적을 이룬 전문경영인에게 회사의 경영을 위임하는 시스템을 갖출 수도 있는 일이다.

물론 전문경영인 시스템의 구축은 미래로 가는 좋은 경영시스템임에 틀림이 없다. 그러나 동대문 패션 그 시장은 전문경영인이 없는 상태라면, 디자이너들 스스로가 예술가이면서도 사업가로서 1인2역을 맡아야 한다. 두 가지의 일을 함께해야 한다. 그 일을 숙명적으로 받아들일 수밖에 다른 도리가 없지 않겠는가!

비록 여유가 생겨 도매상가 경영을 전문경영인에게 위임한다고 해도 알아야 면장이듯 우수한 디자이너라면 경영 노하우도 잘 알아야 한다. 아니, 패션 디자인은 시장터 움직임에 바탕을 두어야 그 감성적 가치가 크기 때문이기도 하다.

어느 회사이든 경영과제가 많다. 낡은 대학 교과서에 의하면 경영의 4대 의사결정의 일은 기획, 조직, 리드, 통제 등으로 쓰여 있다. 그러나 세상은 바뀌어 오늘날 대학 교과서에는 격려, 위임, 지원, 소통 등 과거와는 다른 새로운 과제를 드러내 놓고 있다.[11]

임직원에 대한 격려, 일에 대한 위임, 일을 위한 지원. 원활한 의사소통 등은 새 일거리다. 그 밖에도 해야 할 책무가 많다. 그러나 디자이너는 전문가로서 마켓에서 받아들일 만한 옷을 만들고 그 위에 스스로가 갖추고 있는 감성테마를 접목시켜야 한다.

앞에서 논의한 패션교육자 김종복 이사장의 강의 중 패션 마케팅의 감성테마에 관한 리뷰는 우리에게 그 답을 주고 있는 듯하다.[12]

고품격과 같은 최우선의 전략(elegance)을 펴야 한다. 물론 고품격은 고가격이라는 의미와는 다르다. 오히려 우아하고 맵시가 있다고 하는 편이 낫다. 중저가라고 해도 때론 간소하고 편리한 데서 고품격의 감성적 가치를 향유할 수 있는 일이다.

세련미와 섬세한 패션 기술이다. 흔히 우리는 "촌스럽다."라고 말하곤 한다. 그러나 세련되고 교양미가 있는(sophisticated) 다시 말해서 도시적 세련미로 다양성을 갖춘 채 빈틈없이 다듬어지는 어른스러운 완성미가 깃든 패션의류를 만드는 데 힘을 쏟아야 한다.

현대적 아름다움과 그 감각이다. 소비자들은 때론 먼 미래를 동경한 나머지 초현실주의(Surrealism)에 입각해 현실이나 의식 및 생활양식에 구애받지 않고 꿈과 환상의 세계를 희구한다. 그들 소비자 선호가 무엇인지 세심하게 살펴보자는 논의다.

밝고 건강한 이미지의 구현이다. "Do sports!"라고 외치듯 기능성을 중시하고 단순한 디자인에서부터 밝고 선명한 색상으로 대표되는 활동성 있는 이미지에 이르기까지 아우르는 게 필요하다.

자연미의 지속가능한 패션이다. 생태적 디자인으로 만든 패션

(Ecology fashion)은 공업화의 진전 속에서 오염된 인위적 환경을 거부하고, 자연과의 소통은 물론 자연 속에서 살아가는 데서 소비자만족의 극대화를 추구하는 데 이바지하면서 경영성과를 얻을 수 있는 일이다.

낭만, 향수, 그리고 패션의 환희가 중요하다. 김종복 이사장은 외치고 있다. "감성을 디자인하라. 창조적 아이디어 세계를 팔아라." 그리고 색다른 무드와 다양한 문화체험 또한 디자이너가 갖추어야 할 감성테마의 하나임에 틀림이 없다는 게 그의 논의다.

어떻든 예술(그의 리더십)과 비즈니스(그 경영 노하우 및 패션 마케팅 전략) 등은 디자이너가 갖추어야 할 기업가정신 바로 그것이며, 나아가서 이런 두 손의 작동, 그 위대함이다. 디자이너는 동대문 패션, 그 상가의 운전자와 같은 CEO나 임직원이다. 그들은 패션 기업의 경영성과를 거두기 위하여 탁월한 리더십과 그 경영수완을 발휘해야 한다. 잘 할 수 있다.

> 패션 디자이너는 예술가이며 사업가로서의 행위를 함께하는 1인2역을 담당해야 한다. 바꾸어 말하면, 패션 디자이너는 예술이나 감성과 같이 우뇌에서 나오는 리더십(Leadership)을 갖추어야 하며, 아울러 돈, 숫자 등과 같이 좌뇌에서 나오는 경영(Management)도 잘 해야 한다는 것이다. 이와 같은 예술(그의 리더십)과 비즈니스(그 경영 노하우 및 패션 마케팅 전략) 등은 디자이너가 갖추어야 할 기업가정신 바로 그것이며, 나아가서 두 손의 작동, 그 위대함이다.

"전략 없는 창의는 예술이다. 그러나 전략 있는 창의는 광고와 같다."

-Jef I. Richchard, 광고학 교수

주

1) www.walmart.com

2) www.google.com

3) www.greenstratagy.com/What can designers do?

4) 패션 디자이너 앙드레 김, 매일경제 2009년 5월 30일자

5) 더뮤지컬, 동대문 패션디자이너 성공기, http://www.themusical.co.kr

6) 서울 패션위크 2017년은 꽤나 성공적인 이벤트였다는 호평을 받고 있다.

7) D-insight, 패션은 조합이다, 2017년 11월호

8) www.dinsight.co.kr 2017년 3월호

9) www.seouldesign.or.kr

10) 경제학자 Joseph A. Schumpeter는 일찍이 자본주의 경제란 끊임없는 혁신
    을 통하여 창조적인 파괴과정으로 발전되어 왔다고 했으며, 그와 같은
    발전의 원동력은 자본이나 자원이 아니고 투철한 기업가정신에 달려 있
    다고 풀이했다.

11) 설봉식, 마이크로 경영, K-미디어, 2010, pp. 51-53.

12) 설봉식, 패션왕 김종복의 교육경영과 리더십, 한국을 빛내는 CEO, 제 4
    권, 한국전문경영인(CEO)학회, 2014, pp. 120-125.

Ⅶ. 바쁜 시장사람들

사람이 만든 한강의 기적

"과연 한강의 기적은 누가 이루었는가?"

누군가는 박정희, 어머니, 근로자 세 분 덕분이라고 했다. 그렇다. 그것은 사람이 이룬 경제개발과 그 성장임에 틀림이 없다.[1]

누구나 알고 있듯이 생산의 3대요소는 자본과 토지 및 노동 등이다. 그러나 저 유명한 경영학자 드러커(Peter Drucker) 교수에 따르면 경제발전의 제1요소는 사람에 달려 있으며, 그 밖에 자본과 자원 및 기술 그리고 시장의 크기 등은 그저 부수적인 요소에 불과하다고 했다. 그만큼 사람이 중요하다는 뜻이다.

일찍이 마르크스(Karl Marx)는 그의 이데올로기처럼 윤리가 근원적으로 물질적 조건 특히, 경제적 조건의 반영에 지나지 않는다고 주장했다. 이에 대하여 베버(Max Weber)는 그의 저술 '프로테스탄트의 윤리와 자본주의 정신'에서 오히려 정신적 요인이 중요하다고 논의했다.

한강의 기적은 '기적(Miracle)'의 의미가 인간이 이루기 힘든 일이라고 할 때 매우 큰 일이었다. 그 후 세상은 확 바뀐 것이다.

1960년대 이전만 해도 한국경제는 영국의 경제학자 넉시(R. Nurkse)의 논의와 같이 "가난하기 때문에 가난하다(A country is poor because it is poor).”라고 풀이했던 빈곤의 악순환이 계속되었다.

그때 그 시절 우리 경제의 상황은 국민소득 수준이 낮아 도무지 저축규모가 늘어나지 않고 그 여파로 생산 및 투자가 더뎌 국민소득의 향상이 지체되고 말았다. 저소득에 따른 유효수요의 부족은 소비 위축 및 저조한 고용유발로 경제침체가 지속되는 등 빈곤으로부터 출발하여 빈곤에 이르는 악순환을 낳은 것이다. 빈곤의 악순환이라는 말이 의미하듯, 빈곤의 원인이 곧 빈곤 그 자체였다.

그러나 1960년대 이후 세상이 뒤집어졌다. 1960-70년대에 있어서 한국경제는 급속한 경제개발과 그 성장을 이룩해 해외언론으로부터 인간이 만든 기적이라는 격찬을 받았다. 어느 프랑스 언론도 1970년대 초에 “지난 10년간 한국에서 일어난 변화는 우주적 척도로나 가늠해야 할 만큼 엄청난 변화였다. 그것은 분명 20세기의 경이요 기적이다.”라고 논평했다.

그때 박정희 대통령은 그것은 결코 기적이 아니라 온 국민의 자립에의 의지로 함께 땀 흘려 이룬 당연한 결과라고 설파했다고 한다.

“1974년이던가? 청와대에서 공장 새마을운동의 성공사례를 담은 슬라이드가 소개됐다. 이어 한일합섬 야간학교 입학식에서 여자 종업원들이 하얀 교복을 입고 책가방을 든 채 좋아서 아니 감격에 겨워 울고 있는 장면에서는 모두가 눈시울을 적셨다.”[2]

한 청와대 출입기자의 증언 그대로 그들은 분명 한강의 기적을 이룬 주인공이었다. 훗날 동아닷컴도 1970년대 어느 해 많은 산업체 학교에서 학생들이 가졌던 향학열을 그린 생생한 기록을 찾아 보도했다.[3]

“어린 여공들은 쉴 새 없이 돌아가는 방직기계 사이를 돌며 8시간 일한 뒤 교실로 발걸음을 옮겼다. 몸이 피곤해 선생님 말씀이 자장가처럼 들릴 때도 있었지만 배울 수 있다는 행복감에 눈망울은 초롱초롱 빛났다. 휴일 없이 한 달을 일하고 받은 월급은 얼마 되지 않는데 적금을 붓고 동생들 학비와 시골에 계신 부모님께 생활비를 보내고 난 뒤 손에 쥐는 돈은 그리 많지 않았으나 미래에 대한 희망으로 버텨 왔다."

그들은 쉴 수가 없었다. 주경야독의 아름다운 삶의 현장에서 그들은 행복하기만 했다고 한다.

이와 같이 개발 초기에 한국경제는 섬유산업 등이 이끈 노동집약적 경제성장이 지속되었으며 그때 동대문시장은 지친 한국인들에게 건강하고 아름답게 그리고 즐겁게 해주는 또다른 삶의 터전이었다. 그래서 동대문시장, 그 상황은 한국경제의 호황과 불황 등 경기의 선행지표 역할까지 해왔다. 레이나 패션 홍명희 대표의 증언은 생생하게 들린다.

"1970년대 시다 종업원들, 이름하여 봉순이 언니들은 하루 15시간 이상 고된 노동을 통해 가족을 부양하고 오빠와 동생을 대학에 보냈으며 섬유를 한국의 대표적인 수출산업으로 일궜다."4)

지금도 동대문시장, 그 24시란 말이 쓰이고 있듯이 그곳 시장은 밤낮이 따로 없다. 1977년 6월 어느 날 뉴스위크는 "부지런한 일본인을 게으른 사람으로 보이게 할 수 있는 건 오직 한국 국민밖에 없다."라고 보도했다.5) 그때 그들 한국인은 아직도 동대문시장에 남아 있다.

지금도 개발의지(Development will)를 갖춘 신한국인이 바로 그들이다. 자랑스럽다.

"… 왜들 그렇게 뛰는지, 그들이 오늘날의 한국인이라 할 수 있는지, 반걸음만 멈추고 생각해 보자."6)

이어령 교수의 이 말은 30여 년 이전에 내놓은 책에 써 놓은 것이다. 지금 동대문 패션, 그곳 클러스터는 쉴 수 없는 사람들이 흘리는 땀과 눈물로 이룬 또 다른 한강의 기적이다.

이런 시장의 시스템과 그 열기 및 활력은 세계 어디에 가 봐도 없다. 여기저기에서 이구동성으로 하는 말이다.

개발 초기에 한국경제는 섬유산업 등이 이끈 노동집약적 성장을 지속했으며, 그때 동대문시장은 지친 한국인들에게 건강하고 아름답게 그리고 즐겁게 해주는 또다른 삶의 터전이었다. 그래서 동대문시장의 상황은 그때마다 한국경제의 호황과 불황 등 경기의 선행지표 역할까지 맡기도 했다. 지금도 동대문시장 사람들은 궁즉통(窮卽通)이란 말 그대로 쉴 수 없는 비즈니스 장터에 그대로 남아 있다. 그들의 개발의지는 큰 힘이다.

"강한 바람은 가파른 산등성에서 분다. 거대한 대포(Uruban)를 싣고 온 많은 군함을 산으로 옮긴 젊은 술탄(왕)은 콘스탄티노플의 철옹성을 정복하고 오스만제국을 세웠다. 그 후 술탄은 우르반보다 더 강력한 무기는 바로 사람들의 의지라고 했다."

– 오스만제국을 세운 술탄 마호메트 2세

사장님은 바쁘다

"동대문 패션, 그곳 팩토리 사장님들은 지금도 바쁘다."

우리는 비즈니스(business)의 어원이 바쁜(busy), 그 상태(ness)에서 나온 것임을 잘 모르고 있다. 그러나 이런 합성된 어원에 비춰볼 때 비즈니스맨 그들 사장님은 늘 바쁜 사람들로 이해할 수 있을 것이다.

특히 동대문시장 그 24시 속에서 고객의 사랑을 듬뿍 받고 의류를 제조하여 공급하는 팩토리, 그곳 의류공장 사장님들은 유독 바쁘다.

마치 1960년대와 1970년대에 한강의 기적을 이룬 많은 주역이 아직도 산업현장 및 그 시장에서 은퇴하지 않고 바쁜 삶을 지속하고 있는 듯하다. 그때 그들은 왜 그렇게 뛰었는지?

영국의 저널리스트 튜도어(Daniel Tudor)는 한국특파원으로 근무한 경험을 바탕으로 쓴 그의 저서에서 한국은 불가사의한 나라(Impossible Country)라고 했다. 그들 한국인이 이룬 한강의 기적과 놀라운 비즈니스의 성취, 그 밑바탕에는 한국인 특유의 문화코드가 자리 잡고 있다고 주장했다.[7]

첫째, 한국인들은 우리(We) 의식 속에서 따스한 정과 합리성 추구로 빈곤한 나라를 잘 사는 나라로 바꿔 놓았다.

둘째, 치열한 경쟁, 예컨대 대학진학, 결혼상대나 직장을 구하는 일 등에서 승리를 위해 늘 "너는 할 수 있다(fighting)."라고 읊조리면서 그 경쟁에 나섰다.

셋째, 한국인들은 체면과 얼굴, 그리고 한, 그 후 극복, 이어지는 흥(한풀이) 등으로 서양 사람들로서는 잘 이해가 안 되는 특유의 민족성을 가졌다.

동대문 패션의 팩토리, 그들 회사의 비즈니스 성취 역시 이런 한국인 특유의 문화코드로 설명됨직하다.

우리는 흔히 "몸으로 때운다."라고 말하곤 한다. 자본도 자원도 경영노하우도 기술도 없이 꽤나 힘든 일을 잘 해 냈다. 동대문 패션, 그 시장은 물론 공급 측 팩토리 모두가 몸으로 때웠다. 아니 마음가짐이었을 것이다.

생각해 보면 비즈니스는 곧 마음이다. 마음이 먼저, 그 다음에 자본과 경영노하우 그리고 기술이다. 마음먹기에 달려 있다.

누군가는 "한국인은 미쳤다."라고 했다.[8] LG 그룹의 해외지사에 근무했던 프랑스인 한 임원은 몇 년간 LG인으로 일하다가 퇴직한 후 쓴 그의 저술에서 그 스스로도 미친 사람들처럼 일하고 또 일했다고 토로했다.

"한국기업의 성장동력 그 비밀은 몇 마디로 풀린다. 한국인은 필요한 인적자원을 모두 동원한다. 그것이 가능함의 한계를 벗어날지라도 말이다. 게다가 한국인에게는 가능함에 한계가 없다."

동대문 패션, 그 팩토리의 사장님과 임직원들은 파란 눈을 가진 한 프랑스인의 증언 그대로 미친 듯이 앞만 보고 뛰고 또 뛰어 왔다. 그들은 단 한가지의 목표, 쉴 수 없는 일 밖에 없다. 공포의 전쟁과 같은 장터 경쟁 속에서 밤낮없이 일하고 또 뛰고 있다.

이처럼 온 밤을 지새우는 동대문시장 사람들은 뉴욕이나 도쿄, 그리고 유럽 등지에 꽤나 많이도 수출되는 동대문 패션 그 제품보다 위대하다. 어느 책 한 권 속에 비친 미사여구 그대로 그들은 꿈을 가지고 한강의 기적을 이룬 신지식인이다. 단지 그곳 시장에는 그들의 후계자가 태부족한 게 걱정일 따름이다. 그러나 그곳은 지금도 바쁘다.

"잡다와 혼돈, 이것이 겹쳐 뒤범벅이 되는 우리나라 시장의 전형이 바로 동대문시장이다. 도매와 소매, 그리고 구비된 상품의 종류와 질에 있어서 어떠한 형태의 거래를 통하더라도 없는 물건이 없는 곳이 바로 그 시장이다."

일찍이 1960년 초에 동아일보에서 게재한 시장 르포의 한 대목이다. 그 시장 르포는 이어졌다.[9]

"크고 복잡한 시장이기 때문에 동대문시장에는 한 쪽에서 빚잔치의 슬픈 장송곡이 있는가 하면 또 한 쪽에서는 수요를 대지 못해 즐거운 비명을 올리는 도매상이 있다. 이런 불연속선은 내핍의 구호 밑에서 유동성 선호의 급변과 유효수요의 부족, 그리고 상대적 과잉 생산이라는 혼합기압 때문에 일어난 것이다."

오늘날 동대문 패션 그곳은 이런 오래전 뉴스 르포가 전한 바로 그 시장터 위에서 쉴 수 없는 바쁜 하루하루를 보내고 있다. 지금도 긴 역사 속에 이어진 경험의 축적과 그 혁신은 현재진행형이다.

동대문 패션. 그 팩토리의 CEO와 임직원은 파란 눈을 가진 프랑스인의 증언 그대로 미친 듯이 앞만 보고 뛰고 또 뛰어 왔다. 그들은 단 한가지의 목표, 쉴 수 없는 바쁜 일 밖에 없었다. 지금도 공포의 전쟁과 같은 장터 그곳의 경쟁 속에서 밤낮없이 일하고 또 뛰고 있다. 그렇다. 그곳 시장사람들은 한강의 기적을 이룬 주인공답게 지금도 바쁘다. 우리는 그들을 이 시대의 신한국인이라고 칭송하고 있다.

"열정은 에너지 그 자체다. 당신이 좋아하는 일에 몰두할 때 분출되는 강한 힘이다."

– Oprah Winfrey, 미국 여성 TV방송인

전태일 정신을 품고

"우리는 전태일 정신을 품고 갑니다. 여기 동대문 패션 이야기, 3일간의 기적이 있습니다. 지금 사람과 사람을 이어주는 변함없는 감동을 함께 느끼십시오."

동대문 평화시장 앞에 가보면, 그 회사 현부용 대표이사의 스피치 그대로 인기 있는 패션상품의 생산과 유통 및 소비까지 3일 안에 이루어지는 동대문 패션타운의 이야기가 있는 신화를 읽을 수 있다. 평화시장, 그 상가 벽면 위에 사진과 일러스트로 꾸며 형용하고 있는 아름다운 대형벽화는 북적대는 많은 관광객과 쇼핑객들의 눈길을 끌 만하다.

바로 그 현장에서 이런 외침이 있었다고 한다. 오래전에 일어난 일이다. 그때를 기억할 만한 사람이 그리 많지 않을 정도로 오래전의 일이다.

"근로기준법을 준수하라. 우리는 기계가 아니다. 일요일을 쉬게 하라. 근로자를 혹사하지 말라."[10]

1970년 11월 13일 오후 전태일은 몇 마디 구호를 외치다가 그 자리에 푹 쓰러졌다는 기록이다. 입안으로 화염이 확확 들어찼던지 나중에 쏟아 놓은 말은 똑똑히 알아들을 수 없었다고 한다.

얼마 후 불은 꺼졌다는 후문이다. 불길은 꺼지고 잠시 후 전태일은 다시 일어났으며, 그는 이내 비틀거리더니 있는 힘을 다 쏟아 다시 외쳤다. 가슴 아픈 절규였다.

"내 죽음을 헛되이 하지 말라."

동대문 패션, 그 시장은 지금도 이런 전태일 정신이 살아 숨 쉬고 있다. 그는 스스로 몸을 불태우기 전에 그의 심경을 자신의 일기장 위에 고스란히 남겨 놓았다고 한다.

"이 결단을 두고 얼마나 오랜 시간을 망설이고 괴로워했던가. 지금 이 시각 완전에 가까운 결단을 내렸다. 나는 돌아가야 한다. 꼭 돌아가야 한다. 불쌍한 내 형제의 곁으로 내 마음의 고향으로 내 이상의 전부인 평화시장의 어린 동심 곁으로 생을 두고 맹세한 내가 그 많은 시간과 공상 속에서 내가 돌보지 않으면 아니 될 나약한 생명체들 나를 버리고 나를 죽이고 가마. 조금만 참고 견디어 너희들의 곁을 떠나지 않기 위하여 나약한 나를 다 바치마. 너희들은 내 마음의 고향이다."[11]

전태일은 스스로가 우리에게 가슴 찡한 메시지를 남기고 홀연히 우리 곁을 떠나갔다. 그의 메시지는 어느 기업이든 지속가능한 경영의 길을 가야 한다고 주문했다. 그때 그는 훗날을 미리 봤다.

그렇다. 지금은 누구나 다 알고 있는 일이지만, 어느 기업이든 자사를 생명력(life-cycle)이 긴 회사로 만들려면 고객만족형 경영을 지속해야 한다. 그러나 이런 경영목표를 달성하기 위해서는 우선 종업원이 만족해야 한다는 사실도 널리 팽배해졌다.

그 이유는 많다. 매출규모나 이윤 등 어떤 경영성과도 사람, 바로 종업원의 힘에 의해 이루어지기 때문이다. 생각해 보면, 회사에서 경영목표로 삼고 있는 상품, 그 품질의 혁신이나 고객 서비스 등도 결국 종업원들이 해야 할 몫이다.

이런저런 이유 때문에, 앞서 가는 기업들은 "직원이 먼저 고객은 그 다음에"라는 데서 경영의 전략적 도구로 돌파구를 찾곤 한다. 대학 교과서에 쓰여 있듯이, 근로 삶의 질(QWL : quality of work life) 그 향상은 기업의 경영성과를 높이는 데 필요 불가결한 요소임에 틀림이 없다.

우리가 품고 온 전태일 정신은 바로 거기에 있다. 그의 죽음은 헛되지 않았다.

근로 삶의 질은 종업원에게 일하는 보람을 느끼게 해주는 명약이다. 그들의 QWL 수준이 향상되어야 노동생산성이 높아지게 됨은 두 말할 필요도 없다.

그들은 행복해야 한다. 그들이 행복감을 느끼게 하는 건 많다. (1)

좋아하는 일, (2) 처우개선과 승진 등, (3) 일을 통한 폭넓은 학습의 기회, (4) 경영참여, (5) 자질과 능력에 대한 좋은 평가, (6) 직장의 안정과 일의 안전 등이다.[12]

이렇게 볼 때 종업원의 행복감을 가늠해주는 QWL, 그 수준은 연봉이나 급여수준과 같은 돈과는 직접적으로 관련성이 없다. 돈이 전부가 아니다.

동대문 패션, 그 시장에서는 "지금 경기가 안 좋고 회사가 어려운데 무슨 근로 삶의 질 타령이냐?"고 볼멘소리가 나올 법도 하다. 그러나 회사의 매출규모나 이윤은 QWL 수준이 낮으면 결코 늘어나지 않는다. 반면에 근로 삶의 질이 높아지면 매출도 이윤도 늘어난다는 게 엄연한 시장법칙이다.

전태일 정신은 옳았다. 아니, 그는 지금 동대문 패션, 그 시장 위에 부활하여 살아 숨 쉬고 있다. 그는 지금도 옳다.

영원한 동대문시장사람 전태일은 스스로가 우리에게 가슴 찡한 메시지를 남기고 홀연히 우리 곁을 떠나갔다. 그는 일찍이 어느 기업이든 지속가능한 경영의 길을 가야 한다고 주문했다. 그때 그는 훗날을 미리 내다본 것이다. 전태일 정신은 옳았다. 아니, 그는 지금 동대문 패션, 그 시장 위에 부활하여 살아 숨 쉬고 있다. 그는 지금도 옳다.

"나는 내 인생에 하루도 일하지 않았다. 오직 날마다 그저 즐겼을 따름이다."

- Thomas Edison, 세계의 발명왕

사느냐 죽느냐가 문제

"To be, or not to be."

셰익스피어의 희곡, 그 연극에서 주인공 햄릿은 이렇게 읊조렸다. 누구나 아는 말이지만 그는 사느냐 죽느냐 그것이 문제라고 했다.

한국경제의 위기, 특히 중소상공인들의 어려움은 가히 민란수준 급으로 보는 게 어제오늘의 일이 아니다. 동대문 패션의 도매시장에서 늘 밤을 지새우는 많은 사람들 또한 이런 햄릿의 독백과 같이 어려움을 토로하는 때가 많다고 한다.

매일 아침이 오면 도깨비 시장의 파장으로 텅 빈 시가지 여기저기에서 이런 소리가 들리는 듯하다. "어제 밤도 잘 보냈구나. 지금 내가 살아 있으니 말이다."라고 안도의 한숨을 내쉬며 긴 휴식시간이 왔다는 착각 속에 새 날을 반긴다고 한다. 그때 그들은 햄릿의 독백과 같이, "사느냐 죽느냐, 아니 죽느냐 사느냐 그것이 문제다."라고 읊조릴 수도 있다.

요즈음 사람들은 모두가 "어렵다", "안 된다", "위기다"라고들 말하고 있다. 꼬집어서 "한국경제, 더 이상 앞길이 안 보인다." "큰 위기다." 등 이런 토로와 함께 한숨을 내 쉬는 사람들도 꽤나 많다.

"과연 그럴까?" 아니 "언제 우리가 위기로부터 자유로웠던 때가 있었는가?"라고 자문해 볼 필요가 있겠다. 현대그룹 정주영 회장은 생전에 자신의 삶, 자신의 꿈을 그린 저술 '시련은 있어도 실패는 없다'에서 이렇게 썼다.[13]

"나는 운 좋게 쌀 소매상 배달원으로 자리를 잡았다. 하루 세 끼 먹여주고 쌀 반 가마니 월급이었다."

1968년에 창업하여 50년간 초우량기업으로 키워온 일진그룹 허

진규 회장도 "긴 세월동안 어느 한순간도 어렵지 않았던 때가 없었다."고 술회했다. 어느 언론사 기자가 네이버 이해진 의장을 만나 "언제부터 위기였느냐?"고 묻자 그는 창업 후 15년 동안 열다섯 번의 위기를 맞았다고 우문현답을 했다고 한다.[14]

"위기는 무슨?"

네이버 이해진 의장이 한 말을 되뇌여 보자. "IT산업에서의 성공은 천재의 영감으로 이뤄지는 게 아니다. 오히려 실패하고, 실패하고 또 실패해서 더 이상 갈 곳 없을 때 이루어지는 것이구나."[15]

동대문 패션, 그 시장은 꽤나 어렵고 견디기 힘든 급박한 상황에 놓여 있는지도 모를 일이다. 그곳 시장은 경영의 앞뒤로 숱한 위기의 잠재적 요인이 수두룩하게 많기 때문이다. 경영의 앞쪽에서는 국내외 패션산업 및 그들 기업과의 경쟁이 치열하고, 보다 똑똑한 소비자의 선호도 변화와 비위 맞추기 등 위기 요인이 많다. 그러나 시장터의 경영위기 국면과 그 경영 뒤쪽에서의 어려운 상황 등은 더욱더 심각하다. 모든 게 "죽느냐 사느냐 운운" 하는 동대문시장의 위기를 낳고 있다.

"그게 될까?"

동대문 패션, 그곳에서 흔히 듣는 말이다. 개천에서 용이 나듯, 최범석 디자이너는 고등학교 1학년 중퇴, 정식 디자인 수업도 받지 않고 지난 2017년까지 무려 열일곱 번 국내외 컬렉션에 등단한 불세출의 인물이다. 그는 그의 성공담을 쏟아내면서, "그게 될까?"라는 바로 그 말을 아직도 생생하게 기억한다고 했다.[16]

동대문 패션, 그 시장은 위기다. 그러나 최범석 디자이너는 그 위기에 대한 두 가지의 해법이 있다고 했다. 첫째, 패션은 비즈니스다. 패션쇼, 그 후는 모두가 돈과 연결되는 무시무시한 정글이다. 그 정글 속에 답이 있다. 둘째 패션은 옷만 고집해선 안 된다. 소비자 선호에 따라 옷 그 이상의 영역으로 넓혀야 한다. 동대문시장은 없는 게 없는 곳 아닌가!

물론 그의 논의는 옳다. 그러나 동대문 패션, 그 시장의 위기는 경영의 앞쪽보다 그 뒤쪽에서 더 심각하다. 서울봉제산업협회 차경남 회장의 피를 토하는 듯한 절규에 귀를 기울여보자.[17]

"뉴욕이나 밀라노에 가보면 디자이너 거리마다 봉제공장이 있다. 톡톡 튀는 다자이너의 상상력으로 옷을 짓는다는 게 그리 쉬운 일이 아니다. 장인의 손길이 중요하기 때문이다. 그러나 동대문 패션, 그곳을 뒷받침해주고 있는 많은 장인은 커다란 어려움을 겪고 있다. 그들은 더 이상 버티기 어렵다."

이와 같이 많은 수공업적인 봉제공장, 그곳 장인들의 손길이 중요한데 바로 그곳에서 겪고 있는 어려움은 가히 민란수준급이라는 어투다. 향후 10년 이내에 서울 안 봉제공장이 자취를 감출 것이라는 엄포다. 있어서는 안 될 미래의 상황이다.

그러나 가느다란 희망의 불씨는 남아 있는 듯하다. 창신동을 비롯한 서울의 봉제마을은 스스로가 혁신의 온기를 뿜고 있다고 한다. 많은 청년들이 그곳 봉제마을에 들어와 밝은 미래를 열기 시작했다는 것이다. 그들 신세대 봉제인은 실시간으로 디자이너, 바이어 등의 주문을 인터넷이나 스마트폰 앱을 통해 받아 제작하는 소통이 이루어지고, 남는 원단 쪼가리를 재활용해 실과 솜을 만들어 파는 등 공장 혁신의 새 길 큰 걸음을 걷고 있다는 후문이다.

희소식이 아닐 수 없다. 문득 인기 트로트 가수 홍진영의 히트 곡 '산다는 건'의 노래 말로 위안을 삼아봄직하다.

"산다는 건 다 그런 거래요. 힘들고 아픈 날도 많지만 산다는 건 좋은 거래요. 오늘도 수고 많으셨어요."

매일 아침이 오면 도깨비 시장의 파장으로 텅 빈 시가지 여기저기에서 이런 절규가 들리는 듯하다. "어제 밤도 잘 보냈구나. 지금 내가 살아 있으니 말이다."라고 안도의 한숨을 내쉬며 긴 휴식시간이 왔다는 착각 속에 새 날을 반긴다고 한다. 그때 그들은 햄릿의 독백과 같이, "사느냐 죽느냐, 아니 죽느냐 사느냐 그것이 문제다."라고 읊조릴 법도 하다. 그러나 힘들고 아픈 날이 많아도 산다는 게 곧 행복이다.

"우리는 잠시 절망에 빠질 수 있다. 그러나 오랫동안 희망을 잃어서는 안 된다."

　　　　　　　　　　　　　　－Martin Luther King, 미국 흑인인권운동가

패션팩토리, 주거와 함께

"흔히 봉제공장이라고 부르는 패션의 의류공장은 그 산업의 뿌리다. 예쁜 이름으로 패션팩토리라고 부르자."

동대문 패션, 그 성장과 번영도 의류공장 그 패션팩토리에서 흘린 땀과 눈물로 맺은 열매와 같다. 그곳 패션팩토리는 한국인 특유의 손재주, 그들의 개발의지와 값진 경험, 그리고 기나긴 나날 축적된 기술이 낳은 위대한 인적자원의 환희라고 말할 수 있을 것이다.

한국인 특유의 젓가락질에서 나온 손재주가 기술의 전면 위에 끌어올려진 셈이다. 물론 한국인만이 아니고 중국인이나 일본인들도

젓가락을 사용한다. 그러나 우리는 나무로 만든 타국인들과는 달리 유기 및 쇠젓가락을 쓰면서 그 기교가 출중했다. 쇠젓가락으로 밥상 위 콩자반도 잘 집어먹을 정도였다. 그들의 손재주는 바느질과 미싱에서 기교를 부렸다. 모두가 제 몫을 해온 것이다.

1960-70년대에 무작정 상경(上京)하던 큰 물결 속에서, 한국사람들은 저마다 초중고교, 그 이상의 교육수준을 갖춘 채 나라경제의 개발과 성장을 이끈 인적자원으로 거듭났다. 그들은 공돌이 혹은 공순이 아니 봉순이라는 어쩌면 부끄러운 이름 아래 한강의 기적을 낳은 전설이 되었다.

그들의 개발의지와 값진 경험은 오늘날 동대문 패션, 그 시장의 번영을 낳은 뿌리 노릇을 톡톡히 해내 왔다. 흔히 꾼(프로급)들이라고 부르는 개발의 역군들은 지금도 신지식인의 이름으로 동대문시장에 남아 하루하루가 바쁘기만 하다.

동대문 패션, 그 공급 측 팩토리는 사장님을 비롯한 임직원들의 남다른 기술력 아래 성업 중이다. 기술(Technology)의 의미가 테크(tech) 즉, 장인(匠人)이 가지고 있는 비밀스런 기능이며 지식(logy)이다. 나아가서 이런 특유의 기능을 조직하고 체계화하며, 목적지향적으로 정리하는 과정, 도구, 방법, 시스템 등을 포괄하여 기술의 집합체라고 말할 수 있다.

동대문 패션, 그곳 팩토리는 젓가락의 사용으로부터 승화된 테크놀로지에 힘입어 글로벌 패션의 메카로 가는 길을 열었다. 단순한 외침이 아니다. 입에 발린 광고와 PR, 그리고 판촉의 카피가 아니다.

"처음에 봉제를 배울 땐 아주 열악했어요. 일요일이나 명절에도 쉬는 날이 전혀 없었죠. 사장님들이 잠 안 오는 약을 먹이고 일을 시킨 셈이지요. 밤이 새도록 재봉틀을 돌리다가 잠깐 졸아 다치는 일이 허다했지요."

1970년대 말 평화시장 일대 중소기업형 패션팩토리가 우후죽순으로 생겨 경쟁이 치열해지고 공장 임대료가 폭등하자 창신동에 자리를 잡았다. 레이나 패션 홍명희 대표는 또다시 이렇게 증언했다. 어느 카페에 들어가 보았다.[18]

동대문 패션 그 공급 측 팩토리는 대부분 20 평방미터 내외를 크게 벗어나지 못한 가내수공업적 공장 규모로 창신동과 그 주변 10여 킬로미터 내외에 산재해 있다고 한다. 만리동(숙녀복 위주), 회현동(캐주얼 정장 등), 아현동 및 창신동(공임이 싸고 생산 물량이 큰) 등은 물론 왕십리, 용두동, 신당동, 종암동, 후암동, 성남시, 방배동 등 그 지역의 범위가 더욱 확산되고 있다는 것이다.

이들 패션팩토리에서는 의류제조의 꽃이라 할 수 있는 시다, 옷 모양을 만드는 패턴사, 그리고 재봉사 등 어느 누구든 저마다 동대문 드림을 가지고 있다고 한다. 그들은 자신의 패션팩토리를 향하여 오늘도 묵묵히 일하고 있으며, 더 나은 미래를 위해 힘은 들지만 열심히 미싱을 돌리고 있다는 것이다.

"60년 전에 최빈국에서 이젠 부유한 나라가 됐지만 한국인의 삶은 그때와 다른 의미에서 여전히 고달프다."[19]

한국 대기업에서 3년간 그 회사 임원으로 근무했던 프랭크 에이렌스가 내놓은 '푸상무 이야기'에 쓰인 말이다. 장본인의 애칭이었던 푸상무는 한 기자와의 인터뷰에서 "한국사람들이 지금도 끊임없는 경쟁 속에서 온갖 육체적 내지는 정신적 문제에 시달리고 있는 게 사실 아니냐?"라는 반문을 했다는 것이다.

얼마 전에 뉴스거리가 된 경부고속도로 위 교통사고로 숨진 어느 부부도 지난 20년간 서울 용두동 패션팩토리에서 맞벌이 부부로 함께 일했다고 한다. 그분 가정주부가 재봉틀로 박음질한 옷감을 넘기면 맞은편에서 일하는 신 씨가 넘겨받아 옷감을 가위로 다듬은 뒤 다리미로 펴는 작업을 해 왔다는 것이다.

그곳 패션팩토리 유효순 대표는 그들의 참근로의 삶을 칭송했다. 그동안 결근을 하거나 지각을 해본 적이 없었으며, 휴가를 가기 전날에도 일을 다 마치고 "언니 주말 잘 쉬세요."라는 말을 남기고 즐거운 표정으로 퇴근하던 그분이 생각난다고 했다.[20]

"우리는 그들을 드레스 테크니션이라고 부르자!"

동대문 패션, 그 공급 측 팩토리에서 더 나은 미래를 향해 그들의 수려한 손재주와 값진 개발의 경험 그리고 새 기술을 쏟아 땀과 눈물을 쏟아내고 있는 사장님을 비롯한 시다, 패턴사, 재봉사 등 그들 모두를 '드레스 테크니션'이라고 부르자는 최병오 회장의 제안에 박수를 보낼 만하다.

우리는 지금 "동대문 패션, 그곳에 꿈, 그리고 답이 있다."고 외치고 있다. 동대문 패션으로 넓은 세계 더 큰 시장으로 가는 답을 얻기 위해서는 동대문 패션, 그 공급 측 팩토리의 안정적 성장이 지속되어야 한다. 필요하고 충분한 바로 그 조건은 어느 것으로도 바꿀 수 없다.

다행히도 서울시에서 매뉴팩처 서울(Manufacture Seoul)의 기치를 내걸었다고 한다. 반가운 소식이다. 뉴욕시를 벤치마킹하여 도시공업화로 새 서울을 만들어보자는 데는 박수를 보낼 만하다.

다만 동대문 패션, 그 공급 측 팩토리는 대부분 가내수공업적인 경영으로 영세하기 짝이 없다. 그렇다면, 그 팩토리 지역 혹은 단지 위에 공공 아파트형 공장을 대량 공급하면 어떨까 그런 생각이 든다.

보다 저렴한 공장 임대, 일터(제조)와 삶터(주거)가 함께하는 주상 내지는 주공 복합건물을 많이 건설하면 매뉴팩처 서울의 정책구상에 맞는 투자 및 고용기회의 폭발적 증가를 가져올 것이다.

"제조업, 왜 도심인가?"

도서 '세운상가 그 이상'은 이렇게 쓰고 있다.[21] 그 책에서는 과거 수십 년간 서울시의 재생 정책의 신조 중 하나는 공업, 특히 더 깔끔하고 더 많은 매출과 더 높은 소득을 낳는 서비스산업으로 대체되어야 한다는 데 있었다고 했다. 그래서 제조업 시설은 도심이 아닌 외곽이나 수도권 바깥으로 이전해야만 한다는 논리를 폈다.

그러나 서울에선 실제로 제조업 생산이 전문 서비스업이나 유통업의 두 배가 넘는 부가가치로 이어졌다는 평가가 나왔다.[22] 생각해보면 동대문 도매시장을 둘러싸고 있는 수많은 공급 측 제조업들은 이런 부가가치의 업그레이드에 효자 노릇을 하고 있는 셈이다.

"답은 강북의 도시 중심가, 그 안에 있다."

개발의 붐과 무작정 상경(上京)으로 이어진 큰 물결 속에서, 동대문시장 사람들은 저마다 초중고교, 그 이상의 교육수준을 갖춘 채 값진 인적자원으로 거듭났다. 그들은 공돌이 혹은 공순이라는 어쩌면 부끄러운 이름 아래 한강의 기적을 낳은 전설이 되었다. 동대문 패션, 그곳 또한 부끄럽기도 했지만 봉순이란 애칭 그대로 땀과 눈물 그리고 벅찬 꿈을 가져 왔다. 단지 봉제공장과 아파트가 한곳에 놓여 그들 근로 삶의 질이 향상되는 날을 기다릴 따름이다.

"좋은 재단사 없이는 좋은 디자인도 없다."

－차경남, 서울봉제산업협회 회장

주

1) 설봉식, 박정희와 대한민국 경영, CAU, 2012, p. 208.

2) 상게서, CAU, 2012, pp. 209-210.

3) www.donga.com

4) CHOSUN Biz, 2017년 9월 27일자

5) 뉴스위크, 1977년 6월, 설봉식, 박정희와 대한민국 경영, CAU, 2012, p. 222.

6) 이어령, 신한국인, 문학사상사, 1986, pp. 123-125.

7) Daniel Tudor, Korea : The Impossible Country, Tuttle Publishing, 2012, pp.92-147.

8) 에리크 쉬르데주 저, 권지현 역, 한국인은 미쳤다, 북하우스, 2015, pp. 30-31.

9) 동아일보, 1962년 1월 31일자

10) 조영래, 전태일 평전, 전태일 재단, 1983.

11) 전태일 일기, 1970년 8월 9일, 전태일 동상 위에 새긴 글, 전태일 다리에서

12) 설봉식, 마이크로 경영, K-미디어, 2010, pp. 195-198.

13) 정주영, 시련은 있어도 실패는 없다, 제삼기획, 1991, p.59.

14) 한국전문경영인대상, 한국CEO학회 수상식 수상연설 중에서

15) www.naver.com

16) 중앙일보, 2017년 9월 19일자

17) http://biz.khan.co.kr

18) http://cafe.daum.net/ppasongclub

19) 현대자동차 푸상무 이야기, 조선일보, 2017년 8월 12일자

20) 중앙일보, 2017년 7월 10일자

21) A Member of Penguin Group, Inc., Every Manager's Desk Reference, pp. 529- 김상우, 이영범, 제프 헤멀, 케이스 크리스티안 외 지음, 세운상가 그 이상 : 대규모 계획 너머, 공간서가, 2016. pp. 106-107.

22) 상게서, p. 107.

VIII. 보이지 않은 시장의 손

가격이 곧 왕

"동대문 패션, 그 시장은 누가 경영하고 있는가?"

시장은 결코 상인이 경영하는 게 아니다. 그 답은 가격이다. 저 유명한 경제학자 아담 스미스는 자본주의 체제의 아름다움을 처음으로 설파해 마치 아버지와 같은 대우를 받고 있다. 그는 "시장은 보이지 않는 손(invisible hand)이라는 가격에 의해 움직인다."고 영롱하기까지 한 이론을 폈다. 자본주의 체제는 시장에서 자유로운 경쟁이 이루어지고, 그 장터에서 가격이 왕으로 군림하는 가운데 그 체제가 잘 유지되어 왔다.[1]

그렇다. 동대문 도매시장 역시 자유방임시장과 같아 보이지 않는 어느 손의 작용에 의해 성장되어 왔고, 동대문 패션의 명성도 그 손의 작용으로 이루어졌다. 그곳에서도 가격은 큰 힘을 가진 시장의 왕으로 군림했다. 시장은 가격에 따라 움직이고 생산과 소비, 구매와 판매 등의 수량과 매출규모 또한 그 가격에 따라 결정되어온 것이다.

보이지 않는 시장의 손, 바로 그 가격은 시장을 둘러싼 모든 경제주체에게 행위의 지표를 알려주고 또 그들 행위를 바꿨다.

첫째, 이런 가격은 동대문 패션, 그 팩토리와 같은 공급자나 제조기업에게 무엇을 얼마만큼 어떻게 생산할 것인가를 지시하고 또 감독도 한다.

둘째, 소매상 및 국내외 바이어들의 행위는 소비자 욕구와 그들 필요에 관한 정보를 기반으로 하여 이루어진다. 문제는 그 가늠자가 곧 가격이다.

셋째, 시장에서 이루어지는 수요와 공급의 규모는 가격수준을 결정한다. 바로 그 가격은 왕의 위세로 도매상의 행위 및 경영성과를 좌지우지 한다.

넷째, 동대문 패션, 그 제품이 갖는 시장가치 및 그 힘 또한 가격수준에 따라 그 지속가능한 경영 여부를 가늠해준다.

"진정으로 시장의 왕은 가격이다."

한때 우리 조상들은 사농공상 사상과 같은 낡은 사상에 빠져 그저 "농업이 본업이다(農者天下之大本)."라고 했다. 반면에 "상업은 말업(末業)에 지나지 않는다."라는 생각으로 무척 상인을 천시해 왔다.

설상가상으로 경제성장과 공업화 진전 이후에도 공업우선의 정책을 펴면서 유통 및 서비스업을 두고 불로소득 운운하면서 심지어 금융세제 지원마저 외면했다. 오히려 유통 및 서비스업에 대한 사회적 질타가 빈번했다. 과중한 유통 및 물류비용, 과도한 광고 및 판촉비용, 높은 가격 마진 등을 문제 삼은 것이다.

그러나 동대문 패션, 그 시장은 더 많은 투자 및 고용기회를 제공하고 디자이너와 패션팩토리의 임직원들, 그리고 도매 및 소매상가에서 베푸는 쇼핑의 장터 그 속에서 펼쳐지는 소비자의 필요와 욕구 충족 등은 우리의 삶터를 풍요롭게 해줘 왔다.

누군가는 인류의 위대한 3대 발명품을 두고 불, 수레바퀴, 주식회사 등으로 꼽고 있다. 생각을 달리 하면 바로 그 값진 발명품 속에 시장, 그 장터를 포함시킬 수 있을 것이다. 그곳 시장터에서 보이지 않는 손, 그 가격은 왕으로 군림하는 가운데 생산자와 소비자의 필요와 욕구를 조정하고 나아가서 국리민복의 일상을 펼쳐가고 있기 때문이다.

시장의 실패(Market failure)라는 말이 있다. 공급자의 독점이나 그 과점이 생겨 매점매석을 하거나 반대로 수요자의 독과점이 있게 되면, 생산자도 소비자도 그들의 욕구를 충족하기 어렵다. 그때 시장은 평화가 깨진다. 생산자와 소비자는 왜곡된 시장가격에 따라 그들 욕구가 딱 맞아 떨어지지 않기 때문이다. 그 귀결로 시장은 이내 실패하곤 했다. 온 인류는 긴 역사 속에서 그 길을 걸어 왔다.

그렇다고 정부가 나서서 과도하게 시장에 개입할 수도 없는 일이다. 공급 및 수요의 독과점을 규제하는 일은 그리 쉽지 않다. 정부가 개입하면 부작용이 커진다. 자칫 정부의 실패(Government failure)가 뒤따르곤 한다.

동대문 패션, 그곳 시장은 독과점의 횡포도 정부의 개입도 없는 자유방임의 장터다. 그곳 장터는 보이지 않는 손의 작용 덕분에 평화가 유지되어 왔다. 아니 그곳에서 공급자도 수요자도 다 함께 욕구의 만족을 추구하곤 해 왔다. 동대문 패션이 있는 그곳은 평화와 안정이 지속되어온 것이다.

"가치(value)는 가격(price)보다 비싸다."

이런 베타(Toba Beta)의 말은 옳다. 유통학에서 논의하고 있는 가치가격화도 같은 맥락으로 풀이할 수 있다. 우리가 동대문 도깨비 시장에 가보면 발견할 수 있듯이, 도매상에 따라서는 자사 디자이너 브랜드가 다른 브랜드보다 더 나은 교환가치를 유지할 수 있도록 단순한 가격인하보다도 같은 가격으로 더 많은 만족감을 제공하려는 고도의 유통전략을 편다.

가치가격화는 비록 눈에 보이지 않는다 해도 상가마다 그 경쟁의 우위 및 경영성과, 나아가서 안정적 성장세 등으로 그 전략적 성과가 드러난다. 동대문 패션, 그 시장을 찾는 국내외 바이어는 지금도 보다 나은 가치 추구를 통해 구매 및 소비만족의 극대화를 향유하고 있기 때문에 이런 가치가격화를 더 선호하고 있는지도 모를 일이다.

가격은 왕이다. 그러나 비록 가격이 왕이라고 해도 마치 민심이 천심이듯 상품이나 속도, 그리고 갖가지 서비스 등에 따라 그 수준이 크게 영향을 받아 왔다. 누군가는 "동대문시장은 자본주의 천국이다."라고 했다. 대한민국 안 '동대민국'이라는 공동체와 같은 애칭도 있다. 평화가 있는 그곳 이야기다.

동대문시장은 가격의 우선 속에서 상품 및 속도, 그리고 서비스 등에 따라 시장의 힘이 영향을 받는 아름다운 시장법칙에 따라 지금도 그 성장이 그침 없이 지속되고 있는 듯하다.

동대문 도매시장은 마치 자유방임시장과 같아 보이지 않는 손의 작용에 의해 성장되어 왔다. 그 손이 바로 그곳에서 큰 힘을 가진 채 시장의 왕으로 군림했던 가격이다. 시장은 가격에 따라 움직이고 생산과 소비, 구매와 판매 등의 수량과 매출규모 또한 그 가격에 따라 결정되어 왔기 때문이다. 그러나 비록 가격이 왕이라고 해도 마치 민심이 천심이듯 상품이나 속도, 그리고 갖가지 서비스 등에 따라 그 수준이 크게 영향을 받아 온 것도 사실이다. 누군가는 이런 동대문시장을 두고 "자본주의 천국이다."라고 칭송했다. 맞는 말이다.

"상거래가 이루어지는 장터에 평화가 있다."

– Jeffrey Tucker, 미국 작가

품질혁신 또한 시장에서

"누가 동대문 패션, 그 제품을 잘 만드는가?"

디자이너인가, 패션팩토리의 임직원과 기술자들인가, 아니면 시장터의 유통 경영인들인가? 그들도 아니라면 다른 그 누가 그 제품을 잘 만들까? 이에 대한 논의는 분분하다.

그러나 그 답은 있다. 그 답이 무엇이라고 하든, 우리는 "제품력이 있으면 잘 팔린다."는 엄연한 사실을 잘 알고 있다. 그렇다면, 진정 제품의 품질혁신은 누구의 손에 의해 이루어지는가? 서로 다른 두 견해가 있다.[2]

그 하나로서, 품질혁신은 과학 및 기술의 발전에 따라(science technology push) 이루어진다. 신제품이나 품질이 업그레이드된 좋은 제품은 대학이나 연구소 및 그곳 실험실에서 연구한 결과물이라는 뜻이다. 물론 맞는 말이다. 이런 논의 또한 널리 받아들여지고 있다. 아니, 상식이다.

다른 하나로서, 어느 제품이든 그 품질혁신은 시장수요에 따라(market demand pull) 이루어진다. 제품의 혁신은 연구소가 아니고 시장에서 이루어진다는 뜻이다.

그렇다면 동대문 패션, 그 의류는 누가 어디에서 만들고 또 누가 어디에서 그 제품의 혁신을 이끌고 있는가?

"우리는 디자이너 브랜드의 의류만 판매한다."

동대문시장에 가면, 상가마다 늘 이런 외침의 광고 카피로 국내외 바이어와 소매상, 그리고 많은 소비자에게 널리 손짓을 한다. 동팡과 같은 사이버 공간 속에서도 동대문 패션의 자랑거리를 담은 광고 카피가 무성하다. 그것은 오늘날 동대문 패션, 그 상품은 "과거와는 달리

질 나쁜 제품을 그저 값싸게 팔지 않는다."는 볼멘소리이기도 하다.

동대문 패션, 그 상품은 전문가다운 디자이너가 좋은 원단과 갖가지 소재로 창의적으로 정성껏 만들어 그 품질이 꽤나 좋다.

"설마!"

그렇다. 이런 의구심이 있을 법도 하다. 아직도 동대문 패션, 그 상품에 대한 시장 및 고객의 신뢰도가 낮은 데 따른 소비자 반응이다. 그저 패션잡지에 소개된 트렌드나 반짝 유행을 좇아 카피한 제품은 아닌지? 의아심을 갖는 사람들이 많다.

그러나 이젠 믿어도 된다.

오늘날 동대문 패션, 그 상품은 많이 좋아 졌다. 실제로 전문 디자이너들의 지식과 기술 및 그들 패션 디자인의 선진 노하우에 힘입어 그 품질이 크게 향상된 것은 엄연한 사실이다. 그렇지만 생각을 달리해 보면, 동대문 패션 그 상품의 품질향상은 스스로가 아닌 경쟁이 치열한 특유의 시장, 그곳 경쟁의 장터가 낳은 급박한 상황이 만든 결과물에 불과하다.

동대문 패션, 그 상품은 도매시장에서 벌어지는 치열한 경쟁을 뚫고 어렵게 선보여 거래되는 아니 살아남은 값진 합격품과 같다. 동대문 패션, 그 품질 또한 천둥과 같이 요동치는 동대문 도매상가에서의 치열한 경쟁 속에서 늘 품질이 향상되곤 한다. 이와 같이 도매상가에 출하된 디자이너 브랜드는 경쟁의 장터에서 자연스럽게 그 혁신이 이루어지는 보증품과 같다. 지방 소매상이나 국내외 바이어가 믿고 구매할 만하다.

"경쟁은 약이다. 이게 무슨 소리?"

누구든 시장에서 경쟁적인 기업이 없는 독과점 상태에서 어느 상품을 판매할 수만 있다면 큰소리치며 앉아서 편하게 장사하는 그런 비즈니스를 좋아할 것이다. 그러나 그런 시장이 많지는 않지만, 만에 하나 그런 시장에서 독과점적 공급을 한다면 그 상태는 마치 독배를 마시는 것과 하등 다르지 않다.

누군가는 "독과점 현상은 전쟁을 낳고 자유경쟁의 시장은 평화를 낳는다."고 했다. 이런 논의는 그리 틀린 말이 아닌 듯싶다.

"동대문시장은 하루 평균 150만 명이 오가는 대형 쇼핑몰이다. 이 상권의 95%가 도매상가, 경쟁이 치열한 그곳에서 살아남는다는 건 쉽지 않은 일이다. 수많은 매장과의 경쟁 속에서 독자적인 브랜드로 열성적인 팬을 거느리는 건 낙타가 바늘구멍에 들어가기만큼 어렵다."[3]

동대문 도매상가 내 작은 점포로 시작한 쏨(Ssom)의 오정란 대표는 자체 아동복 브랜드로 국내 몇 곳에 점포를 직영하거나 온라인 판매를 겸하고, 중국 상하이에도 프리미엄 매장을 운영하면서 떠오르고 있는 인물로 작은 거상이다. 그녀가 건넨 이 말은 우리의 눈시울을 찡하고 뜨겁게 만든다.

말은 쉽다. 그러나 동대문 도매시장에서 품질로 승부한다는 건 매우 어려운 일이다. 좋은 품질의 패션상품을 만들려면 좋은 디자인에서부터 시작하여 패션팩토리에서 그 제품을 잘 만들어야 하기 때문이다. 그러나 어느 패션팩토리 사장님의 푸념처럼, 디자이너들이 제품을 잘 만들어 달라고 하면서 헐값으로 공급해 달라는 데 문제가 있다고 한다. 가성비가 높은 상품으로 시장경쟁에서 이기려는 궁여지책임은 이해가 가는 대목이다.

"양질, 염가의 제품생산, 이것이 기업 성취의 ABC다. 그러나 이것은 아울러 기업의 사회적 책임이기도 하다."[4]

민족적 회사의 역사 100년으로 가는 유한양행의 전설적인 창업자 유일한 박사가 남긴 값진 말이다. 그리 쉬운 일은 아니지만, 유한양행은 지금도 사회적 책임을 다하는 초우량기업의 하나임은 누구나 다 아는 일이다. 요즈음 한 저가 소매점 체인 다이소는 꽤나 품질 좋은 상품을 염가로 팔아 초고속 성장을 지속하고 있다. 그 회사 박정부 회장도 그의 경영비법을 공급 측에서 찾고 있는 게 눈에 띈다.

"우리 회사는 오랜 기간에 걸쳐 쌓아온 납품업체들과 서로 조금씩 양보하며 협력하는 가운데 지난 20여 년 동안 상품 소싱의 노하우로 상생(相生)의 경영을 지속하고 있다. 남들보다 상품을 대량으로 주문하고 100% 현금으로 결제해 납품업체와 신용을 쌓고 끈끈한 신뢰를 얻으려고 노력해 왔다."[5]

동대문 패션, 그 시장의 미래는 밝다. 그것은 앞에서 논의해 왔듯이, 공급 측 경영의 합리화 길이 열려있기 때문이다. 디자이너들이 특정 공급 측과의 장기안정적 계약으로 비용을 절감할 수도 있다. 아니면, 이른바 공장 없는 제조업을 직접 경영하거나 협력과 제휴의 길을 찾아봄직도 하다. 무엇보다도 저비용은 치열한 시장경쟁에서 가격경쟁의 우위를 유지할 수 있는 큰 힘이 되기 때문이다.

> 동대문 패션, 그 상품은 도매시장에서 벌어지는 치열한 경쟁을 뚫고 어렵게 선보여 거래되는 아니 살아남은 값진 합격품과 같다. 동대문 패션, 그 품질 또한 천둥과 같이 요동치는 동대문 도매상가에서의 치열한 경쟁 속에서 늘 품질이 향상되곤 한다. 이와 같이 도매상가에 출하된 디자이너 브랜드는 경쟁의 장터에서 자연스럽게 그 혁신이 이루어지는 보증품과 같다. 지방 소매상이나 국내외 바이어가 믿고 구매할 만하다.

"모든 것은 개선될 수 있다."

　　　　　　　　　　　　　　　　－C. W. Barron, 다우존스 기업주

주식회사의 힘

우리는 자본주의 사회에서 남부럽지 않게 잘 살고 있다. 다만 휴전선 북쪽에 사는 북한 동포들과 함께하지 못하고 우리만 잘 먹고 잘 사는 게 가슴 아플 따름이다.

우리가 향유하고 있는 이런 자본주의 사회는 3.1운동 직후 시작되었다. 지금으로부터 100년 전 역사적인 그날의 자각 속에 이루어진 일이다. 그때 우리 조상들은 일제의 침탈로 재산과 권리 및 자유 그리고 명예, 끝내는 생명까지 빼앗기고 말았다. 그때의 참상은 형용하기 어려울 정도였다. 어느 지하 신문은 피눈물로 쓴 사설에서 당시의 상황을 이렇게 값진 기록으로 남겼다.[6]

"우리들은 죽을 수밖에는 길이 없다. 그들은 이국땅에 가면 어떻게 좀 더 나은 삶을 바랄 수는 있겠지라는 막연한 생각으로 이 땅을 떠나갔다. 그러나 그들 조선인은 이 땅에 남아 죽음의 길을 택할 수밖에 없었던 사람들과 그리 다를 바가 없다. 불쌍한 사람들이다."

다행히도 우리 조상들은 나라를 빼앗긴 이후 10년이 가까워진 1919년 3월 1일에 의연히 일어나 위대한 독립선언서를 선포했다. 무서운 총검 앞에서도 모두가 만세를 부르며 자주와 평화를 외쳤다.

"우리가 일본의 지배를 받은 것은 우리 민족이 약하기 때문이었다. 내 살림은 내 것으로 조선사람 조선 것으로 우리는 우리 것으로 살자."

3.1운동 직후 인촌 김성수는 이런 외침의 자각 속에서, 전국을 돌며 한국인 1인1주의 형식으로 1주당 가격 50원짜리 20,000주를 목표로 하여 주식을 모았다. 그리고 그 해 10월 5일 국내 최초의 주식

회사 경성방직을 세우는 큰일을 주도했다.[7]

이렇게 하여 우리는 자본주의, 그 시스템의 새 길 큰 걸음을 걷기 시작했다. 주식회사는 경제성장과 인류의 복지향상이라는 거시적 성과와 자본의 형성과 규모의 경제 실현, 위험분산 등으로 기업의 지속가능한 경영을 가능케 한 특유의 시스템이기 때문이다.

그러나 작금에 와서 한국의 자본주의 체제는 100년의 역사적인 그날을 다시 기다리며 그만 큰 위기를 맞고 있다. 아니, 자본주의 왜곡은 큰 문제다.

앞에서 우리는 자본주의 사회에서 잘 먹고 잘 살고 있다고 했다. 겉으로 보아 우리는 고도 선진 자본주의 경제에 살고 있는 게 분명하다. 전체기업 중 주식회사가 98.2%(2008년 현재)나 되니 맞는 말이다.[8] 그러나 그 속내, 어려운 사정은 무려 99.3%가 주권(株券) 및 코스닥 상장이 안 된 비상장 법인이라는 데 있다. 설상가상으로 1%에도 못 미치는 상장법인 중 10억 원 미만의 자본규모를 갖춘 기업이 92%를 웃돈다고 한다. 크게 우려되는 일이다.

상장법인들은 자본의 집결, 우수한 기술보유, 고급 인적자본의 확보, 위험분산 등 주식회사가 갖는 더할 나위 없는 강점을 갖게 된다. 그러나 겉으론 법인기업이면서도 이름만 주식회사라면 그런 이점도 제대로 향유할 수 없다. 시장에서는 힘이 없다. 시장에서 힘이 나약하기 때문에 늘 어렵고, 끝내 휴·폐업의 수순을 밟고 만다.

그렇다면 그 원인은 무엇일까? 그것은 그들 자영업 및 중소기업 대부분이 상장 안 된 채 자본도 기술도 경영 및 마케팅 노하우도 부족하다. 특히 그들 나홀로 기업, 주먹구구식 경영의 초췌함은 더욱 심각하다.

지금 우리가 투어를 하고 있는 동대문 패션, 그 시장은 모두가 어렵다고 한다. 그러나 함께하면 작지만 강한 시장의 힘을 가질 수 있는 일이다. 무엇보다도 주식회사, 그 본질 그대로 자본, 사람, 기술 등을 함께 모으고 합리적으로 쓰면 가능하다.

금융을 지렛대로 삼아 그 경영성과를 추구하는 일 또한 가능한 일이다. 어렵지 않다.[9] 여기에서 지렛대 효과(leverage effect)의 비법을 생각해 보자.

어느 회사가 100억 원의 자본금으로 10억 원의 순익을 올렸다고 할 때 투자 자본의 100%를 자기자본으로 충당했다면 수익률은 10%가 될 것이다. 이에 대하여 50%를 금융시스템을 통해 타인자본으로 썼다면 자기자본수익률은 20%로 배가 되는 셈이다.

이런 금융의 지렛대 효과는 마치 수호천사와 같다. 자본주의 강점은 그곳에서 찾아나서야 한다. 물론 경기가 안 좋아 수익률이 낮은데 과도하게 타인자본에만 의존하면 과중한 금리부담으로 그 회사의 힘이 약해지는 어려움이 없지 않다.

그렇지만 동대문 패션, 그 시장에서는 함께하는 경영으로 보다 나은 경영성과를 올려야 한다. 주식회사의 힘은 시장의 어떠한 위기국면도 슬기롭게 헤쳐나갈 수 있다. 짝퉁이 아닌 참주식회사는 길이다. 아니 생명이다.

동대문 패션, 그 시장은 비록 상황이 어렵다고 해도 함께하는 데서 그 답을 찾아야 한다. 주식회사와 같이 함께하면 작지만 강한 시장의 힘을 갖는다. 바로 그 주식회사의 본질 그대로 가면 가능하다. 금융을 지렛대로 삼아 그 경영성과를 얻으려 하는 쉬운 길이 그 한 사례다. 왜 지금은 벤처 캐피탈이나 크라우드 펀딩 등 금융시스템의 초현대화가 급진전되고 있지 않은가!

"사업을 하는 데는 세 가지 조건이 필요하다. 그것은 지식, 기질, 그리고 시간 등이다."

- Owen Felltham, 영국 작가

회계가 곧 비즈니스

"앞으로 남고 뒤로 밑지곤 한다."

아마 동대문 패션, 그 시장에서도 이런 푸념이 있을 법도 하다. 외화내빈이라고 해도 무방하다. 동대문시장, 그곳 24시의 공간에서 너무나 힘든 그런 비즈니스의 일상을 보내고 있는 그들이다. 그러나 빛 좋은 개살구라고 비아냥을 받는다면 속상해 할 일이다.

미국 오바마 대통령은 그의 재임 중 세계금융위기를 맞았다. 그는 그때의 위기는 재무 문맹 때문에 야기되었다고 진단했다.

지난 20세기 동안 세계 각국 특히 개도국들은 문자 문맹의 퇴치를 통해 물질문명의 발전을 이룩해 왔다. 그러나 21세기 이후 우리의 일상생활 속에는 돈이 차지하는 금융의 비중이 확대되고, 경제 및 금융시장의 다변화로 회계 및 재무관리방식이 복잡해졌다.

그러나 불행하게도 사람들은 돈의 소중함과 그 관리방식을 잘 모르는 신종 문맹, 이른바 재무 문맹이 생기고 말았다는 풀이다.

기업의 경영은 회계가 그 출발점이다. 아니 회계가 곧 비즈니스다. 어느 기업이든 재무나 투자, 그리고 영업 및 경영 등의 의사결정을 하는 데는 회계가 그 행위의 바탕이 되어야 하기 때문이다. 기업은 주식의 발행이나 사채의 발행, 그리고 은행에서의 차입 등으로 자금을 마련하고 그 이자를 지불하는 재무활동을 지속하는 일이다.

그리고 갖가지 원자재를 조달하고 여러 형태의 자산에 투자해 그 증식을 바란다. 뿐만 아니라 노동시장에서 우수한 인력을 채용하고 상품과 서비스를 팔아 이윤을 증대시키고 주주나 채권자 및 투자자에게 각각 이윤의 몫을 챙겨주는 일을 하는 것이다.

이와 같이 기업의 시장활동은 모두가 회계정보를 밑받침으로 하여 합리적인 의사결정을 하는 과정이며 그 귀결인 셈이다. 그러므로 회사를 경영하는 일은 곧 회계정보의 분석과 그 처리 과정이라고 하겠다. 회계를 모르면 경영 자체가 어렵고 힘이 든다.

"어느 회사나 실물의 흐름도 중요하지만 돈의 흐름 또한 중요하다. 동전의 양면과 같다."

"그중에서도 현금은 늘 회전되어야 하며 그것도 고속으로 회전되어야 한다. 만일 재고 상태가 오랜 기간 지속되거나 거래하는 파트너가 자금융통의 어려움으로 외상매출금의 입금이 늦어지면 이익은 있어도 현금이 없는 이른바 계산상으로는 맞아도 현금이 모자라는 불상사가 생기기 십상이다. 이러한 현금흐름의 뒤틀림은 가능한 없애야 하는 법이다."[10]

일찍이 고려시대 개성상인들은 이른바 '개성부기'라고 하여 앞서가는 복식회계를 잘 사용했다고 한다. 그들 고려 상인들은 13세기 말 이탈리아 피렌체 상인들이 처음으로 썼다는 바로 그 복식부기법을 이미 쓰기 시작했다. 자랑스러운 일이다. 우리 것 세계 으뜸은 많기도 하다.

만일 어느 상인이 단식부기법 그대로 일정한 원칙 없이 현금의 유입과 유출이 있을 때 마다 장부에 기록한다면, 기대하는 경영성과를 얻기 힘들 것이다. 그러나 또 다른 상인처럼 복식부기법 그대로 재산에 영향을 미치는 모든 거래를 파악함으로써 재산이 시시각각으로 변화하는 원인과 그에 따른 결과를 동시에 기록하는 관리회계적 경영을 잘 한다면 더 나은 경영성과를 얻을 수 있는 일이다.

동대문 패션, 그 시장은 자랑스러운 개성상인의 후예로서 회계 바탕의 경영마인드를 갖춘 임직원들의 노력에 힘입어 보다 나은 경영성과를 얻는 알찬 장터가 되어야 한다.

물론 회사 임직원 모두가 공인회계사와 같은 지식과 지혜를 가질 필요는 없다. 그러나 회사 임직원들은 "회계가 곧 비즈니스다."라는 인식 아래 살림꾼 같은 경영을 지속해야 한다.[11] 장사꾼 기질을 갖추어야 한다. 나약해서는 안 된다. 그저 남의 탓으로만 돌려야 되겠는가!

아니, 안살림 중시의 경영이라고 해도 좋다. 바깥 살림이 혁신적이고 보다 새로운 일에 대한 열망과 그 추구 및 실현이라고 한다면, 안살림은 운영과 그 관리이며 슬기로운 예견과 탐색의 지향이라고 하겠다. 그리고 바깥 살림은 변화를 일으키지만 안살림은 변화에 적응하곤 한다. 그러므로 바깥 살림은 다양성의 조화를 지향하는 데 비하여 안살림은 차별화 경영으로 보다 알찬 경영성과를 기대하는 데 있을 성싶다.

요즈음 우리나라 사람들은 예전과는 달리 무서워하지 않는 세 가지가 있다.[12] 법과 빚, 그리고 안전불감증 등이 그것이다. 법과 질서를 어기는 일은 폐가망신을 초래하기 때문에 더 이상 논의할 문제가 아니다.

그러나 어느 기업이든 회계정보의 관리도 없이 빚 무서운 줄 모르고 자금을 펑펑 쓰거나 안전불감증에 빠지는 것은 심각한 일이 아닐 수 없다.

"설마가 사람 잡는다."

이런 말은 우리의 삶 속의 민낯이다. 안정 없이는 성장도 없다. 안정이 곧 기업의 미래다. 안정을 위한 갖가지 희생은 씨앗이 되어 미래의 경영성과를 낳기 때문이다. 동대문 패션, 그 시장은 안정 바탕 위에 그 성장이 지속되어야 한다. 그러므로 우리는 회계가 곧 비즈니스라고 외친다. 참동대문 사람이 되어야 한다.

기업의 시장활동은 모두가 회계정보를 밑받침으로 하여 합리적인 의사결정을 하는 과정이며 그 귀결이다. 그러므로 회사를 경영하는 일은 곧 회계정보의 분석과 그 처리과정이라고 하겠다. 회계를 모르면 경영 자체가 어렵고 무척 힘이 든다. 동대문 패션 그 시장은 개성상인의 후예, 그 명예 그대로 회계 바탕의 경영마인드를 갖춘 임직원들의 노력에 힘입어 보다 나은 경영성과를 얻어야 한다. 회계가 곧 비즈니스다. 참동대문시장 사람들이 가야 할 훤한 길이다.

"비즈니스를 하는 데는 두 가지 법칙이 있다. 제1의 법칙은 결코 손해를 입지 마라. 그리고 제2의 법칙은 절대로 제1의 법칙을 잊지 마라."

– Warren Buffett, 세계적인 투자의 달인

경쟁 속 집중의 힘

동대문 패션, 그 시장은 세계 어디에도 없는 큰 장터다. 다행히도 독과점의 횡포가 없는 복된 우리 삶의 터전이다. 아름다운 평화가 넘쳐나는 복된 땅이다.

비록 시장경쟁은 치열하게 벌어지고 있지만, 그 장터에서 저마다 나름대로의 힘을 발휘하면서 생존하는 힘, 그 환희가 있다. 저 유명한 경영학자 포터(Michael E. Porter)는 어느 기업이든 시장경쟁력을 높이려면 차별화, 저비용, 집중 등 세 가지 조건을 갖추고 보다 명쾌한 답을 찾으라고 권고했다. 맞는 말이다.

그러나 그중에서도 특히 집중력 발휘는 시장경쟁의 우위를 갖는 커다란 힘이다. 많은 기업은 차별화와 저비용을 추구하면서도 단지 집중력 부족으로 경영성과를 얻는 데 실패하곤 한다. 아니 다반사다.

"차별화와 저비용은 필요조건이지만 집중은 충분조건이다."

신격호 회장은 그의 사무실에 '거화취실'이라는 사자성어의 액자를 걸어놓고 있다고 한다. 누군가가 신격호 회장께 이런 물음을 드렸다는 것이다. "롯데 하면 잘 나가는 기업집단인데 왜 중공업이나 자동차 등 튼튼한 제조공장 하나 없느냐?" 그때 신격호 회장은 이내 이렇게 응답했다는 후문이다.

"무슨 소리야. 우리의 전공분야로 가야지. 우리가 잘 하는 것에 집중해야지. 과자면 어떻고, 음료면 어때서 그러는지? 가장 중요한 건 기업을 튼튼하게 꾸려서 회사에 이익을 남기고 더 많은 일자리를 만드는 일이야. 겉보기에 화려한 것만 쫓으면서 남들 따라가기보다 지금 하는 일에서 성과를 내는 게 훨씬 중요한 일이지."[13]

생각해 보면 동대문 패션, 그 시장 역시 차별화와 저비용 등은 저마다 추구하고 있는 것 같다. 그러나 집중력은 아닌 듯하다.

그 집중력은 한 우물을 파는 전문화가 그 첫째이며, 혼을 담은 상품개발과 그 품질의 유지와 관리의 지속 등이 둘째 혹은 셋째로 보아야 한다.

"나는 쇼핑한다. 그래서 나답다(I shop therefore I am)."

미술작품 속에 비춰진 쇼핑에 관하여 몇 작품 중 미국인 미술가 크루거(Barbara Kruger) 의 이 말은 우리의 관심을 끌 만하다.[14]

논의의 쟁점은 쇼핑이란 단순히 물건을 사는 행위가 아니라 개인의 성격, 가치관, 취향, 욕구 등을 나타내는 메시지를 전하기 위해서임은 틀림이 없다. 누구나 스스로도 모르는 자신의 존재를 쇼핑이 대신 말해준다는 풀이다.

동대문 패션, 그 시장은 그들 소비자의 쇼핑행위와 그 현상을 보고 보다 나은 패션제품의 생산과 시장 출하와 머천다이징으로 맞춤형 고객서비스를 잘 해야 할 것이다. 그러므로 무엇보다도 왕과 같은 신분이나 다름없는 소비자, 아니 "그들의 욕구와 필요가 무엇인가"에 보다 더 집중할 필요가 있다. 한시도 눈을 떼서는 안 된다.

우리네 삶 속 경제현상에 관한 이론은 수요공급 법칙만으로도 쉽게 풀이할 수 있다. 가격이 떨어지면 수요가 늘어나고 수요가 늘어나면 가격이 오른다. 그리고 가격이 오르면 수요가 떨어지는 법이다. 이런 수요와 공급의 시소(seesaw)게임은 시장의 거래 그 일상 속에서 반복되는 현상이기도 하다. 누구나 다 알 만한 철칙과 같은 경제법칙 그 기초다. 아니 상식이다.

우리는 아담 스미스(Adam Smith)를 두고 경제학의 아버지라고 말해 왔다. 그러나 그가 살던 시대보다 400년이나 앞선 14세기에 시리아 학자 이븐 타이미야(Ibn Taymiyyah)는 놀랄 만한 주장을 했다.

"어느 상품이든 그 상품에 대한 필요(availability 또는 needs)보다 그 상품에 대한 욕구(desire 또는 wants)가 크면 가격이 오른다. 반면에 그 상품의 필요가 늘어나고 그 욕구가 줄어지면 그 상품의 가격은 떨어진다."[15]

어쩌면 원조 수요공급의 법칙이라고 말할 수 있겠다. 이와 같은 수요공급 법칙의 원조와 같이, 동대문 패션 그 시장에서도 어느 상품이든 그 상품의 필요와 욕구에 따라 가격이 움직이는 시소게임은 그치지 않는다. 그렇다면, 앞서가는 동대문 패션의 도매상가의 전략적 도구는 제품의 욕구에 비해 그 필요를 늘리는 데 집중해야 할 것이다.

아무리 가격이 왕이라고 해도 어느 상품이든 그 상품의 가치(특히 감성적 가치)를 높여 필요이상으로 욕구의 증대를 유발시켜야 한다. 이는 곧 동대문 패션이 추구하는 시장터의 프로급 장사법이기도 하다.

독과점 시장에서는 폭력성이 난무하지만 자유경쟁의 장터에서는 늘 평화롭기만 하다. 물론 어느 비즈니스이건 경쟁의 장터에서 많은 돈을 번다는 게 그리 쉽지 않다. 그래서 사람들은 작은 벌이의 연속을 통한 긴 보람을 얻으려 한다. 그게 바로 성공으로 가는 지름길이다. 어느 기업이든 큰돈을 벌기 위해서는 일확천금과 같은 큰 성취가 아니라 박리다매와 같은 작은 성취가 거듭되는 장기 안정적인 경영성과를 얻는 데서 큰 보람을 찾아야 하지 않겠는가!

동대문 패션, 그 시장은 자유방임적 시장이다. 출하하는 상품의 감성적 가치를 높이지 않으면 그 상품에 대한 수요의 유발을 지속할 수 없다. 늘 주고(give), 사랑하고(love), 믿는(faith) 등 온갖 정을 쏟는 데 경영의 집중이 이루어져야 한다. 그렇지 않으면 냉혹한 경쟁의 장터에서 살아남기 어렵다.

"한 눈 팔면 안 된다."

동대문 패션 그 시장은 그들 소비자의 쇼핑행위와 그 현상을 보고, 보다 나은 패션제품의 생산과 시장 출하 및 그 머천다이징으로 맞춤형 고객서비스를 잘 해야 할 것이다. 그러므로 무엇보다도 신(神)이나 왕으로 대우받곤 하는 귀한 신분의 소비자 그들의 욕구와 필요가 무엇인가에 집중할 필요가 있다. 한시도 눈을 떼서는 안 된다.

"시간이 없다. 무엇보다도 가장 중요한 일에 집중하라."

– Roy Bennett, 기업가

주

1) 국부론(The Wealth of Nations)은 경제학의 고전, 영원한 교과서로서 그 책에 '보이지 않는 손'이라는 유명한 키워드를 낳았다.

2) 설봉식, 비즈니스 지능, 도서출판 두남, 2002, pp. 53-56.

3) www.dinsight.co.kr

4) 유일한 1895-1971, ㈜유한양행, p. 32.

5) 다이소 홈페이지

6) http://www.rocketenews.kr

7) 실제로 경성방직 창업자 인촌은 창업 후 이내 동생 김연수에게 그 경영권을 맡겼다.

8) 비록 몇 해가 지났지만 가장 최근에 통계로 잡힌 인터넷 검색 자료는 그런 수치를 내놓고 있다. 아마 지금의 상황도 크게 달라지지 않았을 것이다.

9) 지금은 벤처 캐피탈이나 크라우드 펀딩 등 금융시스템의 초현대화가 급진전되어 금융의 지렛대 효과를 극대화할 수 있다. 좋은 세상 아닌가!

10) 하야시 아츠무, 박종민 역, 관리회계, 한빛, 2009, p. 89.

11) 회계학을 중시하는 한 대학에서의 교과과정의 변혁은 커다란 성과를 거둘 것이다. 회계가 곧 비즈니스란 논의는 저자의 졸저, 마이크로 경영(K-미디어, 2010)에서 다룬 그대로 인용해 수정 보완했다.

12) 설봉식, 이젠 프랜차이즈의 스마트 경영 시대가 왔다, CAU, 2014, p. 22.

13) 김태훈, 신격호는 어떻게 거인 롯데가 되었나?, 성인북스, 2014, pp. 77-78.

14) 조선일보, 2017년 10월 13일자

15) Daniel Smith, Big Ideas, 150 Concepts and Breakthroughs that Transformed History, Michael O'Mara Books Ltd., 2017, p.218.

IX. 옥에는 티가 있다

한국병 전염

오늘날 한국경제는 세계 10위권의 경제규모와 무역량을 자랑하고 총수출 규모는 세계 7대강국으로 우뚝 섰다. 한국경제는 이처럼 글로벌 그 시장지위가 크게 향상되었다. 자랑스러운 일이다.

그러나 빛이 있으면 그림자가 있듯이 우리는 한국병, 그 증후군으로 큰 어려움을 겪고 있다. 한국병은 어제오늘에 발병된 증상이 아니다. 우리는 1990년대 중반에 선진국 그룹인 OECD에 가입한 후 경제가 휘청거렸으며 끝내 외환위기를 맞았다. 1997년 11월 3일에 이르러 IMF의 구제금융을 받는 신세가 된 것이다. 그때 세계인들은 "한국인들은 샴페인을 너무 일찍 터트렸다."고 비아냥거리고 또 질타했다.

다행히 IMF 경제신탁통치의 치욕 속에서도 국민 스스로의 금 모으기와 정부주도의 뼈를 깎는 아픔의 구조조정 등이 이어졌다. 그 덕분에 한국경제는 4년 만에 종속의 IMF 관리체제로부터 졸업하고 이른바 IMF 우등생이라는 칭송을 받기도 했다.

"우리는 또다시 샴페인을 일찍 터트렸다."

한국인들은 투기성 투자, 가파른 벤처열풍, 무분별한 카드 발급 등으로 나라 경제가 또다시 휘청거리는 위기를 맞았다. 못 말리는 한국인 특유의 국민성이 드러났다. 급기야는 우리 스스로가 저성장의 덫에 걸려 잃어버린 20년을 경험한 일본의 길을 따라가고 말았다.

특히 한국경제는 보수와 혁신의 갈등, 세대 간 이념 충돌, 정치불신을 넘은 혐오감 증대, 부정부패 등 불치의 고질병이 다시 생긴 채 허우적거리고 있다. 한국병 증세는 이런 신종 바이러스의 감염으로 더욱 악화되고 있는 게 사실이다.[1]

문제는 그동안 잘 나가던 동대문 패션, 그 시장에도 그만 이런 한국병 증후군이 깊숙하게 감염되고 말았다는 데서 그 심각성이 더욱 더 크다.

물론 낮과 밤이 없는 동대문시장의 24시, 그 쉼 없는 장터는 한국병 증후군이 만연될 수밖에 없는 열악한 환경이기도 하다. 힘들고 더럽고, 위험한 일로부터 벗어나려는 이른바 3D 기피현상은 그 감염을 막을 수도 또 치유하기도 어려운 일이다.

"우리는 밤이 없다. 해가 뜨고 점포 문이 열리면 충성도 높은 고객, 그들 소비자가 몰려온다. 우리는 그들의 즐거운 쇼핑의 행복감 만끽을 위해 늦은 밤에 도매거래가 불가피한 동대문 그곳의 도깨비시장으로 간다. 잠을 잘 짬이 없다."

어느 일본인 바이어가 왜 동대문 도매상가는 밤에만 문을 여느냐는 질문에 대한 동대문시장 사람들의 답변이다. 한강의 기적을 이룬 빠르고 바쁜 한국인다운 응답이었다.

그러나 그토록 바빴던 시장사람들이 그만 한국병 증후군에 감염되고 말았다. 도매상가의 영업시간을 낮으로 옮겨야 한다고 외치는 사람들이 생기기까지 했다. 심각한 문제가 드러난 것이다.

동대문 패션, 그 시장은 "사람이 없다."고 한다. 밤에 하는 일은 너무 힘이 든다는 볼멘소리가 들린다. 아니 그 목청이 커졌다.

"밤에 일하는 게 그토록 힘든 일인가?"

이런 허튼 소리가 들릴 수도 있는 일이다. 그러나 낮에 자고 밤에 일하는 건 밤에 자고 낮에 일하는 것과 비교할 수 없을 만큼 그 피로도 차이가 생각보다 훨씬 크다는 게 현장의 목소리다. 귀 기울여 봐야 한다.

그러나 이 세상에 공짜는 없다. 무슨 일이든 희생이 따른다는 말이다. 힘든 만큼 그 대가도 큰 법이다. 그렇지만 시장터 상황은 다르다. 특히 3D 기피현상과 같은 한국병 증후군이 동대문 패션, 그 현장에 매우 빠른 속도로 감염되고 있는 것은 큰 짐이 아닐 수 없다.

그 여파로 동대문 패션, 그 클러스터는 지금 파트너십의 균열 위기가 감지되고 있다는 데서 그 심각성이 크다고 하겠다. 새삼스러운 일이 아니지만 우리가 그토록 자랑했던 우리 의식을 고취해야 한다.

최근에 한 신간도서(Leaders eat last)에서는 네 마리의 황소와 사자에 관한 이솝 우화로써 우리 의식(From Me to We)를 고취시키고 있다.[2] 처음에는 우리 안에 있던 황소 네 마리가 서로 꼬리를 맞대고 원을 그리며 사자의 공격을 뿔로 막았다. 결코 울타리가 보호막이 아니었다. 네 마리의 황소가 빙글빙글 돌면서 그린 둥근 원(the Circle of Safety)이 황소의 안전에 도움이 되었다.

그러나 나중에는 사자의 꼬임에 빠져 황소들이 함께하지 못하고 나홀로 안전을 위해 울타리 밖으로 뛰어나가면서 그 안전의 둥근 원은 균열이 생긴다. 그때 사자는 한 마리 한 마리 황소를 차례로 잡아먹기 시작해 끝내 모든 황소가 희생되고 만다. 그 책의 저자 사이넥스(Simon Sinex)는 이런 상황을 우려했다.

마찬가지로 동대문 패션 그 클러스터는 도매상가, 디자이너, 봉제공장 임직원, 그리고 그 밖에 바쁜 시장사람들이 한데 모이고 서로 힘을 합쳐 갖가지 어려움을 극복해 왔다. 그러나 그곳 클러스터는 지금 파트너십의 균열 위기를 맞고 있다. 황소들이 만든 안전의 둥근 원이 와해되고 말았다. 한국병 증후군 그대로 우리 의식이 깨지고 있다는 것이다.

동대문 패션 그 클러스터는 이런 우리 의식 덕분에 가격과 상품, 그리고 속도감 높은 글로벌 시장의 경쟁력을 유지해 왔는데 그 우위의 지속이 어렵게 되었다. 어느 TV 방송에서 귀부인들이 우리 남편 대신에 저희 남편이라고 말하는 데 귀에 거슬리곤 하는 상황이 반복되고 있다. 우리는 늘 우리 식구, 우리 집, 우리 회사, 우리나라 등등 말해오지 않았던가!

동대문 패션 그 클러스터 속 파트너십의 균열 위기는 큰 문제다. 서둘러 우리 의식을 복원해야 한다.

낮과 밤이 없는 동대문시장의 24시, 그 쉼 없는 장터는 자칫 한국병 증후군이 만연될 수밖에 없는 열악한 환경이기도 하다. 힘들고, 더럽고, 위험한 일로부터 벗어나려는 이른바 3D 기피현상은 널리 확산되어 도저히 그 감염을 막을 수도 또 치유하기도 어렵다. 그러나 그곳에 아름다웠던 파트너십의 균열 위기는 더 큰 문제다. 서둘러 우리 의식을 복원해야 한다. 함께하는 일이 급하다.

"행복은 뭔가 할 일을 찾는 데 있다. 그것은 결코 얻고 소유하는 게 아니다."

– Napoleon Hill, 성공에 대한 연구가

한 점의 티가 큰 문제

우리는 앞에서 동대문 패션, 그 시장의 성장세가 가격, 상품, 그리고 속도 등에 달려있다고 했다. 그중 어느 것 하나라도 미흡하면 큰 문제다. 그중에서도 상품의 품질관리가 잘 안 된다면 더욱더 큰 문제다.

패션 잡지 D-insight의 박우혁 기자는 동대문 패션시장에 관한 SWOT 분석에 대한 보도에서 그 약점(weakness)을 창의적인 디자인 능력 부재, 브랜드 가치 결여, 품질관리 미흡, 점포 간 상품차별화 미비, 기술개발 및 인력양성 소홀, 주차장과 휴식공간 및 편의시설 부족 등으로 꼽았다.[3]

많은 약점 중에서도 품질관리의 미흡은 큰 문제라고 지적했다. 동대문 패션의 한 무역회사 서울클릭은 임직원이 그리 많지 않다. 아마 20명 남짓으로 가늠된다. 바로 그 회사의 사원들은 동대문 패션, 그곳 24시에서 꽤나 바쁜 일을 해내고 있는 듯 했다. 그분들 중 누군가 아니면, 다른 시장사람 누군가는 저자에게 동대문 패션 그 클러스터의 실상을 귀띔해 주었다.

"동대문시장은 가격 대비 우수한 품질, 빠른 수송과 배송 등 유통 측면에서 장점이 많습니다. 그러나 불량처리가 원만하게 이루어지지 않는 단점을 가지고 있습니다. 때론 불량이 나왔을 때도 같은 제품으로 교환해 주거나 그 수리가 가능하지만 현금으로 환불해 주지는 않습니다. 그런 곳은 거의 없죠."

이런 푸념이나 질타 속에서도 동대문 패션, 그 시장은 검품미비와 같은 큰 문제만 잘 해결하면 자연스럽게 그 성장을 지속할 수 있는 일이다. 주식회사 바바패션의 아이잗 컬렉션은 2016년도에 대한민국 패션 품질대상을 수상했다고 한다.

그 회사는 뉴 브랜드의 빠른 시장 안착과 성장세의 지속이 무엇보다도 품질 덕분이었다고 했다. 소재의 고급화와 실용성 보강 등으로 명품의 품질 유지와 합리적인 가격전략을 편 데서 비롯되었다는 것이다.

그중에서도 꼼꼼한 품질관리를 최우선의 전략적 도구로 삼았다고 전한다. 사전 기술지도, 생산업체별 중간 체크, 적정 작업일수 확보, 생산업체와 우수인력 확보, 제품생산 전수검사를 통한 완성도 높이기 등이 바로 꼼꼼한 품질관리의 과정이며 단계로 삼았다는 것이다.[4]

2017년 한경비즈니스 품질만족도 대상을 받은 패션시계 및 의류 등을 생산하는 브랜드 타임메카 또한 다양성 중시의 머천다이징 전략을 펴면서도 사후관리 서비스에 경영을 집중하면서 소비자 만족도를 향상시켜 왔다고 한다. 반면에 품질관리와 정품 취급원칙 아래 가짜 상품의 경우 120% 보상하는 데 그 경영을 집중하는 전략을 폈다는 것이다.

영롱한 빛깔의 옥에는 한 점의 티가 있을 땐 그 값어치가 떨어진다. "사소한(detail) 게 더 중요하다."라는 주장을 편 어느 중국인 저술 경영서와 같이, 한 점의 티가 큰 문제로 드러날 수 있다. 그것은 100-1이 곧 99가 아니고 가시적으로 숫자 00이 남는다는 데서 수긍이 갈만 한 대목이다.[5]

우리 생각에도 한자어 100 백(百) 자에서 한자어 하나의 의미를 가진 한 획을 지우면 흰 백(白)자가 되듯 그저 아무 것도 남지 않는다는 논의로도 풀이된다.

"사실 돈으로만 생각하고 품질보다 수량 위주로 일하는 사람들이 많다는 점 인정해요. 그러나 모순이 있어요. 품질은 좋게 해달라면서 단가는 싸게 하자고 하니 그게 문제라는 거죠. 저한테 오는 디자이너들만 해도 그래요. 많이들 오는데 결국 애기하다 보면 가격을 싸게 해주는 이들을 찾아가더라고요. 우리가 정성껏 만들어 준다는 것은 그만큼 시간을 더 투자한다는 것 아닌가요? 좋은 품질의 옷을 만들고 싶으면 공임에 투자해야 하는데, 그렇게 안 하려고 해요. 정성을 들이는 걸 따지면 판매가의 절반을 우리에게 줘야 하는데, 예전부터 왜 생산라인에서만 가격을 낮추려고 하는지 정말 모를 일이죠."[6]

거듭 인용하고 있듯이 숙련 재봉사 김옥련 여사의 말이다. "왜 생산라인에만 가격을 낮추려 하는지?" 진짜 좋은 기술을 가진 재봉사들이 많이 모자라는 이유는 바로 거기에 있다는 주장이다.

최근에 동대문 패션 그 허브에서는 많은 상인들의 볼멘소리가 널리 들린다. 그것은 이젠 더 이상 뒤죽박죽 개발의 지속, 노점상의 범람, 짝퉁 브랜드 및 가짜 상품의 시장잠식, 교통혼잡의 일상화, 보행길 확보의 미비 등은 옥에 큰 티와 같다.

동대문시장 사람들 그 누군가는 이런저런 걱정을 하곤 한다. 동대문시장에 중국산으로 보이는 짝퉁 동대문 브랜드 상품이 많아졌다는 우려가 그들의 가슴을 아프게 하는 듯 했다.

"동대문시장은 점점 중국산 제품이 늘어나고 있습니다. 아직은 국내산이 압도적으로 많으나 치열한 가격경쟁에서 살아남기 위해 '디자인은 한국에서 생산은 중국에서' 손쉽게 사업하는 업체가 늘어나고 있는 게 엄연한 사실입니다. 더욱이 중국 내 도매상가에서 사입한 제품까지 판매하는 곳도 없지 않습니다. 큰일입니다."

이처럼 옥에는 티가 있기 마련이다. 그러나 바로 한 점의 티도 문제가 커질 수도 있는 일이다. 경종을 울릴 만하다. 아니 골든타임이 왔다. 서둘러 어딘가로 SOS를 보내야 한다.

동대문 패션 그 제품은 브랜드 가치와 명성을 유지하기 위해서 출하한 상품마다 혼을 담아 만들어야 한다. 흠이 있는 제품은 도매상가 안에서 발붙일 데가 없다. 밤 새워 쉼 없는 바쁜 비즈니스 또한 경영성과를 기대할 수 없는 일이다. 미리 보이는 어두움 아닌가!

검품이 그 명약이다.

한국의류산업협회 최병오 회장은 바쁜 자신의 비즈니스 일정에도 불구하고 동대문 패션 그곳에 대한 연민의 정이 넘쳐나는 듯하다.

"브랜드 도용 및 유통방지, 디자인 침해, 저작권 관리, 원산지 표시 및 KC마크 관리 등 의류패션제품의 국내외 유통구조 조사와 그 대책 마련이 시급하다."

"아울러 지적재산권 침해분쟁과 대응 등 업계의 권익 보호를 위해 패션지식재산권보호 사업의 업무범위와 역할을 크게 확대하고 최선을 다해야 한다."

이런 최병오 회장의 2018년 새해 첫 다짐과 함께 동대문패션타운 관광특구협의회 홍석기 회장의 동대문 상권 사랑 또한 그곳의 꿈이며 답이다.[7]

"동대문 상권의 옛 명성은 더 이상 손상되면 안 된다. 우리 동대문상인들은 제품의 경쟁력을 높여 소비자가 인정하는 최고의 상품을 만들도록 최선을 다해야 한다."

동대문 패션, 그 시장이 안고 있는 많은 약점 중에서도 특히 품질관리의 미흡은 큰 문제의 하나다. 그렇지만 그 시장에서 이런 큰 문제를 해결할 수만 있다면, 자연스럽게 그 성장을 지속할 수 있는 일이다. 동대문 패션, 그 시장은 우선 생산이 중요하지만 철저한 검품을 통한 품질 좋은 상품을 생산하는 일 또한 중요하다. 서둘러 그런 검품 시스템을 갖추어야 한다. 동대문 패션 그 시장은 검품 없는 지속가능한 경영이 어렵다. 어둠이 보이는 증후군은 없애야 하지 않겠는가!

"우리는 곧 힘이다(We=power)."

- Lorii Myers, 작가

근시안은 안 돼

"장사는 5리 보고 10리 간다."

널리 알려진 말이다. 장사가 늘 이문을 남기는 일만 하는 게 아니다. 시장에서 꼭 남는 장사, 교과서와 같이 이문을 뜻하는 마크업(mark-up) 가격이 형성되는 것도 아니다.

때론 밑지고 파는 이른바 마크다운(mark-down)의 가격도 형성되기 십상이다. 땡처리도 피할 수 없는 유통전략이다. 더 나은 상품구성으로 시세 좋을 때 더 많이 팔기 위해 공격적으로 이런 판촉전략을 펴기도 한다.

동대문 패션, 그 시장은 앉아서 장사하던 낡은 습성을 버리지 못한 도매상들이 많다는 소문이 그치지 않는다. 걱정이 앞선다. "그동안 돈 잘 벌었는데 뭐!" 이렇게 말하는 상인들 또한 적지 않다고 한다. 그래서 그들은 5리 보고 10리 가는 일의 참뜻을 모른다. 아니 모를 리 없겠지만 그들은 그 길을 가지 않는다. 1보 후퇴 2보 전진도 뒷전이다.

물론 모두가 그렇다는 건 아니다. 혹시 국내 시장만 보고, 해외 바이어들이 늘 충성도 높은 고객이라고 생각해 왔는지도 모를 일이다. 어떻든 근시안적이다. 봉제공장으로부터 사는 자의 힘(Buyers' market)을 발휘해 구매단가를 낮추고 사입 삼촌이나 해외 바이어에게 파는 사람의 힘(Sellers' market)을 가지고 바가지 판매가로 팔아 왔다면 큰 문제가 아닌가!

이윤의 역설이란 말이 있다. 도매상가의 상행위 목표는 이윤극대화에 있음은 당연하다. 그렇다. 누가 이런 교과서와 같은 논의에 반박하겠는가! 그러나 한번 생각해 보자.

물론 행복은 선이고 불행은 악이다. 그러나 누구든지 행복만을 얻으려 한다면 그 행복을 쉽게 누릴 수 없다. 누구나 새벽에 일어나 오직 행복만을 얻으려고 일상의 모든 일을 그 쪽에 맞춘다면 정오가 되기도 전에 지루하다고 느낄 것이다. 그래서 철학자들은 쾌락의 역설(Hedonic paradox)이라는 키워드로 행복만을 추구하면 오히려 불행해진다고 했다.

"그래도 당신이 행복하기를 원한다면 그대의 생각을 가다듬고 에너지를 내뿜으며 희망을 고취시키는 목표를 세워라!"

유명한 철강왕이며 처세술의 달인 카네기(Andrew Carnegie)의 말이다. 목표는 유효기간이 있는 꿈이기 때문에 더욱 그러하다. 사업을 할 때 누구나 꿈을 꾸며, 계획하고 믿으며 행동하기 일쑤다. 또한 목표를 세우는 일이 곧 비전(Vision)이며 그 비전은 보이지 않는 것을 보는 예술이라고 말한다.[8]

미래는 보이지 않는다. 그러나 미래의 상황을 상상할 수는 있다. 가는 곳 걷는 길에 대한 상상력 없이 길을 떠날 수는 없는 일 아닌가! 땅만 보고 걷는 건 우매한 짓이다. 고개를 들고 언덕 위 산 넘어 '보이지 않는' 그곳을 보아야 한다. 이정표 없이 어찌 마구 걸을 수 있겠는가! 자동차 안에 장착된 내비게이션이 바로 그 이정표와 같다.

비즈니스는 이런 비전과 목표를 세우는 게 그 일의 ABC와 같다. "근시안은 안돼!"라는 우려의 소리 또한 비전 아래 목표를 세우고 계획을 수립하여 믿고 행동하라는 주문이다.

다행히도 동대문 패션, 그 시장은 "근시안은 안 돼!"라는 우려의 목소리를 귀담아듣고 또 자각하듯 자구책을 마련했다고 한다. 2017년 3월 이후 중소기업청에서는 향후 3년간 60억 원의 예산규모로 동대문 패션, 그 시장의 글로벌 전략을 펴는 데 지원하기 시작했다는 것이다.[9]

동대문 패션의 특화 브랜드 개발 및 업그레이드, 외국인 관광객 유치 및 해외 바이어 대상 글로벌 마케팅, 그 인프라 구축, 글로벌 명품시장다운 고객서비스 증진 등이 그 정책 내용이다.

특히 디자인과 ICT기술의 융복합 과학적 접근에 의한 패션제품의 품질향상을 위한 전략은 글로벌 시장에서의 비교우위를 위한 시금석이 될 것이다. 늦었다고 생각할 때가 빠르다. 단지 그 지속성이 관건이다.

"패션산업은 본질적으로 디자인과 소재의 싸움이다. 미래에는 IT기술과의 접목 여부에 따라 그 성패가 갈린다."[10]

맞는 말이다. 다쏘 시스템의 예측된 계산이다. 철저한 상품기획 및 디자인 시뮬레이션이 이루어지면, 제품 론칭 비용은 40%, 샘플 비용은 30%만큼 그 비용을 절감할 수 있다고 했다. 뿐만 아니라 자료 탐색과 데이터 업로드 등 일반사무의 업무량도 최대 75%까지 줄어든다고 추정하였다.

"변화는 자유다."

삼성그룹의 이건희 회장은 오늘날과 같이 글로벌 기업으로 등극하는 대장정 속에서 이런 말을 내놓았다. 그 후 삼성은 우리 것 세계 으뜸에 이를 만큼 대성공을 이루었다. 우리가 해외에 나아가 여기저기에서 삼성의 CI를 보면, 한국인의 자부심이 느껴지곤 한다. 어깨가 으쓱해질 일이다.

마찬가지로 동대문 패션, 그 시장 또한 삼성이 추구한 변화의 자유로움 그대로 더 멀리 새 길 큰 걸음을 뚜벅뚜벅 걸어야 한다.

"바꾸면 얻는다."

이런 논의에 대하여 한국섬유산업협회 성기학 회장은 흔쾌히 응답하는 듯하다. 2018년 새해 벽두에 그분이 외친 신년인사의 줄거리다.[11]

"섬유패션시장을 꼭 비관적으로 볼 필요가 없다. 우리 업계는 인적 내지는 물적 자원과 신기술을 결합시켜 대내외 시장을 개척, 심화시키는 데 더 노력을 기울여야 한다."

"비록 힘이 든다고 해도 노사가 서로 힘을 합쳐 노력한다면 임금 인상, 근로시간 단축 등이 초래하는 어려움도 슬기롭게 극복할 수 있을 것이다. 우리 모두 섬유패션산업이 한 단계 더 도약하고, 각자 사업이 성공할 수 있도록 새로운 각오로 한번 더 뛰어야 한다."

저 유명한 철강왕 카네기는 "당신이 행복하기를 원한다면, 그대의 생각을 가다듬고 에너지를 내뿜으며 희망을 고취시키는 목표를 세워라!"라고 했다. 그의 권고 그대로 동대문 패션, 그 시장은 "근시안은 안 돼"라는 자각의 목소리가 새삼 여기저기에서 들린다. 사업을 할 때 누구나 꿈을 꾸며, 계획을 세우고 희망 속에 행동해야 한다. 또한 목표를 세우는 일이 곧 비전(Vision)이며 그 비전은 보이지 않는 것을 보는 예술이라고 할 때 장기적인 안목에서 비전과 목표에 따라 뚜벅뚜벅 걸어야 한다.

"나는 옷을 디자인하지 않는다. 오직 꿈을 디자인할 뿐이다."
　　　　　　　　　　　　　　　 – Ralph Lauren, 패션 브랜드기업 창업자

우물에서 숭늉 찾기

"급하다고 해서 실을 바늘귀에 꿰어 넣지 않고 바늘허리에 감을 수 없는 일 아닌가!"

해외에서 더 유명한 디자이너 우영미 여사에 의하여 창업된 남성복 솔리드 옴므(Solid Homme)는 지난 1988년 이후 30년에 이르는 경험의 축적을 해 왔다고 한다. 지금 솔리드 옴므는 미국 삭스피프스 백화점 등 15개 매장을 비롯하여 프랑스 봉마르세 및 쁘랭땅 그리고 영국의 해러즈 백화점 등 33개의 매장을 가지고 있는 글로벌 브랜드가 되었다는 것이다.

신사동에 작은 가게로부터 둥지를 튼 우영미 디자이너는 남성복 시장은 좁고 대기업과의 경쟁에서 버티기 어렵다고 판단해 2년 여전에 타계한 막냇동생 우장희 디자이너에게 "그럼 해외로 나가자."라고 볼멘소리를 하고 무작정 파리행 비행기를 탔다고 한다. 그때가 2002년, 그 이후 3년이 지난 어느 날 한 유명한 편집매장의 매니저는 우영미 디자이너에게 넌지시 이렇게 건넸다는 후문이다.[12]

"너는 그래도 다르구나."

이는 그가 "파리에서 쇼를 하는 디자이너는 한둘이 아니지만 계속 꾸준히 하는 디자이너는 그대밖에 없다."고 생각한 후 건넨 말이다. 게다가 모르는 나라에서 온 디자이너를 어떻게 믿느냐는 것이 그의 생각이었다고 한다. 그는 "과연 꾸준히 버티는지?" 한참 보고 나서야 마음의 문을 열었다는 것이다.

방탄소년단을 키운 방시혁 대표는 그의 한 언론과의 인터뷰에서 스타 작곡가다운 말을 했다.

"나는 음악은 엉덩이가 쓰는 것이라고 생각한다. 작업실에 오래

붙어 앉아서 다양한 음악을 많이, 오래 붙어 앉아 들어야 좋은 음악을 만들 수 있다."[13]

　시장사람들도 말하고 있다. 시장 밥이 생명이라는 논의가 그것이다. 서울클릭과 같은 동대문 패션 임직원들은 이렇게 말하고 있다.

　"해외 바이어들에게 보다 좋은 품질의 상품을 사입해 주기 위해서는 아는 가게, 아는 사장님, 때로는 언쟁까지도 이런 시장 밥이 큰 힘을 발휘한다. 성실함과 인내심이 그 열쇠다."

　우리가 동대문 그곳 도깨비 시장에 가보면, 평화시장에서 청계천변을 따라 동쪽으로 이어지는 많은 전통시장형 도매상가가 즐비해 있는 것을 보게 된다. 신평화시장, 남평화시장, 동평화패션타운, 청평화패션타운 등이 그들 상가다. 모두 평화를 갈구하는 상가 이미지 그대로 그들의 상인정신이 그 상가 브랜드에 묻어 있다.

　한 때 그곳 전통시장형 많은 도매상가는 우물가에서 숭늉을 찾듯 유명세를 탄 NB(national brand) 상품이나 저임금 바탕의 값싼 해외 아웃소싱, 아니 짝퉁 상품 등을 머천다이징으로 하여 매출의 급신장을 추구해 왔다. 지금도 동대문시장 하면 싸구려 시장터라는 이미지, 그 여운이 그대로 남아 상가마다 지속가능한 경영이 꽤나 어렵다.

　"옥에는 티가 있다."

　그러나 그 티가 문제다. 그러나 다행히도 지금 그곳 평화시장과 그 후예, 평화를 기치로 내건 도매상가는 상가마다 특화 그 전문화 경영으로 새 길 큰 걸음을 걷고 있다고 한다. 지금은 다양화시대에서 전문화시대로 향하는 트렌드에 잘 적응하고 있는 반가운 변화다.

　예컨대, 평화시장에서는 모자와 스카프, 신평화시장에서는 양말과 스타킹, 남평화시장에서는 가방류, 청평화시장에서는 영 캐주얼 저가제품 등을 전문화하여 그 상품구색의 깊이를 더욱더 심화시키고 있다.

문제는 "얼마나 동대문 패션다운 상품인가?"에 달려 있다. 물론 소비자 인지도가 높은 NB상품이나 겉만 번드레하고 해외 봉제공장에서 만든 짝퉁은 곤란하다. 물론 매출고가 반짝 증가할 수도 있다. 그러나 소비자는 안다. 아니 소비자의 아바타, 그들 소매상이나 국내외 바이어들은 동대문 패션의 혼을 팽개쳐버린 그런 류의 상품을 이내 외면하고 만다.

앞으로 평화시장은 전통 그대로 상가마다 윗층에 전문화된 머천다이징 예컨대, 모자나 스카프 디자인연구소를 만들어 동대문 패션 특유의 상품샘플을 양산해야 하지 않겠는가! 다른 평화시장의 가족 또한 양말, 스타킹, 신발, 가방, 아동복 등 갖가지 전문화 상품의 디자인연구소를 만들 수 있는 일이다.

평화시장 가족, 그들 상가는 저마다 세계 제1위의 디자인연구소를 만들어야 한다. 어려운 일이 아니다. 큰돈이 드는 투자도 아니다. 한국 사람들은 "하면 된다."고 하지 않았던가! 별도로 광고나 판촉에 많은 비용을 쓸 필요가 없다. 모자나 스카프의 디자이너 브랜드만 출하해 놓으면 가능하다. 밤이 되면 수많은 국내외 바이어들이 동대문 패션몰 군집으로 몰려오기 때문이다. 고객을 모으는 힘이 대단하다고 할 때 더욱 그러하다.

"앉아서 쉽게 장사할 수도 있다."

꽤나 쉬운 일이다. 동대문 패션다운 상품만 내놓자! 디자인이 말해준다. 세계 어느 곳에서도 찾아 볼 수 없는 그들 특유의 전문점으로 재탄생될 수 있다고 본다. 동대문 패션, 그곳에 가면 모자, 스카프, 가방, 속옷, 신발, 형형색색의 영 캐주얼 등 갖가지 상품, 착한 가격, 빠름의 소비자 만족 극대화를 안겨준다는 유명세가 더욱 확산되어야 한다.

물론 특화 및 전문화로 가는 길은 멀고 험하다. 더욱이 세계 제1위의 시장지위로 가는 꿈은 벅차기만 하다. 그렇다고 우물가에서 숭늉을 찾을 수는 없지 않은가! 그 꿈은 단순한 변화를 넘어 혁신이다. 경험의 축적으로 얻는 지혜가 거기에 있다.

"우리 눈을 휘둥그렇게 만드는 혁신도 따지고 보면 하늘에서 느닷없이 뚝하고 떨어진 것이 아니다. 오래된 것들이 모이고, 다시 조합되고 쌓여서 비로소 이루어진 것들이다."[14]

경험의 축적은 이내 훤한 길을 열어준다. 그리고 생명줄이다. 인기 있는 KBS 스페셜 프로그램에 나왔던 이정동 교수의 이 외침에 귀를 기울여봐야 할 때가 왔다. 그분의 논의는 더 이어가고 싶다.

옥에는 티? 문제는 그 티를 없애야 한다. 최근에 평화시장과 그 후예, 평화를 기치로 내건 여러 도매상가는 상가마다 특화 그 전문화 경영의 새 길, 그 혁신의 길을 걷기 시작했다. 그들은 다양화시대에서 전문화시대로 향하는 시대의 흐름에 잘 적응하고 있는 듯하다. 반가운 소식이다. 다만 그들 전통시장형 상가는 동대문 패션다운 상품을 내놓아야 한다. 세계 어느 곳에서도 찾아 볼 수 없는 특화된 상품, 보다 착한 가격, 더 빠름이 지속되면 많은 소매상 및 국내외 바이어에게 만족감과 행복감을 듬뿍 안겨줄 수 있을 것이다.

"갈 길이 너무 멀면 스스로가 좋아하는 노래를 부르면서 흥겹게 계속 걸어가라."

– Mehmet Murat ildan, 터키 출신 극작가

잃어버린 동대문 드림

"지금은 어렵다."

우리가 늘 듣는 말이다. 이런 말은 너무 많이 들어 이젠 식상하기까지 한지도 모를 일이다. 그러나 어느 학회에서 함께 활동하던 한 후배 학자, 이정동 교수의 저서에서는 이런 푸념에 대하여 색다르게 질타하고 있다. 우리의 가슴을 뭉클하게 해준다. 공감이 가는 대목이다.

"더 걱정스러운 것은 오늘이 아니라 내일의 모습을 가늠할 혁신의 분위기가 가라앉고 있다는 점이다. 오늘 비록 어렵다고 하더라도 그 어디라도 새로운 도전적 기술과 비즈니스 모델을 계획하고, 또 시도하고 있다면 희망을 가질 수 있다. 도전의 결과가 반드시 좋다고 보장할 수는 없겠지만 아무런 도전도 하지 않는 상태보다는 절반의 가능성은 기대할 수 있기 때문이다."[15]

동대문 패션, 그 시장터 역시 아무런 도전도 하지 않는 상태로 가는 게 아닌가 걱정하는 사람이 많다. 물론 동대문 패션, 그곳에서는 꿈이 많았다. 우리가 앞에서 흙수저의 성공신화를 논의하지 않았는가!

그들 신화의 주인공 중 한 사람이 있다. 그분 패션기업 예신그룹의 박상돈 회장은 동대문시장에서 재단사로 일하면서 값진 동대문 드림을 이룬 산 증인이다. 그는 1970년 여름에 충남 예산에서 상경하여 평화시장의 이른바 3.3평방미터의 작은 공장에 취직해 재단과 봉제를 배웠다고 한다.

"밤새 손끝에서 피가 나는 줄도 모르고 연습해 3년 만에 재단사가 되었죠. 그때 그곳 동대문시장에서 배운 지독한 근면함과 근성이 지금까지 사업하는 힘이 되어 왔습니다."[16]

뱅뱅어패럴 권종열 회장도 젊은 나이 28세에 동대문시장에서 옷을 직접 만들어 판매했던 살아있는 전설이다. 물론 우리가 다 아는 일이다. 그는 일찍이 동대문 드림을 꾸고 또 그 꿈을 이룬 불세출의 인물이다. 80세가 넘은 고령에도 불구하고 365일 쉬지 않고 일이 곧 취미라는 생각으로 경영일선에서 바쁜 워커홀릭 CEO 10걸로 남아 모두가 우상으로 삼고 있다.[17]

그는 지금도 디자인, 영업, 매장관리 등 모든 분야의 업무를 섭렵한 채 임직원들의 업무를 지원하기 위해 경쟁업체의 원단과 디자인까지 체크하곤 한다는 것이다. 그의 동대문 드림은 현재진행형 이라고 해도 무방하다.

이런 소중한 경험의 축적과 사례가 있지만 동대문 패션, 그 시장은 불행하게도 미래의 역사가 없다고들 야단법석이다. 문제는 동대문 패션, 그 미래가 밝든 어두운 상황이든 우리 곁에 두고 꿈을 꾸고 또 도전을 시도해야 하지 않겠는가!

"잃어버린 동대문 드림, 그것이 문제다."

독일 영화감독 벤더스(Wim Wenders)는 "꿈 없이는 용기가 생기지 않는다. 용기 없이는 일할 의욕도 행동으로 옮길 수도 없다."고 했다. 문제는 그의 말 그대로 "뭘 이룰 수 없다."는 데 있다.[18]

꿈이란 "미래에 대한 질문을 오늘 하는 답변이다."라는 미국의 초능력자 케이시(Edgar Cayce)의 해석 그대로 그 답변을 스스로 뭔가 오늘 답변해 볼 필요가 있을 듯하다. 영국의 싱어 송 라이터, 그는 비틀즈 창립 멤버였는데 혼자 꾸는 꿈은 단지 꿈일 뿐이지만 함께 그 꿈을 꾸면 현실이 된다고 했다.

앞에서 인용한 그분 짐 로저스는 워런 버핏과 조지 소로스 등과 함께 세계 3대 투자자로 꼽히는데 그는 한반도 통일 후를 대비해 중국어와 러시아어를 꼭 배우라고 젊은 한국사람에게 조언하면서 새 일자리는 패션 분야 등을 필두로 꽤나 많다고 했다.

분명한 것은 이런 세기의 투자자의 조언처럼 패션이 곧 미래산업의 하나라는 데 있다. 그의 이런 논의는 수긍이 가는 말이다. 그렇다면, 우리 모두가 동대문 드림의 복원을 위해 그 깃발을 올려야 하리라 생각된다.

동대문 드림은 단순히 꿈을 꾸는 데 있지 않다. 동대문 꿈의 전설 권종열 회장과 같이 워커홀릭, 그 후 쾌거를 이루어봄직하다. 워커홀릭(Workholic)은 일중독과 다르다. 그러니까 일중독(Work addiction)과 같이 일과 삶 사이의 균형을 잃고 마는 부정적인 귀결이 아니다.

우리는 자주 "몸으로 때운다."라고 말하곤 한다. 우리는 반세기 그 이전에 자본도 자원도 지식도 기술도 없이 그저 근검절약을 하며 힘든 일을 해냈다. 무지와 질병, 그리고 가난으로 설명되었던 후진국 상태 그때 그 시절, 우리는 몸으로 때울 수밖에 다른 도리가 없었다.

몸으로 때운다는 것은 그 몸을 움직이는 마음, 바로 그 마음가짐이 아니었을까? 그렇다면 동대문 패션, 그 시장의 지속성장 또한 그곳 사람들의 마음가짐이 큰 힘이 되었다고 하겠다.

"사업은 마음이다."

비즈니스, 그것은 마음이 먼저 그 다음에 돈과 경영 및 기술이라고 할 수 있을 것이다. 너나없이 "마음먹기에 달려 있다."고 말한다. "아메리카의 꿈, 그것은 메이드 인 아메리카로 이어진다."라고 외친 월마트의 창업자 샘 월튼 회장은 많은 덕담을 남겼다. 그는 이렇게 외쳤다. 우리의 답답한 가슴을 어루만지는 듯한 청량제 박카스와 같은 명언의 하나다.

"자금부족은 문제가 되지 않는다. 오직 비전이 없는 게 큰 문제다."

이제 우리 모두가 잃어버린 동대문 드림을 찾아야 한다. 굳게 마음만 먹으면 된다. 뭐가 문제인가?

투자의 귀재 짐 로저스는 "패션이 곧 미래산업 그 하나다. 그곳에 가라. 중국어와 러시아어를 배워라."라는 등 훈수를 두고 크게 외쳤다. 그의 이런 논의는 수긍이 가는 말이다. 그렇다면, 우리 모두가 동대문 드림의 현장에 가서 그 복원을 위해 함께 깃발을 올려야 하지 않겠는가! 우리는 앞에서 비즈니스, 그것은 마음이 먼저 그 다음에 돈과 경영 및 기술이라고 풀이했다. 모든 게 마음먹기에 달려 있다.

"열심히 일하고 즐겨라. 그리고 역사를 만들어라."

－ Jeff Bezos, 아마존 창업자

주

1) 세계일보, 2017년 10월 18일자

2) Simon Sinex, Leaders Eat Last-Why some teams pull together and other don't, Portfolio/Penguin, 2017, pp. 23-30.

3) www.dinsight.co.kr 산업연구원 한 연구보고서와 같은 견해인데 그 자료 원천은 누가 원조인지 잘 알 수 없다. 단지 똑같은 논의를 한 데는 그 분석이 꽤나 타당성이 있다고 본다.

4) 국제섬유신문 뉴스, 2016년 3월 28일자

5) 중국인 왕중추의 경영서는 "사소한 데 집중하는 디테일 경영자만이 살아남는다."고 역설했다.

6) 프레시안 보도

7) D-insight, 2018년 1월 1일자

8) 우리에게 값진 처세술을 건네 준 카네기를 비롯하여 이 책에서 인용한 많은 어록은 도서나 인터넷 검색, 그리고 저자의 노트에서 추려온 것이다. 특히 이 도서는 최신에 나온 이 책 속에서 보다 더 많이 인용했다. Johnnie L. Roberts, The Big Book of Business Quotations, Skyhorse Publishing, 2016, pp. 415-430.

9) www.dinsight.co.kr, D-insight, 2017년 7월호

10) 한국섬유신문, 2017년 10월 27일자

11) D-insight, 2018년 1월 1일자

12) 조선일보 2017년 9월 2일자

13) 조선일보, 2017년 12월 1일자

14) 이정동, 축적의 길, p. 151

15) 상게서, p. 11.

16) http://platun.kr/ 2017년 1월 9일자

17) SBS/CNBC 의견이 있는 경제채널, 2015년 8월 10일자

18) www.google.com

Ⅹ. 4차 산업혁명은
그곳에서

동대문 패션과 스마트 공장

지금 우리는 4차 산업혁명의 새 시대, 그 문턱에 와 있다. 이런 새 키워드는 긴 인류역사 속에서 근대화 이후에 밟은 산업혁명의 여러 단계와 과정으로부터 나온 새로운 이정표의 하나다. 우리 인류사회는 1700년대 말 수력 증기기관으로 철도와 면사방적기 같은 기계적 혁명이 시작되면서부터 1차 산업혁명의 시대를 열었다, 2차 산업혁명은 전기동력에 힘입어 보다 본격적인 대량생산 체제를 갖추기 시작했으며, 그 이후 시스템의 혁신으로 인류의 생활패턴마저 바꿨다.

3차 산업혁명은 앨빈 토플러(Alvin Toffler)에 의해 인류 역사의 제3의 물결이라고 말할 정도로 보다 혁명적이었다. 다 아는 바와 같이, 인류의 역사는 농업혁명으로부터 공업화 혁명, 그리고 정보화 혁명으로 이어진 것이다. 바로 이런 정보화 혁명이 곧 컴퓨터 제어 및 자동화로 급진전된 3차 산업혁명으로 불리워졌다.

이에 대하여 4차 산업혁명은 사람과 사람, 사람과 사물이 인터넷 통신망으로 연결되어 데이터를 분석하고, 그 분석 결과를 토대로 인간의 행위를 예측하는 보다 더 혁명적인 변혁이 이루어진 것이다. 특히 새로운 이 산업혁명은 변화의 속도, 범위와 깊이, 시스템의 충격 등으로 보아 그 혁명의 전개가 더욱더 혁명적이다.

이런 4차 산업혁명의 진전 속에서는 인공지능(AI)을 가진 첨단 자동화기계와 로봇이 공장에 등장하고, 사물인터넷(IoT)과 같이 그 이름 그대로 어떤 생산 및 생활도구나 사물 간 인터넷으로 연결되기 때문에 자동화된 작동으로 더욱 더 놀라운 생산성 향상을 이룩할 수 있게 된 것이다. 그 밖에도 빅 데이터(Big data)와 가상현실이나 3D 프린터 등 갖가지 IT 기술의 발전에 힘입어 그 혁명의 여파 또한 가늠하기 어려운 정도로 너무나 충격적이다.[1]

이 혁명은 공업화 4.0 시대라는 새 증후군으로 나타나고 그 속도 또한 꽤나 빠르게 진전되고 있다. 그중 두드러진 산업계의 뉴스는 바로 스마트 공장의 등장이다. 여기에서 말하는 스마트 공장은 신제품의 개발과 그 상품에 대한 소비자 수요에 발맞추기 위해서 빠른 대응의 공급이 뒤따르는 새 공정이다.

지금은 더 이상 한 생산라인에서 똑같은 제품만을 생산하는 한가한 세상이 아니다.

오히려 제조기업에서는 저마다 신상품을 선보이고 또한 소비자 선호에 따른 소매상이나 바이어로부터 주문이 들어오면 즉시 그들 고객의 필요와 욕구에 맞춰 한 생산라인에서도 다양한 여러 가지 제품을 생산할 수 있게끔 그 생산라인을 신축적으로 바꾸고 있다.

이런 혁신은 꽤나 어려운 일이다. 그러나 4차 산업혁명의 문턱에 들어선 산업현장에서는 기존의 생산라인을 늘 새롭게 만드는, 그리고 또 변화시키는 큰일을 해내고 있다. 과거에는 상상도 못했던 일이다.

우리는 동대문 패션, 그 시장의 오늘은 물론 미래 상황을 걱정하고 있다. 가격, 상품, 그리고 빠른 속도와 같은 경쟁력 우위의 실종을 우려하고 있는 게 사실이다. 그러나 동대문 패션, 그 시장은 AI와 IoT, 그리고 3D 프린터 등 IT 기술을 받아들이고 서둘러 접목하면 놀라운 경영성과를 얻을 수 있을 것이다. 그런데 동대문 패션, 그 시장은 물론 이미 스마트 공장의 경영을 운영하고 있다고 봐도 무방이다. 놀라운 일이다.

"그게 무슨 소리?"

동대문 도매상가는 단순히 한 생산라인의 공장을 소유하지 않고 무수히 많은 봉제공장과의 끈끈한 파트너십을 갖추고 공급 측 파트너를 신축적으로 바꿀 수 있기 때문이다. 이와 같이 동대문 도매상가는 부지불식간에 스마트 공장을 경영하고 있는 셈이다. 오늘날은 옷의 재질이며 색상, 디자인까지 내 취향대로 선택해 입는 맞춤형 패션시대이기 때문에 더욱 그러하다.

최근에 어느 이벤트 프리뷰 인 서울 2017행사에서 아웃도어 브랜드 블랙야크는 '미래패션공작소(My Fashion Lab)'라는 이름 아래 소비자현장맞춤형 시스템을 개발해 선보였다. 그 시스템은 3D 보디, 스캔, 아바타 생성, 의상 및 프린트, 디자인 선택과 수정 2D(옷 본) 생성, DTP(Digital Textile Printing), 재단, 봉제 등의 여러 단계와 과정을 밟는다는 것이다.[2]

"앞으로는 상점에 전시되어 있는 옷을 고르는 것이 아니라 내 몸에 맞는 옷을 현장에서 곧 바로 맞춰 입을 수도 있다."

이런 블랙야크의 실무자 말에 대하여, 어느 패션 전문가는 "그동안 3D 디자인 시스템을 적용하기 전엔 샘플을 직접 보내고 피드백을 받는 데까지 72시간 정도 걸렸다. 그러나 이젠 3D 시스템 덕분에 그 공정과정을 30분으로 단축할 수 있다."고 힘주어 말하고 있다.

동대문 패션, 그 도매상가는 동대문 성곽과 DDP를 중심축으로 하여 밀집되어 있다. 그러나 실제로 수많은 디자이너의 일터와 의류 도매상가의 점포들, 그리고 원·부자재 공장 및 봉제공장 등이 서로 소통하고 거래하는 데는 그리 쉽지 않을 만큼 널리 산재해 있는 게 사실이다.

"누구든 서둘러 발품을 팔지 않으면 일감을 찾기 어렵다."

그동안 동대문 패션, 그 시장은 이처럼 옥에 티와 같은 흠이 있는 게 큰 문제였다. 하지만 이제 그런 어려움도 그 극복이 가능해 졌다. IT 기술로 무장한 많은 서비스 기업은 사이버 공간에서 일감을 찾아 서로 연결시켜주거나 광고 및 판촉 등을 위해 도와주고 있기 때문이다.

그중 주식회사 디쓰리디(D3D)는 3D 패턴 제작, 3D 가상의상 제작, 바이어와 소통, 실물 샘플제작 등을 비롯하여 다품종 소량 납기 단축을 위한 생산시스템의 구축과 생산을 지원하는 서비스를 공급하고 있는 패션 비즈니스 플랫폼 기업의 하나로서 주목을 받고 있다.[3]

우리는 동대문 패션, 그 시장에서 4차 산업혁명으로 가는 조용하지만 빠른 발걸음을 눈여겨봐야 한다. 아마 놀라운 상황의 변화가 일어날 것이다.

앞으로 동대문 패션 그곳 시장은 스마트 공장과 같은 공급 측과의 파트너십 발휘로 보다 스마트한 경영을 추구하면 그 경영성과 또한 예측하는 그 이상으로 커질 것이다.

동대문 패션, 그 시장은 서로 다른 생산라인을 갖춘 수많은 봉제공장과 네트워킹한 가운데 공급 측 경영을 지속하고 있다. 그곳 도매상가는 부지불식간에 스마트 공장을 경영하고 있는 가운데 이미 4차 산업혁명으로 가는 새 길을 열고 있는 셈이다. 놀라운 일이다. 문제는 보다 폭넓고 더 체계적인 전략적 도구로 스마트 공장의 경영, 그 합리화를 추구해야 할 것이다. 이런 혁신의 확산은 앞으로 동대문 패션 그곳의 밝은 미래의 역사를 활짝 열 수 있다.

"무언가 제조하지 않고 그저 돈만 버는 사업은 하찮은 비즈니스다."

– Henry Ford, 포드자동차 창업자

모바일 우선의 새 유통

동대문 패션, 그 시장은 옴니채널의 새 유통으로 부지불식간에 4차 산업혁명의 큰 물결에 탑승하고 있다. 놀라운 일이다. 물론 그 보폭이 작은 첫걸음이긴 하다.

옴니채널(Omni channel)의 유통은 고객이 온라인으로 어떤 품목의 상품 견본을 보고 스마트폰 등 전화나 인터넷으로 구매하며, 유통기업은 점포 내에 진열된 그 상품을 구매하여 고객에게 인도하거나 배달하는 다채널 상거래 행위와 그 현상이다. 여기에서 옴니(Omni)는 그 어휘 그대로 모두(全, 總, 多)의 의미를 가지고 있다.

이런 옴니채널의 새 전략적 도구 덕분에 동대문시장 그곳 도매상가는 지금 마치 토끼가 두 날개를 달아 창공으로 날갯짓하듯 놀라운 변혁이 이루어지고 있다. 크게 달라졌다. 오프라인 도매상가들은 자연스럽게 온라인 고객(소매상이나 바이어 등)에게 서둘러 손짓을 하고 또 그 거래규모를 늘리려 한다. 때론 맞춤형 고객서비스를 위해 패션제품의 디자인이나 제조 및 머천다이징 등을 집중하고 있는 상가도 눈에 띈다. 이들 앞서가는 상가는 한 걸음 나아가 온·오프라인 유통채널 간 상호 소통하는 새 일까지 비즈니스 영역으로 늘리고 있다.

실제로도 동대문시장은 IT 및 모바일 시대에 편승해 전통적인 사입삼촌들이 하던 일을 인터넷이나 모바일 도구로 대체하고 있다고 한다. 물론 지금도 편집숍 머천다이징을 비롯해 불가피한 사업은 그들 사입삼촌의 힘을 빌리고 있지만, 점차 SNS를 활용하거나 추가로 주문하는 일 등은 새로운 모바일 사입 시스템에 의해 이루어질 것이다.

한국경제신문에서도 10년 전만 해도 도매상가 방문객은 소매 옷가게를 운영하는 40~50대 자영업자가 많았는데 요즘은 온라인 몰 사업자가 대부분이라는 보도를 내놓고 있다.[4]

이런 모바일 사입 시스템은 동사정(동대문사입정복)이나 도매꾹, 동팡, 나익스, 사입나라, 더바잉 등 네이버에 등록된 사입대행 사이트만 해도 40여 개가 넘을 정도로 많은 상태에서 모바일 B2B의 혁신적 유통을 돕고 있다고 한다.[5]

글로벌 패션제품의 생산 및 도매시장을 이끄는 링크샵닷컴 서경미 대표 역시 2008년부터 3년 동안 동대문시장에서 도매업에 종사한 게 자신의 비즈니스가 성공하는 계기가 되고, 그 시금석이 되었다고 했다.

그리고 누군가는 동대문 원단시장은 물론 도매상가 또한 통째로 온라인 유통시장으로 유도하는 새 시스템을 만들고 싶은 게 우리의 새로운 동대문 꿈이라고 말하기도 했다.

이처럼 세상은 숨 가쁘게 달라지고 있다. 어제오늘의 일이 아니지만 미국 모바일미래연구소 마틴(Chunk Martin) 소장은 이런 말을 했다.

"오늘날 소비자들은 더 이상 쇼핑하러 가지 않는다. 그러나 그들은 늘 쇼핑을 하고 있다."[6]

누구나 오늘날을 두고 모바일이 대세(Mobile only)인 새 시대가 왔다고 하는 데는 공감을 하고 있다. 많은 소비자들은 스마트폰을 자신의 분신처럼, 365일 24시간 손 안에 혹은 손이 닿는 30cm 이내에 두고, 가계(소비)와 직장생활을 영위하고 있기 때문이다.

물론 지금은 웹(Web) 경제 아래 상호 간(inter)과 그물(net)이 결합된 컴퓨터망이 조용한 행보로 걷고 있다. 그러나 앱(App) 경제 아래 모바일 앱(App 또는 Application)은 PC의 웹사이트를 작은 디바이스에서 사용해 그들 사용자의 공간적 접점을 바꾸어 쓰는 빠른 행보가 이어지고 있는 실정이다.

이제 동대문 패션, 그 제품의 상거래는 앱 속에 있는 오프라인 매장과 비슷한 분위기의 가상스토어에서 이루어질 수 있게 되었다. 3A(Anytime, Anywhere, Anyplace) 쇼핑이란 말 그대로 필요하고 원하는 상품을 즉시에 주문하고, 또 빠르게 배송받을 수 있는 세상이 우리 앞에 다가왔다.

이와 같이 모바일 유통, 그 전략적 도구는 시장규모의 확장과 매출의 증대, 생산성 향상과 비용의 절감, 파트너십 발휘와 보다 나은 고객서비스 제공 등의 경영성과를 얻을 수 있다. 누구나 감지하고 있는 일이다. 동대문 도매상가, 그곳 24시의 수많은 CEO들은 번뜩이는 이런 전략적 도구, 모바일 유통을 등한시해서는 안 된다.

우리가 다 알고 있듯이, 3차 산업혁명의 끝자락에서 아날로그는 그 시대를 마감하고 디지털 시대로 변화된 지 오래다. 이런 변화는 마치 부싯돌로 불을 만드는 대전환기라고 말할 만했다. 그러나 모바일 유통의 새 시대와 함께 인공지능(AI)과 사물인터넷(IoT)을 무기로 하여 이루어지는 4차 산업혁명은 마치 번개로 불꽃을 피우는 격상된 상황으로 보아야 한다.[7]

만일 그들 도매상가 CEO들이 모바일 유통, 그 도구를 외면하고 또 간과한다면 (1) 소매상 및 바이어 만족도 저하, (2) 떠나버린 고객의 뒷모습 보기, (3) 매출 급감, (4) CEO에 대한 경영평가 절하

등 참으로 견디기 어려운 상황을 맞게 될 것이다.

그러나 문제는 있다. 좀 생각을 가다듬어야 하지 않을까? 모두가 귀 기울여야 할 논의다. 결코 간과할 일이 아니다.

"백조의 호수, 그 아름다운 평화를 보자."

'백조의 호수'로 알려진 저 유명한 차이코프스키 음악과 그 발레 무용의 무대는 늘 우리의 가슴을 뛰게 만든다. 감동적이다. 물론 백조 무리의 춤은 아름답다. 그러나 우리는 호수 물 아래 쉼 없이 힘든 백조 떼의 다리 움직임은 잘 모른다. 안다고 해도 굳이 그때 그 움직임을 잊곤 한다.

마찬가지로 인터넷 및 모바일 유통 등 온라인 상거래의 등장은 신문과 책방, 그리고 오프라인 소매점이 이 세상에서 사라지게끔 만드는 등 커다란 우려를 낳고 있다. 물론 온라인 유통은 인적자원의 절약을 통한 저비용 및 속도 빠른 고효율의 경영성과를 가져다주는 게 사실이다, 잔잔한 호수 위 백조 떼의 아름다운 춤과 같다. 마치 시장터의 평화 바로 그 상황이다.

그러나 우리는 네이버나 다음 등 온라인 포털 회사가 창업 이후 헤아릴 수 없을 만큼 수많은 인적자원이 투입되어 자료 및 정보의 축적이 이루어진 사실을 잘 알지 못한다. 그들 인적자원의 바쁜 24시 쉼 없는 365일, 그동안 땀과 눈물로 범벅이 된 채 빅 데이터를 생산해 왔음은 감지하기 어려울 것이다.

요즈음 쿠팡이나 티몬, 그리고 위메프 등 소셜커머스가 뜨고, 그 성장이 지속되고 있지만 그들 회사마다 비록 사정이 다르다고 해도 한 회사의 임직원이 2,000명에 이른다는 사실 또한 이해하지 못할 것이다. 그저 놀라울 따름이다.

동대문 패션 그 시장 24시, 디자인에서부터 원단 및 부자재 구매,

봉제와 포장, 그리고 수송 및 배송, 머천다이징, 소싱, 판매, 고객서비스 등 오프라인 시스템의 작동은 마치 호수 물 아래 백조 떼의 다리 움직임과 같다. 동대문 도깨비 시장, 보이지 않은 그곳의 쉼 없는 바쁜 비즈니스는 지금도 성업 중이다.

이런 시장터는 세계 어디에도 없다.

문제는 온라인 및 모바일 유통만으로는 지속가능한 경영이 어렵다는 데 있다. 동대문 패션은 도매상가의 공급 측 경영, 기획과 디자인, 시제품 제작(그 패턴과 샘플링), 원단과 부자재의 주문 및 납품, 재단과 봉제, 그 부분품의 마무리(그 하청과 납품 등), 봉제 제품의 도매상가 출하와 유통, 소매상 및 바이어 혹은 사입삼촌의 머천다이징, 모든 단계와 과정 속 수송과 배송과 같은 물류, 그 뒤를 이은 고객서비스 등으로 전개된다. 마치 패션의 대장정과 같다.

그토록 길고 복잡한 네트워킹과 그 작동은 동대문 패션, 그 오프라인 유통의 튼튼한 클러스터 기반이다. 이 세상 어디에도 없는 네트워크, 그 클러스터의 기반 없이 이루어지는 온라인 및 모바일 유통이라면 그만큼 한계가 뒤따를 것이다. 따라 하기도 어려운 그 기반은 나라 밖 세계 어디에도 없다.

"오늘날 소비자들은 더 이상 쇼핑하러 가지 않는다. 그러나 그들은 늘 쇼핑을 하고 있다." 이 말은 어제오늘에 나온 게 아니다. 오히려 사람들은 오늘날을 두고 모바일이 대세(Mobile only)라고 하지 않던가! 많은 소비자들은 물론 시장의 유통인들까지도 스마트폰을 자신의 분신처럼, 365일 24시간 손 안에 혹은 손이 닿는 30cm 이내에 두고, 가계(소비)와 직장생활을 영위하고 있기 때문이다. 서둘러 모바일 우선의 유통전략을 펴야 한다. 늦었다. 그러나 늦었다고 생각할 때가 빠르다.

"적자생존의 법칙에 대한 해석은 오류다. 그것은 힘이 가장 세거나 지능이 제일 높은 사람이 살아남는 것이 아니라 변화를 가장 잘 받아들이는 사람이 살아남는다고 풀이해야 한다."

　　　　　　　　　　　　　　　　　－Lean C. Megginson, 경영 이론가

넓은 세계 더 큰 시장

"세상은 넓고 장터는 크고 또 그곳으로 향한 일이 많다."

대우그룹의 리더십 전설, 그분 김우중 회장은 "세계는 넓고 할 일은 많다."고 했다. 마찬가지로 동대문시장 사람들, 그 24시 또한 김우중 회장의 외침 그대로 넓은 세계 더 큰 시장으로 향한 일거리가 꽤나 많다.

해외에서 K패션에 대한 명성은 어제오늘의 일이 아니다. 그중 동대문 패션은 넓은 세상 더 큰 시장에서 폭발적인 인기를 끌고 있다고 한다. 이미 알리바바, 타오바오 등 중국 온라인 몰에서도 이미 동대문 패션이 대세를 이루고 있다는 것이다. 그들 글로벌 온라인 판매업자들은 자사 제품을 동대문 패션, 동대문 스타일이라고 치켜세우면서 공격적인 광고 및 판촉에 나서고 있다는 소식이다.

온라인 창업 플랫폼인 카페24 등에 따르면, 일본, 미국, 중국 등지에 의류를 직접 판매하는 패션몰이 올해 5만 개를 넘어섰다고 한다. 3년 만에 두 배 이상으로 늘어난 셈이다. 해외 판매액도 증가하고 있다는 것이다. 그렇다면, 이런 좋은 기회를 잡아야 하지 않겠는가! 기회는 오는 게 아니라 잡는 법이다. 비록 좋은 기회라도 잡지 않으면 아무런 의미가 없다.

"이제 동대문 패션의 실크로드를 열고 더 멀리 가야 한다. 바로 지금 바로 그곳에서."

물론 고대 실크로드는 중국의 시안에서부터 로마까지 이어진 길로 알려져 있다. 그러나 이런 역사적 기록과는 달리, 그 비단길(Silk roads)은 신라의 서울 경주에서부터 시작되어 서쪽 나라로 가는 먼 길이라는 새 고증이 나왔다. 8~9세기 신라 귀족들은 터키 땅, 역사의 현장 동로마 콘스탄티노플에서 유행하던 장식품, 보석류, 공예품 등을 많이 소비했다는 고증이 나온 것이다. 무려 1만 2,000㎞의 기나긴 비단길의 연장선 위에서 보다 폭넓은 중앙아시아와의 교역이 성행했다는 역사적 기록이 남아 있다고 한다.[8]

역사는 반복되어 이제 동대문 패션 그 시장이 새 비단길로 가는 출발지가 될 수 있는 절호의 기회가 왔다.

최근에 신간도서, '여러 갈래의 비단길(The Silk Roads), 새로운 세계사'에서 실크로드는 단순한 비단 교역의 길이 아니었다고 쓰고 있다. "동서 간에 이루어진 단순한 비단의 교역을 넘어 제국의 흥망성쇠에 영향을 미치고, 이념과 상품의 패션 그 흐름을 바꾸었으며, 국제정세의 여명을 여는 데 놀라운 힘을 발휘해 왔다. 온 세계로 통행해 왔던 그 길은 멀고도 멀었다."는 기록이 그것이다. 새로운 논의의 쟁점이 아닐 수 없다.[9]

지금은 한류 열풍 속에서 K-Pop에 이은 K 패션으로 가는 파고 높은 물결이 일고 있는 게 엄연한 사실이다. 동대문 패션, 그 시장 또한 더 먼길 새 실크로드로 가는 새 출발선 위에 서 있다. 속도 빠른 패션(Fast fashion)의 명성 그대로 상품과 가격 등을 몸에 지니고 뉴 실크로드로 가는 새 길 큰 걸음은 바로 그곳 동대문 패션 클러스터에서부터 그 첫 발을 내딛고 있다고 봐야 한다. 가슴 벅찬 일이다.

뉴 실크로드, 그 위에 세계는 넓고 더 큰 시장 한복판에서 할 일 또한 많다.

근래에 와서 중국정부는 일대일로(One belt one road)라는 명명 아래 뉴 실크로드의 건설을 추진하기 시작했음은 다 아는 일이다. 그러나 뉴 실크로드는 5대양 6대주로 가는 여러 갈래의 길이다. 뿐만 아니라 눈에 보이는 길 이외에 눈에 보이지 않는 사이버 실크로드를 통해 지구촌 사람들이 널리 소통하고 있는 것도 눈여겨볼 만하다.

저서 '동방견문록'을 쓴 마르코 폴로(Marco Polo)는 험하고 먼 길을 느린 행보의 여행으로 동쪽 나라에 왔다. 그리고 그의 값진 동쪽 나라 여행담은 몇십 년이 지난 후 뒤늦게 서쪽 나라 사람들에게 알려졌다. 그러나 오늘날 세계 방방곡곡 사람들은 실시간으로 시장의 움직임과 값진 정보를 공유하고, 나아가서 갖가지 상품을 시차를 뛰어넘어 교환하고 있다. 빠른 글로벌 물류 덕분에 직구와 같은 빠른 채널로 그 거래의 규모가 증폭되고 있는 것이다.

지금 김우중 회장의 레전드 그대로 세계경영을 선포한 링크샵스(LinkShops) 서경미 대표는 스타트업 준비 때부터 새 길 큰 걸음의 당찬 포부를 드러냈다고 한다.

"암요 알리바바 잡아야죠. 이왕 시작했는데 세계적인 회사가 되어야죠. 패션하고 주얼리는 저희가 알아요. 알리바바 잡아야죠. 할 수 있어요."[10]

링크샵스는 인터넷 비즈니스를 뛰어넘어 자사의 앱을 통해 상품 검색, 주문, 결제와 단골브랜드, 상품 즐겨찾기 등 기본적인 기능은 물론 누적 구매상품의 손쉬운 데이터베이스 관리 또한 가능하도록 융숭한 서비스의 공급에 나섰다는 소식이다. 놀랍게도 링크샵스의 행보로 보아 이미 동대문 패션은 사이버 실크로드를 개척하여 드넓은 글로벌 시장을 향해 순풍에 돛을 올리기 시작한 셈이다.

우리가 경험한 일이지만, 3차 산업혁명은 IT와 인터넷의 시대였다. 이에 대하여 4차 산업혁명은 데이터 시대라고 말하곤 한다. 특히 데이터 처리 기술의 급격한 발전에 따라 이른바 빅 데이터와 같이 정제된 많은 정보에 기반을 둔 4차 산업혁명이 재빠르게 진전되고 있음은 앞에서 논의한 바와 같다.

빅 데이터는 데이터의 양(volume)이나 데이터 입출력의 속도(velocity) 그리고 데이터의 다양성(variety) 등 이른바 3V의 값진 정보자산이다. 이런 빅 데이터는 우리가 잘 모르는 세계 방방곡곡, 그 어디든 공간적 한계를 뛰어넘어 뉴 실크로드 위에서 우리 것 세계 으뜸의 패션제품에 대한 광고와 판촉을 더 잘할 수 있는 새 세상을 활짝 열고 있다.

동대문 패션, 그 글로벌 시장으로 가는 전략적 도구는 많다. 다소 낡은 통계자료이지만 한 때 세계 화교인구는 7,500만 명으로 중국인구의 5% 정도였다고 한다. 이에 대하여 우리의 해외동포 및 해외체류 한국인은 1,000만 명으로 추산해 보면 전체 한국인(남한 인구)의 20%에 이르렀다.

그리고 화교는 대부분 큰 나라 큰 도시에 거주하는 데 비하여 우리의 해외동포 및 해외 체류 인구는 세계 방방곡곡 크고 작은 도시(심지어 오지의 나라 그 땅까지)에 산재해 있다고 했다. 그렇다면, 동대문 패션 그 글로벌 시장으로 가는 길은 더욱더 가깝고 그곳 시장으로 향한 마케팅의 전략적 도구 또한 쉽게 찾을 수 있을 것이다.

동대문 패션, 그 글로벌 시장은 넓고 그곳으로 향한 일 또한 쉽고도 많다. 아마 더 나은 글로벌 경영성과를 얻을 수 있을 것이다. 장담할 만하다.

30년 전에 대우그룹의 김우중 회장은 "세계는 넓고 할 일은 많다."고 했다. 세상을 시끄럽게 만들었던 대우조선 노사분규 때 거제도 옥포조선소, 그 현장에 가서 쓴 베스트셀러 책 제목이다. 그 후 2015년에 나온 어느 책에서 그분과의 대화록을 녹음해 "아직도 세계는 넓고 할 일은 많다."라고 외쳤다. 그의 권고 그대로 동대문 패션, 그 제품은 넓은 세계 더 큰 장터로 나아가 우리의 큰 꿈을 이루어야 한다. 때가 왔다. 아니 늦었다. 서둘러야 한다.

"그곳에는 정상이 따로 없다. 항상 올라가야 할 더 높은 곳이 있을 따름이다."

– Jascha Heifetz, 바이올린 연주자

4차 산업혁명은 그곳에서

4차 산업혁명이라고 하면 인공지능(AI)이 세상을 지배한다고들 야단법석이다. 이런 인공지능의 시대가 오면 재앙을 맞을 것인가 아니면 유토피아와 같은 복된 세계가 열릴 것인가? 다시 말하면 인간은 기계에게 일자리를 빼앗기고 지배당할 것인가, 그렇지 않으면 기계의 도움으로 보다 풍요로워질 것인지 논의가 분분하다.

다른 부문은 몰라도 4차 산업혁명 후 패션산업계는 자동화기계의 도움을 받으며, 보다 많은 일자리가 생기는 시너지 효과가 나타날 것이라고 주장하는 사람이 더 많다.

"사람들은 4차 산업혁명으로 일자리가 사라질 것이라고 하는데 봉제산업 분야의 경우는 예외다. 패션이 더 개인화되고 대량생산이 한계에 부딪치면서 역설적으로 봉제가 더 각광을 받을 수 있다."

저명인사 이상봉 디자이너의 주장이다. 그는 패션그룹 형지 최병오 회장, 그리고 전 국회의원 전순옥 여사 등과의 좌담회에서 지금은 맞춤형 패션시대, 봉제업이 4차 산업혁명의 최전선에 서야 한다고 입을 모았다.[11]

과연 그들의 논의가 타당한가? 그 타당성 여부를 떠나 분명한 것은 인터넷 혁명 이후 이미 e-비즈니스 시대를 맞은 오늘날, 우리는 한편으로는 경제 각 부문마다 노동과 같은 인적자원은 물론, 물적자원의 극심한 한계를 극복하고 다른 한편으로는 출혈의 비용을 획기적으로 낮추는 놀라운 변화를 경험하고 있는 게 사실이다.

그러니까 동대문 패션, 그 시장은 4차 산업혁명 덕분에 사람이 없는 어려움을 극복하고 나아가서 공급 측에서 발생하는 과중한 생산비 부담, 그리고 저생산성 등 어려움을 아울러 해결하는 계기가 될 수 있다는 논의로 받아들일 만하다.

누군가는 이런저런 이유로 4차 산업혁명은 거대한 몸짓의 물고기와 같은 대기업이나 재벌보다는 동대문 도매상가와 같이 작은 물고기 떼와 같은 강소기업 군집에서 이루어지는 게 더 타당하다고 보기도 한다.

"어떻든 4차 산업혁명은 동대문 패션 그곳에서 그리 어렵지 않게 시도하고 또 이루어질 수 있을 것이다. 확신이 가는 대목이다."

최근에 패션산업은 4차 산업혁명의 새 시대를 맞아 새로운 비즈니스, 그 성장의 기회를 가질 수 있다는 논의가 많다.[12] 소싱저널 위에 게재된 한 논단(The Rise of Industry 4.0 in Fashion)에 따르면 패션의 인더스트리 4.0은 (1) 놀라울 만한 생산성 증대, (2) 패션 유통의 속도 증진, (3) 고객의 필요와 욕구에 맞는 생산과 공급, (4) 좋은 품질, 저비용 생산 및 공급, (5) 기업의 투자비 절감, 고비용 요인 제거 등 많다고 했다.

그렇다면 동대문 패션, 그곳에서 얻을 수 있는 눈에 보이고 손에 잡히는 이점은 무엇일까? 그 답은 명쾌하다. 우리는 앞에서 동대문 패션, 그곳은 이미 공장 없는 제조업을 경영하고 있다고 했다. 태생적으로 그렇듯, 그곳 도매상가들은 이미 많은 스마트 공장을 경영하고 있는 셈이다.

이제 이런 선두주자의 위치에 서서 보다 빠른 행보로 4차 산업혁명의 새 도구를 잘 써야 한다. 그동안 경험해온 공급사슬경영(SCM)의 성과를 높이고, 속도 빠른 생산과 공급 및 유통의 전략을 다시 점검하고 그대로 그 전략을 펴면 된다. 뿐만 아니라 공급 측과의 파트너십 증진으로 봉제공장의 운영 효율화와 그 경영혁신을 지속해야 한다. 아마 놀라운 경영성과를 얻을 수 있을 것이다. 논의를 계속 해보자.

첫째, 급증하는 수요에 대비한 대량생산(Mass production) 시스템의 구축이 가능하다. 동대문 패션 그곳은 다품종 소량생산 시스템을 갖춘 패션 클러스터다. 그래서 누군가는 급증하는 수요 증대와 대량 주문에 대응할 힘이 없다고 우려하기도 했다. 그러나 4차 산업혁명의 갖가지 도구를 쓰면, 대량생산을 위한 새 시스템의 구축도 쉬워진다.

둘째, 대량 개인화(Mass personalization)가 가능하다. 동대문 패션, 그곳은 앞에서 논의하듯 다품종 소량생산을 위주로 하는 패션 클러스터임은 엄연한 사실이다. 앞으로 이런 토대 위에서 예컨대 사물인터넷(IoT)과 같은 도구를 쓰면 개인화된(Personalization) 패션제품을 대량으로 생산 및 유통할 수 있게 된다.

셋째, 보다 빠른 생산(Agile production)이 가능하다. 동대문 패션 그곳의 강한 시장의 힘은 속도에 있다. 앞으로 4차 산업혁명의 갖가지 도구를 쓰면 동대문시장 특유의 빠름은 더욱더 빠른 패션 클러스터가 될 수 있다는 논의다. 많은 고객에게 다양한 스타일의 맞춤형 제품을 보다 빠르게 생산하고 유통할 수 있게 된다. 이 세상 어디에도 이런 패션 클러스터를 따라잡기 어렵다.

넷째, 정밀한 측정에 의한 제조(Made to measure)가 가능하다. 앞으로 4차 산업혁명의 갖가지 도구를 쓰면 동대문 특유의 SCM 경영으로 고객의 필요와 욕구를 측정해 생산 유통이 이루어질 수 있다. 이 때 재고 없는 적정생산 덕분에 도매상가는 물론 공급 측 파트너, 그리고 고객 등 모두가 원원하는 경영성과를 얻을 수 있다.

4차 산업혁명은 동대문 패션 그곳에서 보다 쉽게 이루어질 수 있을 것이다. 그곳은 이미 시스템과 프로세스, 그리고 사람 간 네트워킹이 잘 되어 있기 때문이다.

문제는 4차 산업혁명으로 가는 시스템 경영의 튼튼한 기반을 조성하여 갖가지 도구를 보다 확충해 기존의 네트워크의 효율화를 추구하는 데 있다.

예컨대 패션팩토리를 비롯한 동대문 패션 그 클러스터는 저마다 (1) 전문화, (2) 분업, (3) 범위의 경제, 그 규모화, (4) 협업과 제휴, (5) 아웃소싱 등으로 가는 구조조정과 그 혁신이 그것이다. 물론 동대문 패션, 그곳 클러스터는 이런 새 길로 가는 구조조정과 그 혁신이 이루어지고 있는 게 사실이다. 그러나 아직도 미흡하다. 그저 배고프기만 하다.

지금은 4차산업혁명의 시대, AI를 뛰어넘은 블록체인(Blockchain)과 같은 거대한 기술의 등장으로 그 경영성과 또한 혁명적이다. 세상을 떠들썩하게 만든 비트코인 또한 갓난 아이에 불과할 정도로 놀라운 새 기술의 비즈니스 세계가 펼쳐지고 있는 것이다. 기회가 왔다.

"함께 하면 경이적인 새 혁명의 경영성과를 향유할 수 있다. 미래의 역사는 밝다.".

미래가 아닌 오늘날 바로 지금 이루어지고 있는 4차 산업혁명은 위기가 아닌 기회임에 틀림이 없다. 동대문 패션, 그 시장은 이런 4차 산업혁명의 새 물결 덕분에 "사람이 없다."는 어려움을 극복하고, 나아가서 공급 측에서 발생하는 과중한 생산비 부담, 그리고 저생산성 등 숱한 어려움을 한꺼번에 해결할 수 있는 절호의 기회, 그 문 앞에 서 있다. 그 문은 힘들게 당기는(pull) 게 아니고 그저 밀면(push) 된다. 꽤나 쉬운 일이다.

"기회의 문은 밀면(push) 열린다."

ㅡ 무명씨

꿈은 과학이다

"동, 동, 동대문을 열어라. 12시가 되면 문을 닫는다."

유튜브를 보자. 이런 흥겨운 동요와 함께 어린이 놀이가 지금도 계속 된다. 그렇다! 동대문 도매상가는 어린이 놀이 그대로 지금도 그 문이 열고 닫히듯 성업 중이다. 그곳에는 꿈이 있다. 흙수저의 신화도 있다. 3.3평방미터의 기적도 이어지고 있는 것이다.

동대문시장 사람들, 그들의 24시는 늘 바쁘다. 그곳은 꿈을 좇아 쉴 틈이 없다. 죽느냐 사느냐, 그것이 문제가 되는 삶의 장터다.

"꿈은 과학이다."

망상, 그 헛된 꿈은 아무런 씨앗도 없다. 그러므로 어떤 열매도 거둬들일 수 없는 일이다. 그러나 땀과 눈물이 있는 일은 열매를 얻는다. 그 꿈은 현실이 된다. 꿈이 현실로 이어지면 과학이 된다.

그곳 동대문시장 사람들은 지난 10여 년부터 "함께 모여 꿈꾼다!"라고 다짐하고 또 "함께 해 왔다."고 한다.[13] 앞에서 저 유명한 싱어송 라이터 존 레논(John Lennon)은 함께 꿈을 꾸면 현실이 된다고 했듯이 한 데 모여 꾸는 꿈은 과학이다.

동대문 패션산업발전센터의 창립과 그들 참여자의 당찬 포부와 외침도 이어져 왔다는 것이다. 마치 노사정(勞使政) 모임과 같이, 패션디자이너 그룹과 참여성복지회 및 서울의류업노동자조합, 동대문봉제협회, 동대문총상인연합회 등 여러 조직이 함께 모여 꿈을 꾸고 그 꿈을 실현시키기 위해 노력해 왔다는 후문이다.

"원단과 디자인의 힘은 우수하다. 저가의 가격경쟁으로 무척 힘이 들지만 가게마다 디자인에 신경을 쓰고 국내산 비율을 유지하면 생존할 수 있다."[14]

"옷 만드는 기술과 디자인이 중요하다. 그러나 그보다 마케팅과 브랜드까지 창출해 유통으로 이어지는 브랜드 마케팅을 더 잘하는 새 전략을 편다면, 글로벌 시장에서 패션 코리아의 시장지위를 업그레이드시킬 수 있을 것이다."[15]

명약과 같은 처방이다. 동대문시장 사람들은 그들이 안고 있는 위기 그 증후군을 잘 알고 있다. 그러나 함께 모여 뭔가 이루려 하지만 아직도 갈 길은 멀다. 그 이유는 뭘까? 2017년 봄에 발표된 한 연구보고서는 앞에서도 논의했듯이, 동대문 패션, 그곳의 강점과 약점을 적나라하게 지적했다.[16] 다시 한번 더 체크해 봐야 한다.

그 강점은 (1) 자기완결형 산업집적지의 구축, (2) 패스트 패션 가능(다품종 소량생산 가능, Soft-Order에 유연한 대응), (3) 패션업체 인큐베이터 역할 수행, (4) 도·소매, 제조업체 사이 혹은 도·소매,

디자이너 사이의 밀접한 네트워크, (5) 디자이너 브랜드 매장개설을 통한 다양한 디자인 제품출시 등 많다.

이에 대하여 약점 또한 (1) 창의적인 디자인 능력 부재, (2) 인지도 높은 브랜드 부재, (3) 품질관리 미흡, (4) 점포간 상품차별화 미흡, (5) 기술개발 및 인력양성 취약, (6) 주차 및 휴식공간 등 편의시설 부족 등 적지 않다.

우리는 앞에서 "꿈은 과학이다."라고 했다. 동대문 패션, 그곳의 강점을 살리고 약점을 없애야 한다. 숱한 약점을 없애는 게 과학이다. 무척 힘이 드는 일이다. 그러나 결코 불가능한 일이 아니다. 땀과 눈물이 뒤따르는 등 몸으로 때우는 일이라면, 그곳 시장사람들은 해낼 수 있다.

최근에 뜨는 글로벌 기업 아마존에서는 "고객이 원단을 고르면 5일 안에 그들 고객이 원하는 옷을 만들어 준다."는 기치 아래 자사의 뉴 비즈니스 전략을 펴겠다는 소문이 들렸다. 물론 불패의 화신 월마트에서 자사 체인점 수를 줄이고 책방과 신문사 및 많은 오프라인 소매점이 줄어드는 등 오프라인의 위기 그 와중에 나온 아마존의 외침은 꽤나 혁명적이다.

그러나 동대문 패션, 그곳 시장은 이미 아침에 원단을 골라 봉제공장에 주문하면 그날 저녁에 소비자가 그 옷을 배송받을 수 있는 시스템을 갖추고 있다. 아마존이 할 수 없는 일이다. 결코 다른 곳에선 쉬운 일이 아니다.

동대문 패션, 그곳 시장은 아무나 좌지우지할 수 없는 특유의 시스템을 갖추고 있다. 이 세상 어디에 가 봐도 없다. 삼성이나 현대, LG 및 SK 등 어느 재벌도 막강한 자본과 많은 인재를 투입해도 그곳에서 혁신적인 전략을 펼 수도 그 경영성과를 얻을 수도 없다. 그렇다고 정부가 나서서 뭔가 할 수도 없다. 세금을 마음대로 쓸 수 없는 일 아닌가! 공무원 신분으로 할 일은 그리 많지 않다.

오직 동대문 패션, 그곳 사람들의 몫이다. 최근에 스타일 난다의 김소희 대표는 한 언론과의 인터뷰에서 동대문 패션의 미래로 가는 역사의 한 대목을 미리 보여주었다.[17)

그 분은 "동대문 옷 대신 자체 제작 100%로 할 생각이 없나요?"라는 그 신문기자의 질문에 대하여 "그러면 디자인이 편향될 것 같아요. 동대문시장의 많은 가게에서 물건을 가져오는 것이 더 다양하고 좋은 물건을 소개할 수 있다고 생각해요."라고 우문현답을 했다는 것이다.

중앙아시아 어느 유적지에 새겨진 옛 사람들의 격언은 오늘을 사는 우리에게 감동적인 메시지를 남겨줬다. 그것은 "동대문 꿈은 과학이다."라는 생각을 굳히게 해주는 어떤 감흥으로 들린다.

"어릴 땐 바르게 자라고, 청년이 되면 스스로 몸과 마음을 잘 다스리며, 성인이 되면 정의롭고 늙어지면 지혜롭게 살다가 제발 아프지 말고 죽음을 맞이하라."[18)

큰 손 바이어 한 분은 어느 언론과의 인터뷰에서, "동대문 옷 대신 자체 제작 100%로 할 생각이 없나요?"라는 그 신문의 기자 질문에 대하여 "그러면 디자인이 편향될 것 같아요. 동대문시장의 많은 가게에서 물건을 가져오는 것이 더 다양하고 좋은 물건을 소개할 수 있다고 생각해요."라고 우문현답을 했다는 것이다. 동대문 패션, 그 미래의 밝은 역사를 미리 보는 듯하다..

"상상(想像)은 지식보다 더 중요하다."

－Albert Einstein, 세계적인 과학자

주

1) Klaus Schwab, The Fourth Industrial Revolution, World Economic Forum, 2016. 이 책은 우리에게 다보스 포럼으로 알려진 학술회의에서 슈바프 의장이 제창한 미래전망, 그 키워드로써 이미 널리 알려져 있으며, 그 파급도가 꽤나 크고 빠르다.

2) www.dinsight.co.kr

3) www.dinsight.co.kr

4) www.hankyung.com

5) www.hankyung.com

6) The Business Book, DK, London, 2014, p. 277.

7) www.cmo.com/slide-show..

8) www.naver.com, 모바일 뉴스

9) Peter Frankopan, The Silk Roads-A New History of the World, Broomsbery Publishing, 2016.

10) 머니투데이, 2017년 2월 20일자/ 한국의 스타트업, 2015년 12월 12일자.

11) www.dinsight.co.kr

12) Lectra Looks to Put Industry 4.0 on Fast Track for fashion, Sourcing Journal, December 1, 2017.

13) 한국경제신문, 2017년 10월 30자

14) "함께 모여 꿈꾼다."는 기치의 모바일 뉴스, 2007년 그 어느 날

15) SD패션디자인스쿨 학장을 역임한 김종복 이사장의 말이다. 분명 동대문 패션, 그 브랜드 가치는 크다. 아니 그 미래가치는 가늠하기 어려울 정도로 향상될 것이다. 설봉식, "패션왕의 교육경영과 리더십," 한국을 빛내는 CEO IV, 한국전문경영인학회, Vision ONE, 2014, pp. 129-131.

16) 박훈, 동대문 패션시장 구조고도화 전략, 산업연구원, 2017년. 앞에서 인용했던 D-insight의 똑같은 보도는 이 연구보고서를 그대로 소개했을 법도 하다.

17) 조선일보, 2018년 2월 3일자

18) Peter Frankopan, The Silk Roads-A New History of the World, op.cit., p. 7.

에필로그

지금까지 우리는 동대문 패션, 그곳에 꿈이 있다는 논의를 해 왔다. "꿈은 과학이다. 아니 일이다. 땀과 눈물로 이룬 값진 일의 성과이기도 하다." 저자는 이런 생각까지 했다.

긴 저술 작업의 여정이었다. "1년도 안 되는 데 무슨?"이라고 핀잔을 받을지도 모를 일이다. 그러나 저자는 지난 긴 여름을 지나 가을 및 예년과 달리 일찍 들이닥친 추위, 그리고 이어진 연말연시 모두가 쉬는 날까지 힘든 하루하루를 보냈다. 그 여정은 길게 느낄 법도 했다.

"아무리 겨울이 길다고 해도 봄은 꼭 뒤따라온다."

어느 외국인이 인터넷 자료 위에 올려놓은 말이다. 공감이 가는 감흥이다. 그분의 주옥과 같은 말 그대로 봄은 꼭 뒤따라올 것이다. 비록 문헌과 자료가 태부족인 상태에서도 봄이 뒤따라오기 전에 이 일을 마무리할 수 있어 흐뭇하기도 했다.

물론 더 써야 할 콘텐츠가 없지 않다. 그러나 이 정도로 마치는 게 좋다고 본다. 뭐라고 할까 동대문 패션, 그곳 시장사람들과 이해당사자 및 전문가들에게 빨리 보여주고 싶기도 하다. 그들에게 말할 수 있는 기회도 함께 주고 싶다. 그렇다면 여백을 남겨놔야 되지 않겠는가!

이런저런 이유로 이 책의 원고 쓰기를 마무리하면서, 몇 가지 제언을 내놓으려 한다. 아마 독자 여러분 또한 이에 대한 논의가 그치지 않고 이어질 것이다. 그때 다시 수정보완해도 늦지 않다.

1. 동대문 패션무역센터의 건립을 서둘러야

작은 한국무역센터, 그 건축물이라고 해도 좋다. 동대문 패션 그곳에 이런 새 건축물이 우뚝 섰으면 좋을 성싶다.

1964년 11월 30일 한국경제는 처음으로 연간 수출규모가 1억 달러에 이르렀다고 한다. 바로 그날을 기념해 수출의 날이 생겼다. 그후 2012년 12월 5일 우리나라 총 무역 규모가 1조 달러에 이르자 그날을 의미가 있다고 해서 무역의 날이라고 바꿨음은 모두가 다 아는 일이다. 한국무역센터는 그 긴 여정의 산 증인인 듯 큰 건축물로 강남 번화가에 남아 있다.

물론 동대문 패션, 그 시장은 동대문패션타운관광특구협의회, 서울디자인진흥원, 서울시청과 중구청, 중소벤처기업부 등 많은 공공기관으로부터 행정적 혹은 재정적 지원을 받고 있다. 그러나 이제 가칭 동대문 패션무역센터의 설립과 그 공간을 마련해 기존의 공공기관의 기능과 업무를 총괄하거나 함께하는 새로운 일거리 그 체계적인 지원이 뒷받침되었으면 하는 바람을 가져본다.

다행히도 곧 이전될 서울지방경찰청 부속 부지 위에 서울패션혁신허브가 조성된다는 반가운 소식이 들린다. 그 후 극동공병단과 국립 중앙의료원도 이전된다고 하지 않은가!

얼마 전에 동대문 패션비즈니스센터의 르돔 전시장에 가 봤다. '품다'라는 그 센터 이미지 그대로 신진 디자이너들이 새롭고 자유로운 발상을 통해 세계적인 브랜드를 만드는데 힘을 보태고 있는 현장이었다. 그곳 건물 외벽에는 매일 밤 3D 가상의상을 활용한 홀로 그램 패션쇼가 열리기도 한다는 것이다.

이와 같은 광고와 PR 및 그 판촉활동은 시장에서 먼 곳에 있는 국내외 소비자나 해외 바이어 및 지방 소매상에게 값진 시장정보를 실시간으로 적나라하게 제공하는 데 크게 이바지할 것이다. 그러나 이런 노력은 그저 시작에 불과하다. 아직도 미미하다. 태부족인 상태다.

앞으로 동대문 패션무역센터가 건립되어 운영된다면, 지금 열려 있는 르돔 전시시장의 규모나 역할범위 및 그 성과가 더욱 향상될 수 있을 것이다. 화급을 다투는 일이다.

누군가는 "사는 자는 귀 10 개를 가지고 있어야 하지만 파는 자는 귀가 1개 일 따름이다."라고 했다. 동대문 도깨비 시장을 찾는 국내외 수많은 바이어에게 갖가지 시장정보를 널리 제공할 수 있는 세계적 규모의 만남의 공간과 그 속에 소프트웨어가 채워져야 한다. 상품과 가격, 빠름 등 동대문시장 특유의 3박자의 경영에 관한 정보를 건네야 한다.

영국에서 온 한 바이어 앤드류 (Paul Andrews) 씨는 "동대문 도매상가처럼 특유의 원단과 갖가지 부자재를 두루 사용해 제조한 톡톡 튀는 디자인의 패션제품을 원스톱 쇼핑할 수 있는 곳은 세계 어디에 가 봐도 없다."고 칭송했다고 한다.[1]

그러나 그는 한 외국인 바이어로서 숲 속의 미로와 같은 많은 도매상가 속에서 옥석을 가려 수입업무를 위해 출장 오는 일이 그리 쉽지 않은 게 흠이라고 그의 말을 이어갔다. 다행히도 수입대행 회사의 안내와 융숭한 서비스의 공급을 잘 받을 수 있어 더 이상 큰 불편함을 느끼지 않았다고 한다.

또 다른 영국인 바이어 드조니(Aaron Dezonie) 씨 또한 영국 내

자사(DarkCircle Clothing Ltd.)의 소싱과 주문 제조, 그리고 도매 및 무역업무의 대행 서비스에 대한 만족감을 사이버 공간 위에 드러내 놓았다는 후문이다.[2]

앞으로 동대문 패션 클러스터는 그 위에 새 건축물이 들어서야 한다. 그곳에서는 동대문 패션, 그 제품의 무역상담과 관련 업무, 국내외 회의, 해외 바이어 초청, 해외 마케팅 지원, 패션제품의 수출 그 걸림돌 제거(Trade SOS), 서비스, 3T(Trade, Trend, Technology) 기반의 융복합 무역인력양성 등 할 일이 많고도 많다.

지금도 기억이 생생하게 남아 있듯이, 뉴욕에 가면 쌍둥이 고층 건축물 월드 트레이드 센터가 있었다. 그 랜드마크 건축물은 2001년 9월 이른바 911 테러로 세계 각국의 무역역군 등 많은 사람들의 생명과 재산을 송두리째 빼앗기고 사라져 버렸다. 그저 잔혹한 폭력의 흔적만 희미하게 남긴 채 그 건축물은 이 땅에서 없어졌다. 빈 땅이 된 것이다. 그러나 2014년에 바로 그곳 제로(0)의 베이스(땅) 위에 공원 및 추모기념의 새 건축물 1WTC(One World Trade Center)가 새롭게 들어섰다고 한다. 뭐가 그리 바쁜지 가보고 싶은 그곳을 저 자로선 아직도 못 가봤다.

우리는 서둘러 동대문 패션 그 클러스터 내에 세계로 향한 패션무역센터를 세워야 한다. 눈에 띄는 서울의 새 랜드마크가 될 것이다. 그리고 그 건축물의 미래가치는 꽤나 클 것으로 가늠된다. 서울시청은 돈이 많다고 들었다. 물론 쓸 데가 많긴 하겠지만 말이다.

2. 기술개발 및 인적자원의 양성

동대문 패션, 그 인적자원의 형성과 배분을 위한 교육 및 연구개발의 전략을 서둘러 펴야 한다. 더 이상 기다릴 시간적 여유가 없다. 이구동성으로 하는 말이다.

우리는 앞에서 디자이너 10만 양병설을 주장했다. 디자이너는 더 많아져야 한다. 다섯 배 혹은 열 배 이상으로 늘려야 한다고 본다. 물론 동대문시장에 있는 도매상가 수도 두 배 이상으로 늘려야 한다. 그렇게만 된다면, 디자이너 수는 더욱더 늘려야 하지 않겠는가!

이런 디자이너 10만 양병설은 나름대로 그 타당성이 있다고 본다. 말콤브릿지 김소희 대표의 말을 다시 한번 더 되새겨 볼 필요가 있겠다.

"중국 바이어는 주문량이 1만 장이 되는 경우가 많은데 동대문시장에서 이를 소화할 수 있는 업체가 과연 얼마나 있겠느냐? 지금의 생산구조를 바꿔야 한다."

우리는 디자이너 외에도 많은 패션인력이 필요하다. 수많은 패션 팩토리의 임직원, 기술자 등은 물론 도매상가임직원들, 동대문 패션 그 시장이 제대로 돌아가게 만드는 인프라의 합리적인 작동을 돕는 임직원들, 동대문 패션 그 장터에서 웅대한 창업의 꿈을 이루려는 많은 잠재적 패션 전문인 등 더 많은 지식 인적자원이 필요하다. 그들 모두를 위한 인적자원의 양성과 그 배분은 최우선의 일이다. "사람이 먼저!"라는 말은 옳다.

물론 우리는 대학도 많고 사회교육기관 또한 많으며, 저마다 추구해온 패션교육의 혁신 또한 그 진전이 이루어져 왔음은 엄연한 사실이다. 그러나 그동안 이루어진 패션교육이 하드 측면과 소프트 측면은 그 균형이 잘 유지되어야 하는데 유독 하드 측면에 치중해 왔다는 볼멘소리도 들린다.

패션교육의 하드 측면은 연령이나 주거공간 혹은 생활방식, 그리고 계절 등에 따라 패션제품에 대한 수요 및 그 구매가 이루어진다고 한다. 이에 대하여 소프트 측면은 독창적인 이미지나 개성, 서로 다른 인생관, 취미나 선호도 유행에 대한 반응 등 감성적인 요소에 따라 패션제품의 수요와 그 구매가 이루어진다는 것이다.

그렇다면, 앞으로 우리가 지향하는 패션교육의 새 길은 하드 측면과 소프트 측면을 함께하는 혁신의 새 걸음으로 이어져야 하지 않겠는가!

최근에 맥킨지 보고서에 따르면, 한국경제는 저임금 저가격 기반의 고속 경제성장 시대를 뛰어넘어 교육 및 고급인력과 그 기술 바탕의 경제성장 시대로 변하기 시작했다고 논의하면서 그 길 위에 서 있는 우리들을 칭송했다. 동대문 패션 그 시장도 이젠 고급인력과 그 기술을 바탕으로 해야 함은 두말할 여지가 없다.

다행히도 서울디자인재단에서는 이태 전부터 동대문 인근의 많은 패션업체와 그보다 더 많은 봉제업체가 힘을 합쳐 이른바 공방형 창조 셀(Cell)를 세우고, 나아가서 패션비즈니스팩토리(FBF)를 설립해 대학과 패션업체가 연계된 실무형 전문인력을 양성하는 웅대한 계획을 세우고 그 사업을 진척시키고 있다고 한다.[3]

한국경제는 개발후기를 맞아 한편에서는 일자리가 부족한 데 비하여 다른 한편에서는 사람이 부족한 상태에 놓여 있다. 헷갈리는 일이다. 그러나 그 해법은 있다. 좋은 일자리를 많이 만들면 그만이다.

그렇다면 좋은 일자리란 어떤 곳인가? 처우가 좋은 일터가 꼭 좋다고 말할 수는 없는 일이다. 흔히 오늘날 철밥통이라고 질타하는 신(神)이 내린 직장을 두고 좋은 일자리라고 생각하기 쉽다.

아니다. 세상은 바뀌고 있다. 오히려 어느 직장이든 라이프 사이클이 길어야 한다. 비록 박봉인 데다가 힘들고 어렵지만 장래성이 있다면 그런 류의 직장이 좋은 일터의 하나다. 어느 외국인 시인 (Ron Rash)은 "작은 이윤은 큰 손실보다 낫다."고 했다.

비록 도깨비 시장에서 잠 못 이루고 땀과 눈물로 범벅이 된 3D 업종이라고 해도 한 가닥 꿈만 있다면, 한번 도전해 볼만 한 일터가 아닌가! 그곳이 진정 장기 안정적인 일터이기 때문이다. 4차 산업혁명은 미래로 가는 대장정이다. 그 장정의 첫 발인 스마트 공장이 있는 그곳에 좋은 일자리가 있다. 가보면 안다.

동대문 패션, 그 클러스터에 가면 좋은 일자리를 찾을 수 있다. 그곳에 사람이 모여야 한다. 다만 맥킨지 보고서 그대로 저임금 저가격 기반의 경제성장의 시대를 뛰어넘어 교육 및 고급인력과 그 기술바탕의 경제성장 속에서 맞춤형 패션인력을 양성해야 한다. 앞에서 말했듯이, 서둘러야 한다. 골든타임이 임박할 정도로 급박한 상황이다. 반복되는 말이라고 탓할 일이 아니다.

한국은 분명 교육강국이다. 대학출신자 비율이 한국만큼 높은 나라는 없을 것이다. 저마다 여러 분야의 학원도 많고 학력 및 경력 쌓기나 출세지향의 자격증 취득 기회도 많은 게 사실이다. 그러나 실사구시의 맞춤형 교육이 미흡한 게 큰 문제라는 지적 또한 무성하다.

동대문 패션, 그곳 클러스터가 바로 미래로 향한 좋은 일터다. 우수한 고급인력들은 그곳에 가서 좋은 새 일자리를 찾고 장기 안정적인 맞춤형 패션교육을 받았으면 하는 바람을 가져본다.

3. 동대문 도매상가 두 배 늘리기

우리는 앞에서 동대문시장 그곳 도매상가에 나온 많은 패션제품은 마치 치열한 예선전을 치른 월드컵 축구 국가대표팀 32강과 같다고 했다. 우선 품질은 OK, 그 다음은 착한 가격! 실제로 밤이면 수많은 사람들이 그곳에 모여 북적거리는 이유도 바로 거기에서 찾을 수 있다.

동대문 패션, 그 시장의 힘은 이와 같이 장터를 이끄는 도매상가의 경쟁력과 그 비교우위 및 그들의 혁신적 유통행위의 진전에 따른 값진 수확이기도 하다.

문제는 오늘날 동대문시장은 도매유통을 전문화하고 있는 유통기업의 규모가 적정한지 그 타당성 여부에 달려 있을 것이다. 사람에 따라서는 "도매상가가 너무 많아 경쟁이 치열해 때론 제 닭 잡아먹기 식이다."라고 걱정하기도 한다.

그러나 글로벌 시장은 나라마다 경제성장과 함께 국민소득이 향상되면서부터 패션인구가 늘어나고 있는 추세임은 일반적인 현상이다. 특히 중국과 인디아 및 동남아 지역 등 떠오르는 신흥개도국에서는 이런 잠재적인 패션인구의 성장이 초고속으로 이루어지고 있다. 중국인 관광객 그들 유커의 규모가 전체인구의 6% 남짓이라고 하지 않던가! 물론 인디아나 동남아 지역으로부터 온 관광객은 통계치에 잡히지도 않는다. 그들 관광객 비율이 증폭될 때를 생각해 봐야 한다.

이와 같이 동대문 패션에 대한 폭발적인 수요의 증폭에 대비해야 한다. 때를 놓치면 낭패다. 앞에서 우리는 "기회의 문은 밀면 열린다."고 한 어록을 인용했다. 동대문지역에는 동쪽으로 향한 동대문 패션, 그 꿈의 땅이 넓다. 그곳에 도매상가가 더 들어서면 좋을 성싶다. 글로벌 패션의 메카로 거듭나야 한다. 우리가 잘 할 수 있는 일이다. 그리 어려운 일이 아니다.

그리고 우리는 앞에서 "자본의 부족은 문제가 아니다. 비전이 없는 게 큰 문제다."라고 한 월마트의 창업자 월튼의 어록에도 감동했다.

한편 많은 사람들이 "더 이상 투자할 데가 없다."라고 푸념을 늘어놓곤 한다.

"그게 무슨 소리?"

동대문 패션, 그곳 환상적인 장터에 가면 투자할 데가 너무 많다. 그것도 안정적 성장으로 가는 내일이 보이는 투자처가 한 두 곳이 아니다. 규모는 물론 저생산성 내지는 경영 미흡에 따라 서둘러 해결해야 할 혁신적 과제는 많지만 그곳은 그 이유 때문으로 봐도 좋은 투자처의 하나다.

동대문 패션, 그 클러스터는 더욱 커져야 한다. 동대문 패션에 대한 폭발적인 수요 증폭에 대비하고, 또 그들의 필요와 욕구를 채워줄 수 있는 세계 제1위의 패션 쇼핑몰 군집으로 다시 태어나야 한다.

"척박한 사막의 모래 깊숙이 보석 같은 씨앗이 하나 심어졌습니다. 오지 않는 비를 기다리는 대신 깊은 땅 속에서 수분을 끌어올리는 법을 배우고, 지지대 없는 모래땅 위에 반듯이 서기 위해 더 넓고 튼튼하게 뿌리 내리는 법을 배웠습니다. 긴 시간이 만들어낸 사막 위의 숲, 그 숲 속에서 아름다운 꽃을 피워냈습니다."[4]

신세계백화점 그 회사 80년 역사를 엮은 두툼한 책의 서문에 쓰인 내용이다. 그때 2009년에 오픈한 부산 신세계백화점 센텀시티는 세계 최대 백화점이라는 기네스 인증을 받았다고 한다. 크게 더 크게 해야 글로벌 시장의 압권이 가능하다. 100년의 역사로 가는 사막 위에 아름다운 꽃이 된 그 유통기업의 위세와 같이, 동대문 패션 그곳 또한 도매상가 두 배 늘리기로 글로벌 시장의 압권을 서둘러야 할 것이다.

지금의 동대문 도매상가는 너무 작고 좁다. 발 디딜 틈이 없이 협소하다. 대책을 세워야 한다. 미룰 일이 아니다. 두바이 몰의 외침 그대로 세계인들이 상상했던 모든 것이 이루어지는 동대문 패션 그곳 클러스터가 되어야 하지 않겠는가!

4. 동대문 패션과 도시 공업화

우리는 지금 "동대문 패션, 그곳에 답이 있다."고 외치고 싶다. 동대문 패션으로부터 넓은 세계 더 큰 시장으로 가는 명쾌한 답을 얻어야 한다. 그 답을 얻기 위해서는 동대문 패션, 그 공급 측 팩토리의 안정적 성장이 필요하다. 아니 명쾌한 답을 주는 충분한 조건이 되기도 한다.

다행히도 서울시에서는 서둘러 매뉴팩처 서울(Manufacture Seoul)의 기치를 내걸었다고 한다. 반가운 소식이다. 뉴욕시를 벤치마킹하여 도시공업화로 가는 새 서울을 만들어보자는 데는 박수를 보낼 만하다.

다만 동대문 패션, 그 공급 측 팩토리는 대부분 가내수공업적인 경영으로 영세하기 짝이 없다. 그렇다면 패션팩토리 지역, 그 단지 위에 공공 아파트형 공장을 대량 공급하면 어떨까 그런 생각이 든다. 보다 저렴한 공장 임대가 가능하고 일터(제조)와 삶터(주거)가 함께하는 주상, 아니 주공 복합건물을 많이 건설해야 한다. 아마 이내 매뉴팩처 서울의 정책구상에 맞는 투자 및 고용기회의 폭발적 증가가 이어질 것이다.

"제조업, 왜 도심인가?"

도서 '세운상가 그 이상'에서 제기한 논의는 옳다.[5] 과거 수십 년간 서울시는 재생정책을 펴 왔는데 그것은 공업, 특히 더 깔끔하고 더 많은 매출과 더 높은 소득을 낳는 서비스산업으로 대체하는 데 치중했다고 한다. 틀린 말은 아니다. 그러나 다른 도시건축 전문가의 견해도 경청할 만하다.[6]

"서울이라는 도시가 처한 상황이 매력적이다. 뉴욕이나 런던 등지와 같은 선진국의 대도시가 도심공동화, 제조업 이탈 등으로 몸살을 앓아온 지 오래다. 그곳 도시에서는 제조업이 지방으로 해외로 빠져나가 도시 제조업 기반이 그만 와해되고 말았다."

그분의 논의는 숨 가쁘게 이어졌다.

"서울은 다르다. 도시 성장의 대전환기 속에서도 서울은 동대문 주변과 창신동 등지의 봉제 공장, 세운상가, 종로 금세공 공장, 성수동 수제화 공장 등 도시 제조업의 기반이 무너지지 않았다."

이런 그의 논의와 같이 서울은 도시공업화의 진전이 멈추지 않고 있다. 특히 패션산업 단지는 서울 강북 전 지역으로 그 저변을 확대해 세계 제1위의 도시공업화, 그 미래가 훤히 열리고 있다고 본다.

"세운상가 옥상에서 본 서울 스카이라인은 참으로 아름답습니다. 세운상가는 지금 동면 중입니다. 그곳 일대가 슬럼화될 때까지 기다렸다가 싹 밀어버릴 게 아니라 그 지역 가치에 대한 공감대를 만들어야 합니다. 뭔가 지킬 것은 지키며 개발해야 하지 않을까요?"[7]

2018년 5월 베네치아 비엔날레 건축전에 참가하는 건축가 김성우 소장의 말이다. 서울 도심을 떠나 서쪽으로 가면 가산디지털단지의 거대한 도시공업화 현장이 있다. 1964년부터 1970년대 후반까지 수출산업공단으로 조성되어 한강의 기적을 이룬 마치 전승기념관과 같은 곳이다. 구로공단으로 알려진 그곳은 그 후 쇠퇴하였으나 2000년대 이후 정부주도로 IT 첨단산업단지로 변신해 지금은 아파트형 공장 지대, 반듯한 고층 빌딩의 숲을 이루고 있다.

동대문 패션클러스터의 주변에 있는 병원이나 각 급 학교 건물 등 공공부지나 그 동남쪽으로 이어지는 넓은 잠재 개발지역 위에 세운 상가나 가산디지털 단지와 같이 초고층의 아파트형 패션공장이 대거 들어서야 한다.

굴뚝 없는 서울의 패션산업 단지 그 미래가 그려지고 신기루처럼 보이기까지 한다. 패션제품의 봉제와 유통, 그리고 주거 등을 함께 아우르는 공공개발형 오피스텔 건축물이 들어서고 그 단지 안에 "저비용 고효율의 동대문 패션의 공급 측 파트너가 대거 입주하면 얼마나 좋을까?" 그런 생각이 든다.

패션의 도시공업화 모델은 미래로 가는 서울의 새 자랑거리가 될 만하다.

5. 동대문 소매유통의 지속가능한 경영

지난 2017년 여름 동대문 패션, 그곳 현대시티아웃렛의 광장에서 '서울365 패션쇼'가 열렸다. 서울시는 현대백화점과 함께 연 이 패션쇼에서 많은 동대문 패션 디자이너에게 그들 특유의 디자인으로 색깔을 입힌 패션제품을 홍보하고 보다 커다란 광고 및 판촉 그 성과를 올릴 수 있도록 좋은 기회를 제공한 것이다. 반가운 소식의 하나다.

이런 서울 365 패션쇼는 지속되어야 한다. 우리는 상점을 스토어(Store)라고 부르고 그 어원이 소비자가 필요와 욕구에 따라 구매하려는 그들 소유(잠재적 소유)의 상품을 저장해 두는 창고, 즉 광임은 다 잘 알고 있다. 그렇다면, 동대문 패션 그곳 소매상가 구역의 많은 쇼핑몰은 동대문 패션제품의 스토어이며 그 상품의 쇼윈도와 같다.

"한국형 SOHO 두타몰은 의류, 구두, 가방, 액세서리, 라이프 스타일 등 패션 전반에 걸쳐 100여 개의 디자이너 브랜드를 선보이면서 한국의 패션을 이끌고 있다."[8]

두타몰 홈페이지 위에 걸린 대자보 콘텐츠의 한 부분이다. 동대문 패션 그곳 소매유통 단지에는 두타몰을 비롯하여 밀리오레, 현대시티아웃렛, 굿모닝시티, 롯데 피트인, 헬로apM, 평화시장 외 전통시장형 쇼핑몰 등 많은 소매상가가 그 군집을 이루고 있다.

모두가 동대문 패션의 동영상, 그 쇼룸이며 365일 24시간 동안 패션쇼가 열리는 장터의 드넓은 광장이다.

특히 두타 면세점은 소매 아웃렛의 한 업태로 동대문 패션 그 클러스터 발전에 크게 이바지할 것으로 예견된다. 그곳 면세점은 국내인은 물론 외국인 누구든 해외여행자에게 부가가치세 등 국세 및 지방세나 관세를 부과하지 않는 법적 장치 아래 고품질의 상품을 정상가에 대하여 상대적으로 낮은 액면의 가격으로 쇼핑할 수 있는 환상적인 장터의 하나다. 앞으로 동대문 패션, 그 프리미엄 아웃렛 몰로서 그 시너지 효과가 꽤나 클 것으로 보인다.

두타 면세점은 영국 히드로 국제공항의 광고 카피처럼 "우리 면세점은 해외여행의 시작이며 그 출발점이다."라고 널리 홍보할 만하다. 도심 속 다른 면세점은 누구나 공감하듯 거품이 심해 숱한 질타를 받곤 한다. 그러나 두타 면세점에서 동대문 패션, 그 특유의 브랜드로 품질이 좋아 그 감성적 가치가 높은 프리미엄 상품을 초저가로 판매한다면, 놀라운 경영성과를 얻을 수 있을 것이다.

어떻든 그곳 소매 쇼핑몰은 동대문 패션 클러스터의 꽃과 같다. 그들 소매유통의 커다란 경영성과는 피드백되어 동대문 패션 클러스터의 지속 성장에도 크게 이바지할 것이다. 미래 상황에 대한 확신이 가는 대목이다.

동대문 패션, 그 소매상가는 일반적으로 봉제공장에서 주문생산을 하거나 도매상으로부터 대량의 상품을 구매하여 소량 단위로 분할해 최종소비자에게 판매하는 매개 역할을 하곤 한다. 그러나 그 일 외에도 소비자들이 무엇을 언제 어디에서 구매하느냐 등에 관한 값진 시장정보를 도매상이나 디자이너 혹은 봉제공장 임직원들에게 알려준다.

그들은 동대문 패션, 그 클러스터의 지속가능한 경영의 교두보와 같다. 나중에 더 연구하고 싶은 장터다. 그곳 시장사람들은 새 길 큰 걸음을 힘차게 걷고 있다.

우리는 보다 나은 경영성과를 얻기 위해 갖가지 마케팅 전략을 펴곤 한다. 그런데 사람들은 마케팅(Marketing)을 시장(Market)에서 하는 일(ing)로 알고 있다. 그러나 참다운 마케팅의 일거리는 단순히 상품을 사고파는 행위가 아니고, 소비자가 원하는 상품을 생산하는 행위로 보아야 한다. 그러므로 그들 마케팅 행위는 시장이 아니고 공장에서 이루어진다고 할 수 있다.

문제는 고객이 원하는 상품을 만드는 행위 그 마케팅 전략을 편다고 해도 자칫 재고를 늘리는 그릇된 결과를 낳기도 한다. 그래서 오늘날 우리가 마케팅 전략 대신에 머천다이징 중시의 전략을 펴는 이유도 거기에 있다. 머천다이징은 고객이 그저 원하는 게(추상적) 아니라 실제로 구매하는 눈에 보이는(구체적) 새 전략적 도구이기 때문이다.

실제로 어느 시장이든 뉴욕 타임즈의 한 기자(Kenneth Chang)의 말 그대로 값진 정보와 거짓 정보에 민감하고, 나아가서 꽤나 변덕이 심한 수많은 소비자로 뒤섞여 있는 쇼핑 공간임에 틀림이 없다.

그렇다면 동대문 패션, 그곳 소매상들은 많은 소비자와의 만남과 그들의 필요와 욕구에 맞는 맞춤형 패션상품을 제조하고 또한 소비 실험 및 맞춤형 머천다이징으로 지속가능한 소매유통의 전략을 펴야 할 것이다.

6. 동대문 패션과 스타마케팅 전략

1997년 12월 이후 한국경제는 IMF 외환위기를 맞았다. 경제위기 그 어려움은 밤새 우리를 몸부림치게 만든 악몽과 같았다. 바로 그 때 우리 국민에게 가느다란 희망의 등불, 희소식이 멀리 미국 땅으로부터 날아들어 왔다.

LPGA의 한국 여자골프 박세리 선수가 큰 경기 도중 공이 연못에 빠질 듯 거친 풀에 잠기는 어려움 속에서, 맨발로 연못에 들어가 그 위기를 탈출하여 경쟁자를 누르고 값진 우승을 쟁취한 낭보였다. 실의와 좌절에 빠진 온 국민에게 위안이 되고 희망의 불씨가 될 만했다.[9]

물론 박세리 선수가 우승할 때 그녀의 유니폼에는 후원에 나선 회사 삼성의 CI가 선명하게 그려져 있었다. 삼성은 우리 것 세계 으뜸의 반열에 오를 만큼 초우량기업의 하나다. 바로 그 회사는 이런 스포츠 마케팅 전략을 폈고 그 경영성과가 극대화된 순간이기도 했다.

영국인 바이어 앤드류(Paul Andrews) 씨는 동대문 도매상가에서 동대문 패션제품을 소싱하고 주문 제조하거나 갖가지 수입대행 서비스를 받으면서 늘 만족감을 얻어 왔다고 한다. 그는 그의 고객 중 영국 유튜브 및 인스타그램의 한 사이트 운영자가 앤드류 씨에 의해 수입된 동대문 패션제품을 즐겨 입기 시작한 후부터 그 제품이 날개

돋친 듯 잘 팔렸다는 후문이다. 한 유튜브 스타 덕분에 매출이 오른 셈이다. 스타마케팅의 경영성과가 꽤나 크다는 걸 입증해 보여줬다.[10]

동대문 패션, 그곳 도매상가는 이런 스타마케팅을 펴야 한다. 누군가 말했듯이, 광고 없는 패션제품의 시장출하는 마치 달빛 아래 미인과 같아 그 판촉효과가 그리 크지 않다. 그렇다고 광고와 판촉을 위해 출혈의 비용을 지출할 수도 없는 일이다. 그 답은 스타마케팅에서 찾아야 한다.

K-Pop 등 한류의 열풍 속에서 K 패션의 유명세가 뒤따르고 있지 않은가! 모든 분야의 한류스타, 그들 많은 잠룡과 같은 예비 스타들을 지원하고 또 협찬하는 등 저비용 투입의 경영성과를 높이려는 노력이 필요하다.

최근에 와서 많은 경영 전문가는 단순한 광고보다 PR이 보다 더 나은 경영성과를 가져다준다고 말하곤 한다. 성급한 사람들은 "이제 광고의 시대가 가고 PR의 시대가 왔다."고 주장하기까지 하고 있다.[11]

"광고는 바람이지만 PR은 태양이다. 무슨 소리? 광고는 큰 변화를 얻으려 하지만 PR은 안정적인 변화를 추구한다. 이해할 법도 하다. 오히려 광고는 모든 사람을 대상으로 한 데 대하여 PR은 특정인을 대상으로 하는 소통이다. 더 쉽다. 문제는 많은 비용이 드는 광고보다 상품을 빠르게 잘 만들고 값도 저렴하다는 신뢰감을 심어주는 PR, 신뢰감을 주는 소통이 중요하다고 해야 할 것 같다."

우리는 앞에서 "품질이 말해준다."고 했다. 동대문 패션, 그 도매상가는 한결같이 좋은 품질의 상품을 잘 골라 소매상이나 국내외 바이어에게 판매하고 있다는 기업 이미지를 심어주는 게 급선무다.

동대문 패션 그곳 클러스터는 K-Pop과 같은 한류 덕분에 그 유명세를 타고 있는 게 사실이다. 그렇다면 스타마케팅 우선의 광고 및 판촉 전략을 펴야 할 것이다. 물론 스타마케팅 전략은 함께하는 데서 저비용 고효율의 경영성과를 기대할 수 있음은 두말할 필요가 없는 일이다.

7. 쇼핑 후 서울관광 즐기기

"쇼핑몰은 관광과 여가를 함께할 때 그 경영성과가 배가된다."

얼마 전에 샤넬 크루즈 컬렉션 패션쇼가 열린 후 샤넬 임원들과 초청받은 귀빈들 사이에서 나온 말이다.

그렇다. 동대문시장, 그 주변에는 쇼핑 후 즐길 수 있는 문화와 공연 및 관광, 그 풍부한 자원이 있다. 동대문과 그 위 언덕으로 이어지는 성곽, 청계천의 아름다운 물길, 종묘와 창경궁(경복궁 또한 멀지 않다) 등 수려한 자태의 고궁들, 그 주변 대학로와 수많은 공연장이 즐비하다.

외국 관광객이 한국을 찾은 이후 인기 있는 관광지에 대한 그들의 선호도는 해마다 그 순위가 다르게 나타난다고 알려졌다. 그러나 2016년 현재 영국의 한 잡지(Evening Standard)에 따르면, (1) DDP, (2) 동대문 패션 허브, (3) 서울의 밤과 스카이 바, (4) 등산(한라산, 남산 등), (5) 진해 벚꽃놀이, (6) 고급 호텔의 서비스, (7) 사찰(봉원사 등), (8) 한정식과 비빔밥, (9) 경복궁과 창경궁, (10) 제주도 등으로 집계해 보도했다.[12]

우리는 외국인에게 보여줄 인기 있는 관광자원이 많다. 그중에서도 쇼핑몰과 쇼핑 후 서울관광 즐기기는 그들 외국인 관광객이 선호하는 관광상품의 하나다.

서둘러 동대문 패션 그 허브에서 쇼핑한 후 보여줄 서울관광 즐기기를 함께할 수 있는 손님맞이 프로그램을 개발해야 한다. 그 전략적 도구는 많다. 그중에서도 투자비가 많이 들겠지만 백년대계의 통큰 서울시 정책의 하나가 있을 법도 하다. 동대문에서 대학로를 거쳐 창경궁을 감싸고 다시 청계천으로 이어지는 모노레일(Mono rail)과 같은 인프라를 갖추면 어떨까 그런 생각이 든다. 물론 오픈 시티버스의 운행 또한 가능하다. 오히려 시급하다.

글로벌 한류스타 방탄소년단(BTS)은 그들의 새 노래 'With SEOUL'에서 서울을 예찬하고 있다.

"네가 힘이 들고 지칠 때 찾게 되는 곳, 나 그곳이 될 게. 아무 것도 놓을 수 없어서 삶이 버거울 때 꼭 네 곁이 될 게. I love Seoul Seoul. 너의 눈을 보고 너의 걸음에 맞춰서 널 웃게 할 게."13)

그들 한류스타 그룹의 찬가 그대로 동대문 패션 허브에서 쇼핑한 후 가볼 데가 많다. 서울시의 관광 콘텐츠는 다양하다. 600년의 긴 역사의 흔적과 초현대적인 관광 인프라가 함께 있는 곳이다. 외국인 관광객(소비자)과 바이어(소매상)들이 즐겨찾을 만한 곳이 가까이에 많다. 우리는 그들 귀한 손님을 극진히 모셔야 한다.

미국 쿨리지(Calvin Coolidge) 대통령이 한 말(The business of America is business) 그대로 우리는 이렇게 외치고 싶다.14)

"The business of KOREA is business."

한국이 해야 할 그 비즈니스는 물론 동대문 패션, 그 시장의 지속 가능한 경영에만 그치지 않는다. 단지 그곳의 현주소와 새 지평 등을 면밀하게 둘러보고 새 일거리를 찾아봄직하다.

주

---

1) Paul Andrews 씨는 동대문 패션 무역대행회사의 하나인 서울클릭의 단골 해외 바이어의 한 사람이다. 그분은 한번 한국에 출장 오면 며칠간 동대문 도매상가 주변에 머물면서 자사의 수입물량을 확보한다는 것이다.

2) www.seoulclick.co.kr

3) BusinessPost, 2015년 5월 24일자

4) 신세계백화점 80년사

5) 김성우 외, 세운상가 그 이상, 공간서가, 2015, pp. 98-124.

6) www.kmib.co/article/view..

7) 조선일보, 2018년 1월 5일2일자

8) www.doota-mall.com

9) 고승희 외, 왜 삼성인가, 비즈니스맵, 2012, p. 240.

10) 두 개의 사이트 중 하나는 http://instragram.com/pewdiepie/?hlien 이며, 다른 하나는 https://instgram.com/pewdiepie/?hlien 등으로 그들 사이트 운영자는 바쁘다.

11) 설봉식, 유통학 코드(개정판), CAU, 2015, p. 202.

12) www.google.co.kr

13) BTS의 서울 예찬송의 한 부분이다. www.naver.com

14) Johnnie L. Roberts, The Big Book of Business Quotations, Skyhorse Publishing, 2016. 이 책은 최근에 편집된 콘텐츠로서 1,400 개 이상의 어록이 엄선돼 수록되어 선보이고 있다.

설봉식

저자는 중앙대학교 경영경제대학 교수(현 명예교수, 경박)로 봉직하였으며, 그동안 사단법인 한국유통학회 초대회장을 맡았고 대한민국 근정포장 및 제1회 대한민국 자랑스러운 유통인상(대한상의) 등을 수상하였으며, 유통 및 경제학자로서 유통학 코드, 기업은 혁신이다 외 다수의 저서와 논문을 내놓았다. 지금은 동대문 패션 무역회사 서울클릭의 고문을 맡고 있다고 한다.

동대문 패션,
그곳에 꿈이 있다

초판인쇄 2018년 4월 16일
초판발행 2018년 4월 16일

지은이 설봉식
펴낸이 채종준
펴낸곳 한국학술정보㈜
주소 경기도 파주시 회동길 230(문발동)
전화 031) 908-3181(대표)
팩스 031) 908-3189
홈페이지 http://ebook.kstudy.com
전자우편 출판사업부 publish@kstudy.com
등록 제일산-115호(2000. 6. 19)

ISBN 978-89-268-8420-1 13330